金融科技

AI Project for Bank

AI Solutions And Case Realization for Business

银行 AI项目实战

典型业务场景的AI解决方案与案例实现

邵理煜 陈沁 何敏 ◎著

机械工业出版社
China Machine Press

图书在版编目（CIP）数据

银行 AI 项目实战：典型业务场景的 AI 解决方案与案例实现 / 邵理煜，陈沁，何敏著 . —北京：机械工业出版社，2022.11
（金融科技）
ISBN 978-7-111-71907-6

I. ①银… II. ①邵… ②陈… ③何… III. ①人工智能 - 应用 - 银行业 IV. ①F830.3-39

中国版本图书馆 CIP 数据核字（2022）第 201479 号

银行 AI 项目实战
典型业务场景的 AI 解决方案与案例实现

出版发行：机械工业出版社（北京市西城区百万庄大街 22 号 邮政编码：100037）	
责任编辑：陈 洁	责任校对：丁梦卓 张 征
印　　刷：北京铭成印刷有限公司	版　次：2023 年 2 月第 1 版第 1 次印刷
开　　本：186mm×240mm 1/16	印　张：19.25
书　　号：ISBN 978-7-111-71907-6	定　价：99.00 元

客服电话：(010) 88361066　68326294

版权所有·侵权必究
封底无防伪标均为盗版

Preface 序 1

这是一本介绍AI在银行具体应用实践的好书，记录着创新先行者、实践者的真实体验。

当作者找到我把书稿发来的时候，我不敢贸然接受，抱着对新技术的敬畏之心，只是答应先看一看。毕竟我不是技术专家，不具备评判具体方案的能力。然而，银行数字化是当下最重要的挑战，诱惑着我想学习这本书。书中有许多关于AI的具体技术与概念，以及成功见效的AI技术应用，有着巨大的吸引力，犹如一丝清香飘来，深深地吸引了我。我连夜找到梁礼方先生，他在2001~2010年间担任中国工商银行软件中心的总经理，是业界权威的技术专家，有他的支持增添了我的勇气。

在银行数字化的大背景下，首先要弄懂两个问题，才能深刻地掂量出本书的分量和意义：第一，什么是数字银行？如何向数字化转型？第二，AI是什么？先有数字银行的意义，再看AI应用就会更加清晰。

进入21世纪以来，在中国金融业高速发展和信息新技术兴起的背景下，银行业计算机应用如火如荼，大步流星跨进金融数字化时代的门槛，彻底改变着传统的经营方式。回顾整个金融科技的发展历程，对银行数字化的认识不再肤浅。

其一，什么是数字银行？任何重大新技术的萌生与发展的进程中，人们总是不断地揭示、发掘与认识其重大的功能与意义，从不同的视角见证其内涵宏大的空间，这正是一种新技术、新思维的魅力所在。人们对数字银行也有各样的定义：

数字银行将越来越多的金融服务搬到机器设备上，以数字化的机器设备为客户提供产品与服务，不再依赖于时间、地点、柜员、客户经理、风控人员等。银行可更透彻地了解客户需求，不断促进业务的调优。

数字银行是经营、管理活动的全面数字化，使客户端受益于数字化服务和产品，也使后端流程数字化，实现前后端完全畅通的数字化连接，意味着银行经营管理全面自动化，它是在线或移动银行的再升级。

数字银行运用最新的信息技术,如移动通信、大数据、人工智能、生物识别、区块链等,实现业务流程自动化、专业智能化,服务突破时间与空间的限制,得以极大地提高效率,优化服务,实现降本增效。

……

各种表述的侧重点多立于银行数字化的功能之"术",聚焦在业务与服务的运营手段;假如从更高、更深刻的视角来揭示其内核之"道",更能显示数字银行对实现现代化社会的意义。以此定位,数字化是未来召唤,是技术应用水准的时代性标志,更是现代化银行的发展模式。

一路走来,过往的银行科技总体仍处在技术应用"术"的层面,依循电子化、网络化、信息化,如今走到了数据化的阶段。从互联网、云计算、大数据、区块链、移动互联到人工智能,从诸多单项技术的推广应用起步,到完整全面地进入业务领域,很多都已经成为银行的标配。这些基础性的应用技术,都是在为数字银行打基础作铺垫,通过数字化整合各项技术,最终的落脚点是实现经营管理模式的根本性转变。

银行科技的大方向是推进金融数字化转型,以数字驱动和人工智能发展为新机遇,把握数字经济发展新趋势,将数字元素注入服务全流程,将数字思维贯穿业务运营全链条。构建以用户、场景为中心的现代化金融服务体系,再造智慧服务,实现金融服务全面智能化,以惠及大众。经营数字化也将形成新动能,推动全过程、全链条创新,打造"无边界"的全渠道金融服务能力,而数字化是实现现代化银行的最重要抓手。

金融科技发展的重点是银行数字化应用和普及的进程,单纯的技术驱动只解决银行业务管理层面的应用,而数字化转型最终要落脚在创新商业模式上,技术只是舟桥,数字银行才体现经营方式、服务社会的深刻变化。这就是"数字化"的本因!它不是电子化的简单延伸,而是银行信息化的高级阶段。如果先期技术的应用都是量变,那么数字化是一种质变,是一次飞跃,创新了商业模式与产品。未来现代化银行是数字银行,加快数字化转型是金融科技的发展脉络,是蓝图使命。

银行数字化应当满足两大需求:第一,成为服务数字社会的一部分,数字化已经写入十四五规划,银行必须同步推进;第二,是建设数字银行的需要,两者相辅相成。其内涵是:充分运用最新技术,挖掘分析银行内部的经营管理数据,以及从外部各方数据得到有价值的经营管理信息,去开拓新市场、拓展新客户、创新商业模式、研发新产品,为客户创造价值,并辅助科学定价、开展精准营销、严格控制风险。

其二,AI是什么?是"人工智能"的英文(Artificial Intelligence)缩写。通常的定义是:AI是研究、开发用于模拟、延伸和扩展人的智能的理论与方法、技术及应用系统的一门新的技术科学。它是计算机科学的一个分支,研究包括机器人、语言识别、图像识别、自然语言处理和专家系统等。

银行科技新的技术应用一般是指大数据、人工智能、生物识别、云平台、区块链等技术，而 AI 是其中非常重要的一项技术。AI 的应用与大数据平台紧密结合，通常包含智能客服、智能投顾、智能语音图像分析、线上贷款、精准营销与获客、风险控制等系统。

本书的难能可贵之处有两点：第一，本书提供了精准营销与获客、风控、智能语音图像分析、智能客服等方面的应用案例，这些项目都是成功有效的；第二，由于 AI 的银行应用涉及多项专业技术，本书能够毫无保留地做出详细的背景分析、概念介绍、设计方案与实施过程、项目总结，实属难得。

总之，作者为银行如何向数字化转型提供了一本非常优秀的教科书，是难得实用的经验范本，适合银行业信息科技决策者与科技人员阅读、借鉴，值得推荐。

张衢
工商银行总行原副行长

序 2 Preface

中国银行业的发展先后经历了网点时代（Bank 1.0）、网银时代（Bank 2.0）、移动互联时代（Bank 3.0）、科技金融时代（Bank 4.0）。从本质上说，这是商业社会数字化水平的不同阶段在金融业的反映。据分析，数字化程度每提高10%，人均GDP增长0.5%~0.62%。2021年我国数字经济规模达45.5万亿元，占GDP的39.8%，预计到2025年，全球经济总值的一半来自于数字经济。数字经济依托于数字技术。当前，数字技术与经济社会各领域深度融合，成为引领经济社会发展的先导力量，是后金融危机时代推动产业变革升级、促进经济社会转型、培育经济新动能、构筑商业银行内在竞争优势的重要抓手。商业银行数字技术的应用浪潮催生了科技金融。近年来，以大数据、人工智能为代表的数字技术使得银行的商业模式和运营模式发生了根本变化：微众银行、新网银行、网商银行、百信银行、锡商银行等一大批互联网银行和物联网银行获得监管批准，在诸多线上非金融场景嵌入金融服务，开放银行的新理念逐渐打破传统银行业务边界，商业银行开始探索跨界合作的新模式。数据驱动的智能决策、区块链、5G、智能穿戴、生物识别、边缘计算等新型数字技术大规模应用，数字技术成为银行最重要的生产力要素。

近年来，"数字化转型"成为银行业的普遍共识，其关键在于"场景数字化"。场景数字化是场景金融的数字化形式，它是指用数字来表征金融场景的方方面面（客户、产品、场景、目标等），用数学模型来获得金融场景的最优决策，用数据、算法、算力来实现场景金融的全面运营，为高层决策提供数据支撑，并为业务持续发展提供迭代优化，由智能数据系统全面接管业务运营、客户分析与维护、个性化长尾服务、资金管理等工作。"场景"的概念非常宽泛，任何生产生活的方方面面都可以成为一个场景，比如乡村振兴、网络贷款、医疗教育、政企合作、婚恋置业、游戏娱乐等。商业银行通过合作、智能手机、移动终端等渠道在这些场景无缝嵌入金融服务，极大地拓宽了业务触角，使得"场景"成为商业银行的获客渠道、活客阵地、客户转化和挽留场所，这是金融全面推动社会经济发展的重要举措。

Bank 4.0时代，是数字技术对商业银行经营全流程的深度渗透，是商业银行科技战略、科技规划、科技架构、科技能力、平台建设、创新文化的综合发展。在很大程度上，场景数字化能力决定了商业银行的科技金融能力，也是未来银行竞争的关键。

本书是商业银行场景数字化的代表作品，是作者多年来的实战工作总结。本书运用多种数字技术，赋予计算机听、说、读、写、想的能力，涉及智能营销、智能风控、智能运营三个方面的若干场景数字化实例，每个实例都提供了较为完整的理论说明和技术实现，适合银行从业人员阅读。"实战分享、拿来即用、从零开始、快速迭代"是本书的精髓。愿更多的银行工作者投入到场景数字化工作中来，共同谱写银行数字化转型的美好未来！

Bank 4.0，从场景数字化开始！商业场景数字化，从阅读本书开始！

刘勇
中关村互联网金融研究院院长
中关村金融科技产业发展联盟秘书长

前言 Preface

人工智能（Artificial Intelligence，AI）是当今最有前途的技术领域之一。近年来，随着终端数据和云端数据的暴增，以及算法和算力的成熟，越来越多的疑难问题被 AI 解决，研究人才、风投资金、应用场景也源源不断地涌入 AI 领域。AI 已广泛覆盖教育、医疗、食品、工业、金融、旅游、政务等多个领域。学术方面，AI 研究成果推陈出新，产生了很多新型交叉学科和细分领域；商业方面，具有 AI 背景的科技企业和 AI 场景遍地开花；人才方面，企业需求旺盛，岗位薪资丰厚，人才供不应求。"一篇论文开辟一个新领域""一家草创公司成为一个领域独角兽""新技术颠覆一个行业"已成为新常态。可以说，AI 给社会带来了深刻的变革，也给无数创业公司带来了新的发展机会。

在数据爆炸、信息爆炸、知识爆炸的时期，AI 是商业银行的必争高地，也是银行数字化转型的关键。商业银行作为国民经济的核心要素，必须适应经济社会发展的需要，探索出引领经济发展的新模式。这就必须从建网点、投费用、拼人脉的发展模式向场景化、智能化、数字化的发展模式转型。目前绝大多数新注册的民营商业银行都是纯粹的 AI 科技公司，而传统商业银行也纷纷成立科技子公司或独立的 AI 数据部门来进行数字化经营。可以说，商业银行的 AI 技术应用能力在很大程度上决定了它的商业模式、市场份额、客户体验和盈利能力，这些都是市场竞争力的关键要素。未来银行的业务一定会通过互联网、AR 眼镜、嵌入式设备、第三方渠道等形式无缝、无感地植入各种生活场景和生产场景中。可以说，商业银行未来的竞争在很大程度上就是 AI 能力的竞争。

本书分享的是作者在商业银行科技创新工作中的 AI 实战项目，应用场景包括智能营销、智能风控、智能运营三个方面，覆盖零售营销、电子银行、信贷业务、科技运维四大板块。本书内容涉及 AI 思维大脑（左脑）和 AI 感知大脑（右脑），赋予计算机听、说、读、写、想的能力，提供自动机器学习、图神经网络、推荐系统、强化学习、因果推断、连续实数深度特征合成、无监督对抗机器学习、模糊数学控制、智能语音问答、图像理解、贝叶斯网络、自动控制、计算机视觉等多种技术的场景应用。每章为一个项目，分别从项目实现、算法原理、代码讲解、项目效果等方面阐述。本书介绍研究探索性的实战项目，避免晦涩难懂的数学公式和原理剖析，以通俗易懂的语言讲述如何将 AI 技术应用在商业银行经营场景中。

分享真实案例的实战经验是本书的一大特色。为方便读者学习，本书所有项目均提供数据文件和项目代码。读者可关注微信公众号"人工智能和元宇宙行业应用"（微信号 AI7Meta），注册并下载本书的全部数据文件和代码。

本书旨在提供实战经验，帮助读者加快自建项目的研发速度。本书具有一定的专业性，要求读者需要具备一定的数学和机器学习基础知识。建议先了解项目设计和算法思想，再动手运行项目，以便加深理解。

展望未来，AI 将在以下几个方面持续对商业银行产生深远影响：一是数据驱动银行经营决策，从局部智能转变为全局智能；二是 AI 客服代替人工劳动，全面释放生产力；三是区块链结合供应链，实现多方机构信息流、资金流和物流的三流合一；四是 AI 个性化私人银行的兴起，全面变革商业银行的高端服务；五是借助 AI 技术，银行业务大规模植入各种线上非银行业务场景，与异业合作伙伴联合，跨界、跨行业合作。

毋庸置疑，AI 已成为商业银行战略发展要务。培养和引入 AI 人才、建立 AI 思维、建设 AI 生态是商业银行未来成功的关键。

由于作者水平有限，本书难免有不足之处，恳请广大读者批评指正。作者邮箱：chenchenqin_88@qq.com。感谢家人及朋友在本书写作期间给予理解和帮助，感谢机械工业出版社的大力支持！

陈　沁

目录 Contents

序1
序2
前言

智能营销篇

第1章 手机银行潜在月活客户挖掘——自动机器学习技术 ··· 2
- 1.1 自动机器学习简介 ··· 4
- 1.2 开发框架与库 ··· 6
  - 1.2.1 重要特征选择库 Feature_selector ··· 6
  - 1.2.2 重要特征选择库 Boruta ··· 10
  - 1.2.3 自动机器学习建模框架 Flaml ··· 12
  - 1.2.4 自动机器学习框架 AutoGluon ··· 16
  - 1.2.5 贝叶斯优化库 Bayesian-optimization ··· 17
- 1.3 案例实战 ··· 22
  - 1.3.1 运行环境搭建 ··· 22
  - 1.3.2 数据集准备 ··· 23
  - 1.3.3 特征选择代码实战 ··· 27
  - 1.3.4 自动化建模代码实战 ··· 31
  - 1.3.5 自动化调参代码实战 ··· 34
- 1.4 案例总结 ··· 36

第2章 零售潜在高价值客户识别——图神经网络技术 ··· 37
- 2.1 图神经网络简介 ··· 38
  - 2.1.1 图神经网络的概念 ··· 38
  - 2.1.2 图神经网络的优势 ··· 41
  - 2.1.3 图神经网络的发展 ··· 43
  - 2.1.4 图神经网络是大数据时代的产物 ··· 44
- 2.2 方案设计 ··· 47
- 2.3 图卷积神经网络算法 ··· 48
- 2.4 开发框架 ··· 50
  - 2.4.1 图数据库 Neo4j ··· 50
  - 2.4.2 图神经网络开发框架 DGL ··· 51
- 2.5 案例实战 ··· 53
  - 2.5.1 环境准备 ··· 53
  - 2.5.2 代码实战 ··· 61
- 2.6 案例总结 ··· 69

第3章 银行业务精准推荐——推荐系统 ··· 72
- 3.1 推荐系统简介 ··· 73
- 3.2 推荐算法 ··· 75
  - 3.2.1 协同过滤算法 ··· 75

3.2.2 PersonalRank 图推荐算法 ········ 78
3.2.3 文本卷积神经网络 ············ 80
3.2.4 双塔模型 ···················· 82
3.3 开发框架 ·························· 84
3.3.1 计算框架 PySpark ············ 84
3.3.2 分词框架 Pkuseg ············· 86
3.3.3 深度学习框架 TensorFlow 与 Keras ······················ 86
3.4 案例实战 ·························· 87
3.4.1 数据准备 ··················· 87
3.4.2 环境准备 ··················· 88
3.4.3 代码实战 ··················· 89
3.5 案例总结 ························· 104

第 4 章 银行线上营销推文价值评估——强化学习技术 ········ 105

4.1 强化学习简介 ····················· 106
4.1.1 人工智能发展与强化学习 ····· 106
4.1.2 强化学习的基本概念 ········· 108
4.1.3 Q-Learning 算法 ············ 110
4.2 案例实战 ························· 111
4.3 案例总结 ························· 115

第 5 章 关联还款二元因果效应模型——因果推断技术 ········ 116

5.1 因果科学简介 ····················· 117
5.2 因果森林算法简介 ················· 119
5.3 开发库 ··························· 122
5.4 案例实战 ························· 122
5.4.1 数据准备 ··················· 123
5.4.2 环境搭建 ··················· 124
5.4.3 代码实战 ··················· 124
5.5 案例总结 ························· 128

智能风控篇

第 6 章 电信欺诈洗钱账户识别案例——多项机器学习技术 ···· 132

6.1 案例痛点：银行业反电信诈骗风控规则的局限性 ··············· 133
6.2 建模技术与场景分析 ··············· 134
6.2.1 "风控规则难以实时动态调整"的解决方案：连续实数深度特征合成技术 ············ 134
6.2.2 "风控规则不客观全面"的解决方案：无监督对抗机器学习技术 ······················ 138
6.2.3 "模糊风控规则表述不清"的解决方案：模糊数学控制技术 ····················· 149
6.3 案例实战 ························· 151
6.3.1 环境搭建 ··················· 151
6.3.2 代码实战 ··················· 153
6.4 案例总结 ························· 162

第 7 章 从零开发方言语音电话催收双模机器人——智能语音问答技术 ······················ 164

7.1 方案设计 ························· 167
7.2 智能语音问答技术 ················· 170
7.2.1 智能语音问答系统的基本任务 ·· 170
7.2.2 自动语音识别技术 ··········· 171
7.2.3 QuartzNet 模型 ············· 174
7.2.4 基于自由文本阅读理解的问答技术 ······················ 176
7.2.5 从文本到语音的合成技术 ····· 179
7.2.6 迁移学习 ··················· 179

7.3 开发框架 …………………………… 180
  7.3.1 英伟达对话式 AI 框架 Nemo … 180
  7.3.2 端到端语音处理框架 ESPnet … 180
  7.3.3 Transformers 模型库 ………… 181
  7.3.4 跨平台 GUI 框架 PyQt5 ……… 183
  7.3.5 SIP 与 PJSIP 框架 …………… 183
7.4 案例实战 …………………………… 185
  7.4.1 软硬件环境搭建及运行案例程序 …………………………… 185
  7.4.2 代码实战 ……………………… 193
7.5 案例总结 …………………………… 211

第 8 章 动产抵押品仓库视觉监控项目——图像理解技术 …… 212

8.1 方案设计 …………………………… 213
8.2 开发库与框架 ……………………… 216
  8.2.1 计算机视觉处理库 OpenCV … 216
  8.2.2 人脸识别开源库 Face_Recognition …………………… 218
  8.2.3 实例分割开源库 Yolact ……… 219
  8.2.4 深度学习图像处理库 ImageAI 与目标检测迁移学习 ………… 224
  8.2.5 Django 框架和 Pyecharts 数据可视化库 …………………… 226
8.3 案例实战 …………………………… 227
  8.3.1 软硬件环境搭建及运行案例程序 …………………………… 227
  8.3.2 代码实战 ……………………… 232
8.4 案例总结 …………………………… 245

第 9 章 个人贷款逾期预测项目——贝叶斯网络技术 ………… 247

9.1 贝叶斯网络简介 …………………… 248
  9.1.1 贝叶斯学习的概念 …………… 248
  9.1.2 从贝叶斯学习到贝叶斯网络 … 249
9.2 概率图计算库 Pgmpy ……………… 251
9.3 案例实战 …………………………… 252
  9.3.1 环境搭建和案例运行 ………… 252
  9.3.2 代码实战 ……………………… 252
9.4 案例总结 …………………………… 256

智能运营篇

第 10 章 企业微信私域流量客户冷启动项目——自动控制技术 ……………………… 260

10.1 方案设计 ………………………… 262
10.2 开发库 …………………………… 266
  10.2.1 底层接口库 Pywin32 ……… 266
  10.2.2 图像处理库 Pillow ………… 266
  10.2.3 计算机视觉处理库 OpenCV … 266
  10.2.4 数据处理库 Pandas ………… 266
  10.2.5 Pynput 库 …………………… 267
10.3 案例实战 ………………………… 267
  10.3.1 软硬件环境搭建及运行案例程序 ………………………… 267
  10.3.2 代码实战 …………………… 268
10.4 案例总结 ………………………… 275

第 11 章 商业银行数据中心智能巡检机器人——计算机视觉技术 ……………… 276

11.1 方案设计 ………………………… 277
11.2 计算机视觉技术 ………………… 279

11.2.1	树莓派	279	11.4	案例实战 285
11.2.2	HSV 颜色空间	281	11.4.1	软硬件环境搭建及运行案例程序 285
11.2.3	中值滤波	282	11.4.2	代码实战 286
11.2.4	边缘计算	283	11.5	案例总结 292
11.3	开发库	284		

智能营销篇

当前，数字技术加速与经济社会各领域深度融合，成为引领经济社会发展的先导力量，是后金融危机时代推动产业变革升级、促进经济社会转型、培育经济新动能、构筑竞争新优势的重要抓手。据分析，数字化程度每提高10%，人均 GDP 增长 0.5%~0.62%。2021 年我国数字经济规模达 45.5 万亿元，占 GDP 比重达到 39.8%。预计到 2025 年，全球经济总值的一半将来自于数字经济。

数字经济带来的强劲增长，使得商业银行数字化营销成为未来发展的关键。商业银行数字化营销是指数据驱动算法来实现智能化、个性化营销策略，完成客户分析、业务运营、长尾服务、收支决策等任务。数字化营销的关键在于场景数字化，即用数字化方法来描述场景特征，用适当的算法来求解场景目标。本篇介绍手机银行潜在月活客户挖掘、零售潜在高价值客户识别、银行业务精准推荐、银行线上营销推文价值评估、关联还款二元因果效应模型 5 个智能营销案例。

第 1 章

手机银行潜在月活客户挖掘——自动机器学习技术

手机银行是指人们使用智能手机来完成各种银行服务的业务形态。作为零售银行最重要的门户，它承载着获客、活客、留存、转化的功能，在争夺长尾客户、收取商家入驻佣金、降低银行运营成本、提升客户体验、提升金融产品销量等方面有重要作用。《2021 中国数字金融调查报告》发布了以下 4 个观察，足以说明手机银行的市场地位。

观察一：手机银行发展速度超过个人网上银行。从 2015 年开始，手机银行连续 6 年增长率保持两位数，成为金融科技前端主要输出产品及数字化转型的主要抓手。网上银行逐渐边缘化，客户比例增速放缓，2021 年手机银行用户渗透率为 81%，增速为 15%，而同期个人网上银行用户渗透率为 63%，增速为 7%，如图 1-1 所示。

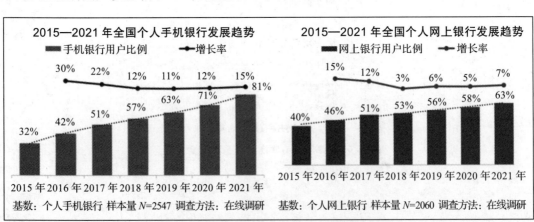

图 1-1　手机银行发展速度超过个人网上银行

观察二：手机银行已成为增长最快的电子银行渠道。2017—2021 年，手机银行业务量增速在 6% 以上，高于网上银行、微信银行和电话银行，如图 1-2 所示。

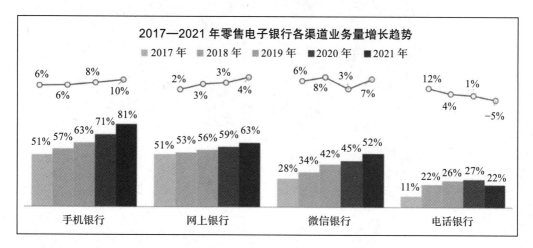

图 1-2　零售电子银行各渠道业务量增长趋势

观察三：手机银行已成为使用率最高的电子银行渠道。在线调查结果表明，2021 年手机银行客户使用率为 85%，高于其他电子渠道，如图 1-3 所示。

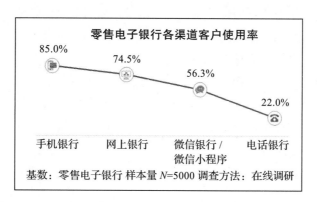

图 1-3　零售电子银行各渠道客户使用率

观察四：手机银行已成为商业银行必争之焦点。各银行频频出台硬核招数，不断丰富手机银行功能，通过人工智能和场景化手段加速创新。手机银行迎来后 App 时代，推进"手机银行+"移动端布局，打通第三方流量入口。手机银行弱化金融属性，强化"场景+社交"属性，即以基础金融服务为支撑，以手机 App 为载体，以高频生活场景为驱动，重塑手机银行新业态。同时，各商业银行纷纷开始探索利用微信、支付宝等进行外部客户引流，并实现有效转化。商业银行将手机银行定位于数字转型的主要抓手和落地平台，以及零售业务的战略核心,如图 1-4 所示。

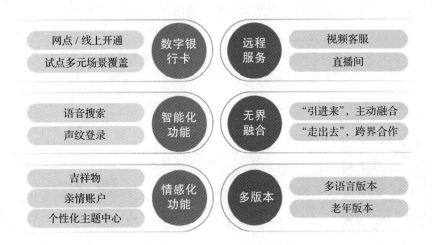

图 1-4　手机银行后 App 时代新业态

金融场景是低频业务场景,存在客户对银行的黏性低、客户易流失、客户价值难以挖掘、难以建立开放银行生态圈等问题。只有运营手机银行,将金融功能融入开放的互联网渠道和各种线上生活场景,让商家入驻,提供丰富的营销活动,提升易用性和客户体验,提升月活客户数,才能将低频场景转化为高频场景,从而获取更丰富的客户数据,维护并挖掘客户价值,提高客户黏性和忠诚度,建立适应互联网形态的新金融生态圈。

手机银行月活客户是指当月登录并使用手机银行的客户,它反映了手机银行的使用效能和金融生态成熟度。手机银行潜在月活客户是指当月没有月活,但具备月活特征,在营销策略引导下容易转化为月活的客户。追求手机银行月活客户最大化,是运营手机银行的目标,而精准挖掘潜在月活客户则是实现这个目标的一种有效途径,这对银行经营具有重要的战略意义。

本案例提出一套基于自动机器学习来预测潜在月活客户的实现方法,在实际工作中取得了较好的应用效果。

1.1　自动机器学习简介

自动机器学习(Automated Machine Learning,AutoML)是近年来机器学习领域的研究热点,它是指机器学习模型从构建到应用全过程自动化的理论和方法,能最大限度地减少人工参与程度,从而降低机器学习门槛,实现快速便捷的自动化建模。

自动机器学习作为一项创新技术,是针对传统机器学习的"烦琐耗时""门槛高"两大痛点提出来的。在传统机器学习的建模任务中，需要经过问题定义、数据收集、数据清洗、特征生成、特征选择、算法选择、模型训练、超参数优化、模型评估、模型部署等步骤，其中，从数据收集到模型评估是一个反复迭代的过程，这个过程依赖个人经验，需要人工参与，烦琐且非常耗时，通常需要数月时间完成。传统机器学习通常需要建模人员具备一定的数学知识，比如微积分、概率论、线性代数、统计学、图论等，同时还需要理解多种机器学习算法，比如分类、聚类、回归、降维、图算法等，并具备模型调参经验，因此难度较大、开发门槛较高。自动机器学习将这个迭代过程视为一个最优解搜索过程，在事先设定的模型空间和参数空间中构建一个数学实现，完成自动特征工程、自动算法选择、自动模型选择、自动参数调整、自动管道匹配等环节，无须人工干预。此举一方面可减少时间和人力投入，另一方面能最大限度地降低对建模人员的能力要求，使得机器学习建模工作变得快速、轻松。传统机器学习与自动机器学习对比如图1-5所示。

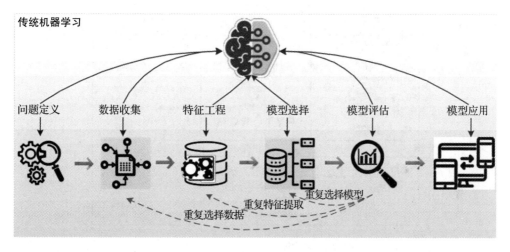

图1-5 传统机器学习与自动机器学习对比

2017年底,谷歌首次提出自动机器学习技术。2018年1月,谷歌发布了第一个自动机器学习产品 AutoMLVision。目前,自动机器学习技术进入快速发展阶段,百度、阿里、腾讯、第四范式等多家科技公司均推出了自动机器学习产品,出现了诸多主流开发框架,如 TPOT、Auto-sklearn、Auto_ml、HyperOpt 等。自动机器学习已渗透到工业、金融、教育、政务等多个行业。

图 1-6 的上半部分展示了常见的机器学习框架,下半部分展示了常见的自动机器学习框架。机器学习框架通常涉及特征工程、模型创建、参数调优三大板块,每个板块都有专门的开发框架。管道是自动机器学习框架中常见的技术,它将整个机器学习的流程串联起来,从而实现自动化。近年来,随着技术的发展,自动机器学习领域涌现出一些新技术,比如自动化集成学习、多学习器学习、自动超参数搜索等。本书重点介绍在金融实践中使用的几个自动机器学习前沿框架。

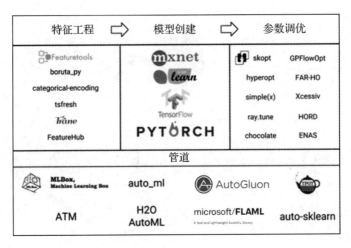

图 1-6　机器学习和自动机器学习框架

1.2　开发框架与库

本节主要介绍重要特征选择库、自动机器学习建模框架、贝叶斯优化库等,带领读者初步了解自动机器学习的实现原理及开发框架。

1.2.1　重要特征选择库 Feature_selector

特征工程通常是机器学习建模任务的前面环节。特征工程主要解决特征生成与特征选择两大问题,即如何从若干原始特征开始进行特征变换,从而生成建模需要的衍生特征,如何进行特征评价并选择适合建模的特征。在特征选择环节，常见的做法是计算某个特征与模型预测值之间的 IV（Information Value，信息价值）。IV 衡量的是某个特征对预测值的信息关联程度。特征选择工作可以通过编写基础代码来完成，也可以借用一些机器学习工具或封装的函数库来完成。

Feature_selector 是 Feature Labs 公司的数据科学家 William Koehrsen 开发的一个特征选择库。该库实现以下 5 类特征选择：

- 缺失值占比高的特征（identify_missing 函数）。
- 具有高相关性的共线特征（identify_collinear 函数）。
- 对预测值零重要性的特征（identify_zero_importance 函数）。
- 对模型预测结果只有很小贡献的特征（identify_low_importance 函数）。
- 具有单个值的特征（identify_single_unique 函数）。

Feature_selector 的开源代码仓库简单、高效，基于 GPL-3.0 许可开源，详见 https://github.com/WillKoehrsen/feature-selector。下面以笔者开发的信用卡客户交易预测模型为例来说明 Feature_selector 的主要使用过程。

（1）实例化类。通过 FeatureSelector() 函数来构建特征选择实例，只需要指定训练集特征矩阵和训练集标签向量，即可返回特征选择实例：

```
fs = FeatureSelector(data=train_features, labels=train_labels)
```

（2）分析缺失率。使用 fs 的成员函数 identify_missing() 来选择缺失率高于指定阈值的特征。以下代码指定缺失率阈值为 60%：

```
fs.identify_missing(missing_threshold=0.6)
```

fs 的操作结果会记录在字典成员 ops 中，比如要查看选择的上述缺失率高于 60% 的特征，只需查看 ops 中的 missing 键值即可：

```
print(fs.ops['missing'])
```

由于特征缺失仅与特征自身有关，与任务类型无关，因此 identify_missing() 函数既适用于监督学习，也适用于非监督学习。Feature_selector 为每类特征选择提供了可视化函数，只需调用对应的 plot_XXXX() 函数即可。比如要查看特征的缺失情况，可调用 fs.plot_missing() 函数得到横轴为缺失率、纵轴为特征个数的柱状图。图 1-7 表示 1 个特征的缺失率为 90%~100%，50 个特征的缺失率为 0~10%。

（3）分析共线特征。在几何学中，一组点共线是指它们同时在一条线上。在特征工程中，将两个关联性强的特征称为共线特征。使用 fs 的成员函数 identify_collinear() 可以找出相关性大于指定阈值的共线特征对。比如找出所有输入特征中相关性大于 30% 的特征对，所有特征不进行独热编码：

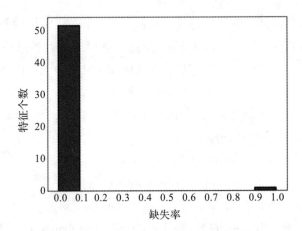

图 1-7　Feature_selector 的特征缺失率分析

```
fs.identify_collinear(correlation_threshold=0.3, one_hot=False)
```

要查看相关性大于 30% 的共线特征对，只需查询 ops 成员字段的 collinear 键值即可：

```
print(fs.ops['collinear'])
```

由于特征相关性仅与特征自身有关，与目标任务无关，因此 identify_collinear() 方法既适用于监督学习，也适用于无监督学习。使用 fs.plot_collinear() 函数得到共线特征的可视化结果，通过颜色变化来标注其相关性的强弱。共线特征表示变量之间存在相关性，这会给建模带来干扰，通常删除。Feature_selector 的共线特征相关性分析以可视化热图的形式输出，如图 1-8 所示。

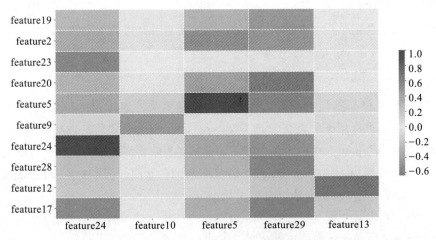

图 1-8　Feature_selector 的共线特征相关性分析

（4）分析零重要性特征。使用 fs 的成员函数 identify_zero_importance() 来得到对预测目标没有贡献的特征，即零重要性特征。Feature_selector 训练一个梯度提升机（Gradient Boosting Machine，GBM），由 GBM 得到每一个特征的重要性分数并进行归一化后，找出重要性分数等于 0 的特征。为了使得到的重要性分数具有很小的方差，identify_zero_importance 内部会对 GBM 训练多次，取多次训练的平均值，得到最终的重要性分数。同时从数据集中抽取一部分作为验证集，在训练 GBM 的时候，计算 GBM 在验证集上的度量值，当满足预设条件时，结束 GBM 训练。比如对于分类任务，当验证集精度达到预设值后就提前结束训练，总共训练 10 次，代码如下：

```
fs.identify_zero_importance(task='classification', eval_metric='auc',n_iteration=10,early_stopping=True)
```

要查看选择的零重要性特征，只需查询 ops 字典的 zero_importance 键值即可：

```
fs.ops['zero_importance']
```

在训练 GBM 的时候，我们得到了每个特征的重要性分数，将其归一化后就可以绘制重要性条形图。比如我们绘制前 51 个重要特征（plot_n 参数）的归一化条形图，并计算所有特征的累计重要性达到 90% 时（threshold 参数）需要的特征个数：

```
fs.plot_feature_importances(threshold=0.9, plot_n=51)
```

图 1-9 是 Feature_selector 的特征重要性分析可视化输出。值得注意的是，图中横轴的特征重要性分数是归一化后的结果，因此所有特征的重要性分数之和必定等于 1。

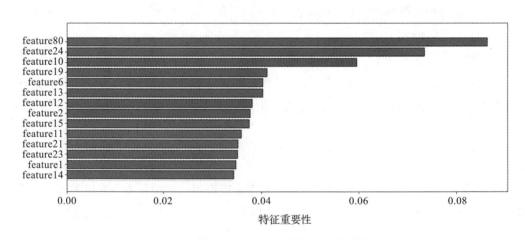

图 1-9　Feature_selector 的特征重要性分析

然后 Feature_selector 会绘制一条虚线，它表示在当前数据集下，所有特征的累计重要性分数达到 90% 时，需要约 25 个特征，如图 1-10 所示。

由于 GBM 的训练具有一定的随机性，因此每次训练得到的特征重要性分数会存在一定差异。因为训练 GBM 需要指定目标字段，必须向 FeatureSelector() 函数传入标签（labels 参数），所以 identify_zero_importance() 只适用于监督学习，不适用于无监督学习。

（5）分析低重要性特征。使用 fs 的成员函数 identify_low_importance() 就能获取图 1-10 中虚线右边的不重要特征。由于它是在 GBM 基础上执行的，因此也只适用于监督学习。执行以下代码得到低重要性特征列表：

```
fs.identify_low_importance(cumulative_importance=0.9)
print(fs.ops['low_importance'])
```

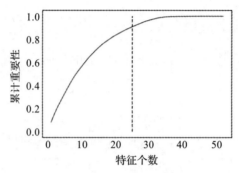

图 1-10　Feature_selector 的累计特征重要性分析

（6）分析单一取值特征。使用 fs 的成员函数 identify_single_unique() 可获取只有单一取值的特征，这种特征对模型训练没有意义，可以直接删除，适用于监督学习和无监督学习。执行以下代码可得到单一值特征列表：

```
fs.identify_single_unique()
fs.ops['single_unique']
```

Feature_selector 提供了 plot_unique() 函数来绘制每个特征的单一取值柱状图，即统计出每个特征的单一值个数，然后绘制其频率占比，如图 1-11 所示。

1.2.2　重要特征选择库 Boruta

在机器学习术语中，代价函数与损失函数都是指模型的预测偏差，但损失函数通常作用在单个样本上，而代价函数则作用在整个数据集上，是所有样本损失函数的平均值。通常情况下，我们在机器学习任务中进行特征选择的目标是筛选出使得当前模型代价函数（Cost Function）取值最小的特征集合，即只选择必要的、数量最少的特征。在特征最少的条件下，模型对数据集的拟合达到最优，多余的特征反而是干扰因素，只会增加计算量，却不会提升模型性能。

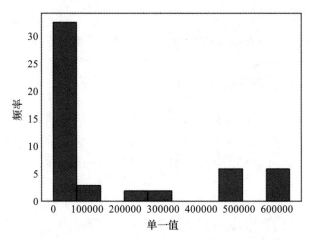

图 1-11 Feature_selector 的特征单一值分析

Boruta 是一个重要特征选择库，它提供了一个与上述特征选择不同的思路。使用 Boruta 进行特征选择的目标是筛选出所有与因变量具有相关性的特征集合。有了 Boruta，我们就可以选择对因变量预测有直接贡献的特征。Boruta 的意义在于可以帮助我们更全面地理解因变量的影响因素，从而更好、更高效地进行特征选择。

Boruta 的算法思想是：在原始特征（Real Features）数据集中进行打乱（Shuffle）操作，构造出影子特征（Shadow Features），将原始特征与影子特征拼接起来合成特征矩阵进行训练。训练使用了基于树的分类器（随机森林），在这个分类器中，目标特征被合成特征所替代，所有特征的性能差异用于计算相对重要性。通过循环的方式评价各特征的重要性，在每一轮迭代中，对原始特征和影子特征进行重要性比较。如果原始特征的重要性显著高于影子特征的重要性，则认为该原始特征是重要的；如果原始特征的重要性显著低于影子特征的重要性，则认为该原始特征是不重要的。最后以影子特征的特征重要度（Feature Importance）得分作为参考基线，从原始特征中选出与因变量真正相关的特征集合。算法过程如下：

（1）对特征矩阵 X 的各个特征取值进行随机 Shuffle 操作，将构造出的影子特征与原始特征拼接构成新的特征矩阵。

（2）使用新的特征矩阵作为输入，训练可以输出特征重要度模型。

（3）计算原始特征和影子特征的 Z_score。其中，Z_score 的计算公式为：特征重要度均值／特征重要度标准差。

（4）在影子特征中找出最大的 Z_score，记为 Z_{max}，将 Z_score 大于 Z_{max} 的原始特征标记为"重要"，将 Z_score 显著小于 Z_{max} 的原始特征标记为"不重要"，并且从特征集合中永久剔除。

(5)删除所有影子特征。

(6)重复(1)到(5),直到所有特征都被标记为"重要"或"不重要"。

1.2.3 自动机器学习建模框架 Flaml

在介绍 Flaml 框架前,我们先来看看自动机器学习要解决的核心问题——最佳模型搜索。在数据集和建模任务确定的情况下,如何通过算法找到性能最佳模型和最佳超参数?简单说就是在一组候选解中找到最优解。图 1-12 展示了一条从最高点到最低点的最佳模型搜索路径。

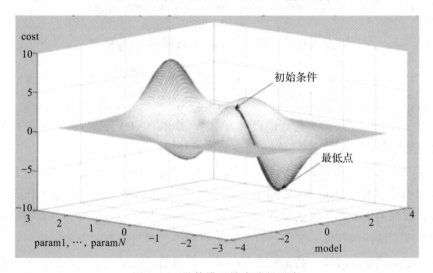

图 1-12 最佳模型搜索路径示意

如果我们把不同模型(model)和它们的多个参数(param1, param2, ⋯, paramN)看成两个不同维度的自变量,把模型的成本函数值(cost)或其他性能指标看成因变量,则可以用一个高维超曲面来描述三者的关系。最佳模型搜索就是要从某个起始点开始,不断变换模型维度和参数维度的取值,沿着某个路径(图 1-2 中深色线条)找到 cost 的最低点,这个点对应的模型和参数就是最佳模型和最佳超参数。这个搜索过程通常要考虑影响模型性能的 4 个因素。

(1)采样策略:指模型如何采集数据样本,通常有 K 折交叉验证和预留两种策略。K 折交叉验证是指先将数据集划分为 K 个大小相似的互斥子集,每次用 $K-1$ 个子集的并集作为训练集,剩下的一个子集作为测试集,这样就可以获得 K 组训练/测试集,然后进行 K 次训练和测试,最终得到这 K 个测试结果的均值。优点是数据使用比较均匀,模型泛化能力强;缺点是一旦数据集较大,其计算成本较高。预留策略是指将数据集划分为两个互斥的集合，其中一个集合为训练集 S，另一个为测试集 T，在 S 上训练出模型后，用 T 来评估其测试误差，作为对泛化误差的估计。由于每次预留的测试集可能与原数据集存在不同的特征分布，可能影响模型的泛化能力，因此一般要采用若干次随机划分、重复进行实验评估后取平均值作为模型的最终泛化误差。K 次随机预留可能导致训练集和测试集有重叠，而 K 折交叉验证没有重叠，因此预留策略的稳定性可能不如 K 折交叉验证。但在小数据集的情况下，K 折交叉验证与 1 次预留相比，前者需要更长的时间，这时我们更愿意采用后者来加速模型评估，使得模型搜索从低成本区域快速迭代到较高成本区域，从而提高模型搜索的效率。我们需要根据情况来动态选择这两种采样策略。

（2）学习器：指采用哪种算法或模型，比如 XGBoost、LightGBM、随机森林等。

（3）超参数：指定义机器学习模型的各种参数，不同超参数对模型表现有较大影响。

（4）采样样本量：指送入机器学习模型的样本数量。样本量少则可学习的信息少，可能会影响模型的泛化能力；样本量多则计算量大，模型训练速度慢。因此也需要根据实际情况来进行动态选择。

Flaml 是微软开发的一个轻量级自动机器学习框架，出自微软的一篇论文"FLAML：A FAST AND LIGHTWEIGHT AUTOML LIBRARY"。Flaml 框架的全称是 Fast and lightweight AutoML library，因其易使用、可读性强、性能优异等特点，一经开源就火爆社区，目前已被收入微软官方 Automated Tunning Library 库中，成为微软大力推广的 AutoML 框架。

在 Flaml 框架中，最佳模型搜索除考虑模型性能外，还考虑模型训练的时间成本和计算复杂度成本，其工作过程如图 1-13 所示。

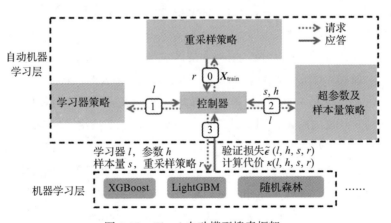

图 1-13　Flaml 自动模型搜索框架

在 Flaml 框架中，最佳模型搜索过程由一个控制器决定。最佳模型搜索是一个实例化的搜索算法从一个起始点开始搜索，循环地从自动机器学习层和机器学习层获得反馈，不断调整自动机器学习层的各项数据，使得算法逐渐逼近最佳模型及最佳超参数。自动机器学习层向机器学习层传递学习器、参数、样本量、重采样策略等数据，机器学习层使用传递的数据在训练集上训练指定的机器学习模型，向自动机器学习层回传验证损失和计算成本代价。自动机器学习层的工作机制主要有以下 3 步。

（1）确定重采样策略：判断数据集大小，如果是小数据集采用 K 折交叉验证策略，否则采用预留策略。

（2）确定学习器策略：在一组候选学习器（算法或模型）中，从一个初始学习器 A 开始，先在一个小样本集上完成一轮训练，得到损失值。再切换学习器 B，训练后得到损失值。如果 B 的损失值比 A 高，则根据 B 的损失下降速度估计它达到 A 损失值的时间成本，计算 ECI 指标。ECI 反映了继续试探学习器的性能提升能力和计算成本，ECI 越大，性能越难提升，计算成本越高，选择该学习器的概率就越低。在 Flaml 框架中，学习器的选择概率为 1/ECI。注意，随着训练的推进，ECI 是动态变化的，因此学习器选择也是动态的。

（3）确定超参数和样本量策略：在采样策略和学习器确定的情况下，选择一组超参数，如果损失值没有下降，就反方向再取一组超参数，再训练。在训练过程中，样本量是逐步增大的。在最开始的搜索中，通过小量样本的训练结果就可以大致判断学习器和参数的好坏，模型搜索就可以迅速地从低计算成本区域向高计算成本区域移动，样本量的增加会提高计算成本，也会逼近最优模型的真实表现，因此样本量从小到大的策略有助于构建快速高效的搜索过程。模型搜索的路径将沿着设定的目标进行（比如验证精度、验证损失等）。值得说明的是，模型的计算成本除了与样本量有关外，也与模型参数密切相关。模型的参数越多、越复杂，计算成本越高。以随机森林为例，100 棵树的森林的计算成本代价小于 200 棵树的森林的计算成本代价。因此，Flaml 的搜索策略是先从简单、少量的模型参数开始，逐渐提高参数的复杂程度。

图 1-14 表示 Flaml 的搜索路径，值越大的区域颜色越深。图 a 为损失值热图，图 b 为计算开销热图。控制器搜索路径依次为 1 号点、2 号点、3 号点、4 号点、5 号点、6 号点，图 b 的路径颜色是从浅入深的，表示算法高效地从低计算成本区域向较高计算成本区域移动，但当搜索到 5 号点的时候，因其计算成本明显上升一个档次，同时从图 a 发现 5 号点的损失值与 4 号点相比差别不大，这时算法认为继续向计算成本更高区域搜索的意义不大，因此不再沿着 4 号点到 5 号点的直线方向搜索，而转向几乎相反的方向搜索，来到 6 号点。完成 6 号点的迭代后发现触发了结束条件，即事先设定的搜索时长，于是结束搜索。这个过程就是 Flaml 提出的"成本节约优化"（Cost-Frugal Optimization，CFO)，即从一个低成本的初始点（在搜索空间中通过 low_cost_init_value 指定）开始，并根据其随机本地搜索策略执行本地更新。利用这种策略，CFO 可以快速地向低计算成本区域移动，表现出良好的收敛性。这使得模型一开始很快就在低计算成本区域完成试探，随后迅速转向较高计算成本区域继续搜索。

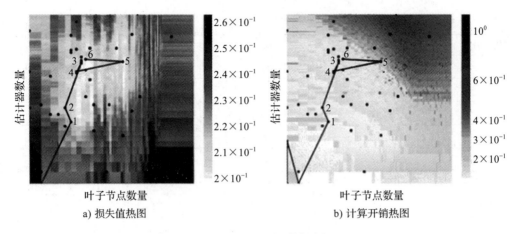

图 1-14 Flaml 的搜索路径

Flaml 框架还提供了一种新型的全局搜索算法——BlendSearch，它通过兼顾全局搜索来优化局部超参数搜索。BlendSearch 是 CFO 的扩展算法，它在计算成本控制的基础上加入了类似贝叶斯优化的搜索能力。与 CFO 一样，BlendSearch 从一个低计算成本的初始点开始进行模型搜索。与 CFO 不同的是，BlendSearch 不会等到本地搜索完全收敛之后才尝试新的起点。在全局搜索空间包含多个不相交、不连续子空间的情况下，BlendSearch 能很好地改善搜索结果。

表 1-1 是在航空公司数据集上的分类任务的模型搜索结果，可以看到，Flaml 一开始选择了 LightGBM 学习器，这时的样本量只有 1 万条，模型参数很小，只有 4 棵树，训练时间也很短。随着搜索的深入，模型复杂度在提升，训练时间和样本量也在提升，验证集损失在降低，并且通过 ECI 选择了 XGBoost，最终搜索的 XGBoost 模型复杂度竟然有 23 825 棵树，训练时间和样本量提升非常明显，而验证集损失的提升非常有限。这就说明搜索策略仅使用较少的计算代价就找到了较好的模型及其参数，Flaml 是非常快速且有效的。

表 1-1 Flaml 模型搜索参数

执行时间 /s	验证集损失	参数	学习器	样本量
0.08	0.38	n_estimators:4	LightGBM	10 000
0.12	0.37	n_estimators:12	LightGBM	10 000
0.12	0.36	n_estimators:14	LightGBM	10 000
0.15	0.36	n_estimators:53	LightGBM	10 000
0.28	0.36	n_estimators:53	LightGBM	40 000
0.32	0.35	n_estimators:89	LightGBM	40 000
0.33	0.35	n_estimators:53	LightGBM	40 000
1.75	0.35	n_estimators:53	LightGBM	364 083

(续)

执行时间 /s	验证集损失	参数	学习器	样本量
2.58	0.35	n_estimators:112	LightGBM	364 083
3.53	0.34	n_estimators:224	LightGBM	364 083
2.82	0.34	n_estimators:159	LightGBM	364 083
4.38	0.33	n_estimators:100	LightGBM	364 083
7.86	0.33	n_estimators:220	LightGBM	364 083
35.61	0.33	n_estimators:1002	LightGBM	364 083
188.93	0.33	n_estimators:5805	XGBoost	364 083
189.93	0.33	n_estimators:11051	XGBoost	364 083
259.24	0.32	n_estimators:23825	XGBoost	364 083

1.2.4 自动机器学习框架 AutoGluon

AutoGluon 是亚马逊开源的另一款自动机器学习框架，该框架使用集成学习技术构建。与 Flaml 一样，该框架发布后不久便在社区大火，号称只需三行代码便可自动生成高性能模型，快速实现算法选择、模型训练、模型调参、神经架构搜索等自动化过程。AutoGluon 通过 NAS 自动搜索的 Yolo 模型性能超越了资深模型调参师手工调的 Faster Rcnn 模型。亚马逊首席科学家、深度神经网络框架 MXNet 作者之一李沐表示，该框架开启了机器学习新时代，调得一手好参的时代要过去了。AutoGluon 是一个开箱即用的产品，可快速实现表格预测、图像分类、文本分类、目标检测四大任务，可快速构建机器学习及深度学习任务。

在监督学习任务中，机器学习的目标是得到一个稳定且在各方面表现良好的强监督模型，但实际情况是，通常只能得到多个在某些方面性能良好的弱监督模型。我们希望即便某一个弱监督模型得到了错误的预测，通过其他弱监督模型也能将错误纠正过来。这就是集成学习的初衷，它通过并联或串联多个弱监督模型来达到这一目的。在自动机器学习框架中，Flaml 是基于超参数搜索的，即在一组候选的超参数集合中找到最佳超参数。AutoGluon 则避免了超参数搜索，它同时训练多个单一算法的弱监督模型，通过集成学习方法将这些弱监督模型进行组合，最终得到一个更加健壮、准确的强监督模型。AutoGluon 认为，集成学习方法可以在相同时间内尝试更多模型算法，不仅能达到"三个臭皮匠顶一个诸葛亮"的效果，还能在计算效率方面成倍提升。AutoGluon 使用的集成学习方法包括堆叠、K 折交叉装袋、多层堆叠，如图 1-15 所示。

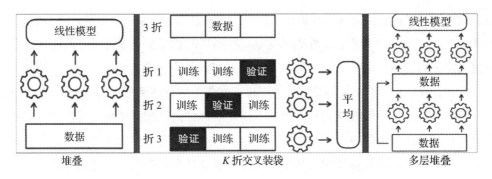

图 1-15　AutoGluon 的集成学习方法

（1）堆叠：在同一份数据上使用不同算法（如 KNN、树算法等）训练出多个单一算法模型，将这些模型的输出作为另一个线性模型的输入，即通过加权求和来得到最终输出，线性模型的权重是通过训练得到的。

（2）K 折交叉装袋：将数据集切分成 K 个数据块，每次使用不同的数据块作为训练集和验证集，然后使用不同的初始权重或不同的数据块来训练多个同类算法的模型。对于分类问题，将这些模型的预测结果采用投票的形式来得到最终结果；对于回归问题，以这些模型的预测结果均值作为最终结果。AutoGluon 通过指定 fit() 函数中的 num_bag_folds 参数来设置 K 值。

（3）多层堆叠：在同一份数据上训练多个模型，将这些模型的输出合并起来，再做一次堆叠。在上面再训练多个模型，最后用一个线性模型进行输出。这里的每个模型是 K 个模型的装袋，它对下一层堆叠的输出，是每个装袋模型对应验证集上输出的合并。AutoGluon 通过指定 fit() 函数中的 num_stake_levels 参数来设置额外增加的堆叠层数，指定 num_bag_folds 参数来设置 K 值。

在性能方面，亚马逊使用了 50 个不同类型的数据集，限制 4 小时运行时间来对比 AutoGluon 与常见 AutoML 框架的计算性能。结果显示，AutoGluon 计算了 30 个数据集，遥遥领先其他框架。这说明其集成学习策略是非常高效的，如图 1-16 所示。

	冠军
AutoGluon	30
TPOT	5
GCP	7
Auto-sklearn	4
H2O	2
Auto-WEKA	1

图 1-16　AutoGluon 与常见 AutoML 框架性能对比

1.2.5　贝叶斯优化库 Bayesian-optimization

在自动超参数优化方面，传统方法有网格搜索和随机搜索。网格搜索本质上是穷举法，比如模型有 A、B、C 三个参数，每个参数有 10 个选择，就穷举 1000 种可能。随机搜索是随机寻找最优参数。它们的共同问题是计算量大、效率低。如果把模型参数 X 看成自变量，模型性能（如精度、R2 等指标）看成因变量，在同样的数据集和学习任务前提下，自变量的取值决定了因变量的取值，这就形成一个待求解的目标函数。通常情况下，模型参数 X 是一组向量，我们希望求解合适的 X，使得模型性能的取值达到最大。这里存在两个问题：一是我们没有目标函数的数学表达，因此不能判断目标函数能否求导，就不能直接使用梯度法求解；二是这个函数的计算复杂度是未知的，不同的模型参数 X 对应的计算开销的差异可能非常大，比如随机森林的树数量和树深度参数就大幅影响计算开销，这就导致网格搜索和随机搜索很难实现。可喜的是，作为一种成熟方法，贝叶斯优化提供了新的解决思路。图 1-17 所示为一个目标函数。

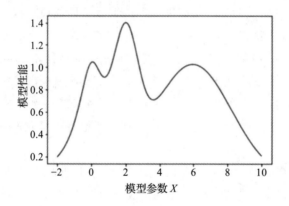

图 1-17　模型参数与模型性能曲线

在图 1-17 上随机找几个初始点，计算 x 对应的 y 值，得到图 1-18。

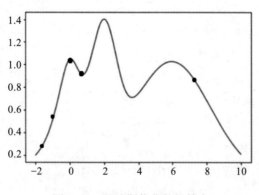

图 1-18　贝叶斯优化的初始点

所谓随机过程，是在样本空间中进行采样，每次的采样结果是一个过程（如序列、函数等)。用高斯过程(Gaussian Process,GP)来生成拟合这些初始样本点的多个代理函数,每个代理函数数据点上的函数值都是高斯分布,且任意 k 个数据点对应的函数值的组合都是联合高斯分布。由于高斯分布可以取不同的参数值,因此高斯过程返回的是一组代理函数,每个代理函数按先验概率分布对应不同的概率。这些代理函数的值域分布见图 1-20 中浅灰色区域部分。再用一个获取函数来决策下一个计算样本在哪个样本点附近,靠近已知最优点(该点的目标函数值较大)的地方叫"利用"(即对已知区域采样),远离已知点的地方叫"探索"(即对未知区域采样)。获取函数按照一定的策略来决定下一个样本点是"利用"还是"探索"。

图 1-19 展示了贝叶斯优化过程。其中第一张图表示在只采样有限个样本点的情况下,用高斯过程拟合的代理函数分布。其中右边的高斯曲线区域的 y 值范围较大,表示这部分区域的未知性较高,全局最优解(即最大函数值样本点)在这部分区域的可能性较大;而左边的点比较密集,说明在前期的采样工作中,获取函数使用了较多"利用"策略。第二张图的采样点比较均匀,说明在算法迭代过程中,获取函数均衡使用了"探索"策略。每完成一次新样本计算后,就使用贝叶斯优化更新高斯过程,对代理函数计算新的后验概率,通俗讲就是在更新样本点的情况下,求解什么样的代理函数高斯分布更合理,即更新图中浅灰色区域,形成一组新的代理函数。重复迭代这个过程,直到达到结束条件,这时 y 值最大样本点对应的 x 值就是我们要求解的最佳模型参数。

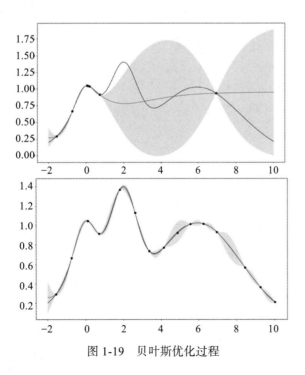

图 1-19 贝叶斯优化过程

从这里可以看出，贝叶斯优化的本质是根据代理函数的分布来估计最有采样价值的点，然后使用"利用"或"探索"策略得到新的样本点（即得到新的观察事实），再更新代理函数的 y 值范围。随着迭代的反复进行，代理函数越来越清晰（即浅灰色区域越来越小），就逐步逼近最佳参数点。值得注意的是，这一计算过程与目标函数的复杂度无关，与目标函数是否可微无关，解决了前面提出的关于求导和计算复杂度的两大问题。贝叶斯优化的核心是通过高斯过程来构造最接近待求解函数的后验概率分布，随着观测样本的增加，后验分布得到改善，算法更加确定参数空间中的哪些区域值得探索，哪些区域不值得探索。图 1-20 展示了高斯过程，其中下图是上图高斯代理函数的上限轮廓，算法能粗略估计最优点位置（五角星处）。随着采样数的增多，代理函数的后验分布变得清晰，最终逼近最优解。

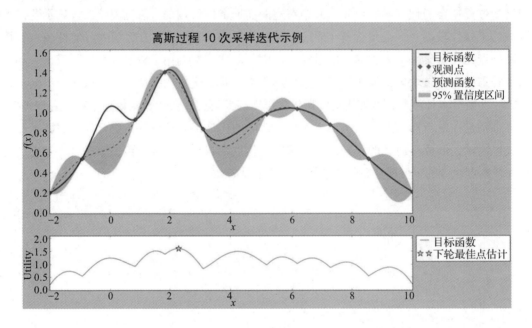

图 1-20　高斯过程

Bayesian-optimization 是使用高斯过程进行贝叶斯全局优化的 Python 实现库。该库完全使用 Python 编写，提供开箱即用的理念，使用者按以下步骤依次调用封装函数，即可实现贝叶斯优化全过程，使用简单方便，高效而不失优美。该库的使用步骤为：问题定义，探索迭代，参数求解。在问题定义阶段，我们要定义待优化函数及每个参数的探索范围，如果待优化算法为随机森林，其贝叶斯优化的示例步骤代码如下：

```
from sklearn.ensemble import RandomForestClassifier
def rf_cv(n_estimators, min_samples_split, max_features, max_depth):
    val = cross_val_score(
        RandomForestClassifier(n_estimators=int(n_estimators),
```

```
            min_samples_split=int(min_samples_split),
            max_features=min(max_features, 0.999),
            max_depth=int(max_depth),
            random_state=2
        ),
        x, y, scoring='roc_auc', cv=5
    ).mean()
    return val
```

这里我们定义了一个待优化函数 rf_cv()，它将随机森林的每个参数传入，返回在 x、y 数据集上的 5 折交叉验证的平均精度，然后通过 Bayesian-optimization 提供的 BayesianOptimization() 函数来定义每个参数的范围，并将待优化函数传入贝叶斯优化框架：

```
rf_bo = BayesianOptimization(
    rf_cv,
    {'n_estimators': (10, 250),
     'min_samples_split': (2, 25),
     'max_features': (0.1, 0.999),
     'max_depth': (5, 15)}
)
```

至此，问题定义阶段完成。在探索迭代阶段，使用贝叶斯优化的实例化对象 rf_bo 的 maximize() 函数来逼近最大化目标函数值，可使用 init_points 参数来指定贝叶斯优化的初始随机样本数量，使用 n_iter 参数来指定经历多少个随机探索步骤：

```
rf_bo.maximize(init_points=2, n_iter=5)
```

贝叶斯优化每迭代一次，就将探索到的样本点参数存储在 rf_bo 对象中，我们可以采用遍历方法来观察每次采样得到的模型参数：

```
for i, res in enumerate(rf_bo.res):
    print(i, res)
```

运行上述代码即可得到输出结果。每次采样得到的随机森林的模型参数都已保存，其中 max_depth 代表树的最大深度，max_features 代表最佳分割时需要考虑的特征数目，min_sample_split 代表分割内部节点所需要的最小样本数量，n_estimators 代表决策树的数量。

如果贝叶斯优化的对象是其他算法，得到的样本参数就是其他算法的参数。在参数求解阶段，直接取出 rf_bo 对象关于最大目标函数值的样本点参数即可，调用如下代码：

```
params = rf_bo.max['params']
```

rf_bo.max 将返回一个字典，分别是目标函数值 target 和模型参数，它是 7 次样本点计算中目标函数值最大的点：

```
{'target': 0.9623191049104911, 'params': {'max_depth': 14.564993659724847, 'max_
```

```
features': 0.492923000764626, 'min_samples_split': 4.684182789244805, 'n_
estimators': 184.69873846643927}}
```

接下来,将最佳参数传到随机森林模型中,就可以直接用这个模型来进行预测了:

```
rf1 = RandomForestClassifier(n_estimators=round_up(str(params['n_estimators'])),
max_depth=round_up(str(params['max_depth'])),
min_samples_split=round_up(str(params['min_samples_split'])),
max_features=params['max_features'])
```

1.3 案例实战

本节介绍本案例的开发运行环境搭建、数据集准备、特征工程、建模代码编写、项目运行及模型评估等。

1.3.1 运行环境搭建

首先安装机器学习套件 Anaconda。Anaconda 是一个开源的 Python 发行版本,包含 Conda、Python 等 180 多个科学包及其依赖项。Anaconda 自带一个名为 Conda 的虚拟环境管理器,可以在同一个机器上安装不同版本的机器学习虚拟环境,并能够在不同虚拟环境之间切换。同时,Anaconda 也具有跨平台属性,支持 Windows、Linux、MacOS 三种操作系统。Anaconda 官网下载地址为 https://www.anaconda.com/products/individual#Downloads,下载界面如图 1-21 所示。

图 1-21　下载 Anaconda 机器学习套件

安装时会出现如图 1-22 所示的界面,此时注意勾选环境变量选项,并将安装路径指定到 C:\Anaconda。特别说明的是,本书作者的安装路径是 C:\Anaconda,读者也可安装到其他路径,只需在后续试验中修改相应路径即可。

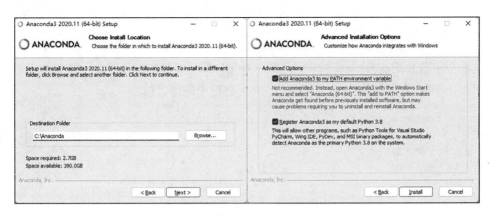

图 1-22　Anaconda 安装过程

安装完成后，在命令行下执行以下语句，创建名为 automl 的虚拟环境并安装 Python 3.7 版本：

```
conda create -n automl python=3.7 -y
```

激活虚拟环境，执行以下语句：

```
conda activate automl
```

此时，命令行将出现"（automl）"提示，表示已进入该虚拟环境。执行以下命令安装相关框架，不显示报错即可：

```
pip install bayesian-optimization ray optuna flaml feature-selector boruta
pip install autogluon
```

值得注意的是，上述两个安装命令由于依赖包的版本冲突，不能安装在一个虚拟环境下。至此，运行环境搭建完毕。

1.3.2　数据集准备

本案例中，我们根据业务的先验知识选择以下相关特征来对每个客户预测其手机银行是否月活。值得注意的是，我们是用当月的各项特征指标来预测下月是否月活，因此每行数据由"客户号、当月各项特征、是否手机银行下月活跃"三部分组成，完整数据字段为：

客户号、客户九项资产月日均、年龄、开户月份数、性别、婚姻、职业、学历、最近一次交易距今天数、风险评级、活动睡眠标志、资产评级、持有产品数、持有贷款、持有信用卡、是否签约电子渠道、是否签约快捷支付、本月累计交易金额、本月累计交易笔数、本月累计现金交易金额、本月累计现金交易笔数、本月累计代发金额、本月累计代发笔数、本月累计网银金额、本月累计网银笔数、本月累计柜面金额、本月累计柜面笔数、是否手机银行下月活跃。

观察数据发现，风险评级和职业两个特征的缺失（或不准确）情况比较严重，我们需要舍弃这两个字段，而交易占比更能反映客户的交易偏好，我们需要将交易笔数和金额转换为占比，并将剩余的少数缺失字段填充数字 0，数据预处理过程如下：

```
import pandas as pd
df = pd.read_csv('data.txt',encoding='utf-8',dtype={'客户号':'str'})
del df['统计日期']
del df['风险评级']
del df['职业']

df['本月现金交易笔数占比'] = round(df['本月累计现金交易笔数']/df['本月累计交易笔数'],2)
df['本月现金交易金额占比'] = round(df['本月累计现金交易金额']/df['本月累计交易金额'],2)
df['本月代发笔数占比'] = round(df['本月累计代发笔数']/df['本月累计交易笔数'],2)
df['本月代发金额占比'] = round(df['本月累计代发金额']/df['本月累计交易金额'],2)
df['本月网银笔数占比'] = round(df['本月累计网银笔数']/df['本月累计交易笔数'],2)
df['本月网银金额占比'] = round(df['本月累计网银金额']/df['本月累计交易金额'],2)
df['本月柜面笔数占比'] = round(df['本月累计柜面笔数']/df['本月累计交易笔数'],2)
df['本月柜面金额占比'] = round(df['本月累计柜面金额']/df['本月累计交易金额'],2)
df = df.fillna(0)
```

对于数值类型的特征，并非值越大越重要，所以需要进行分箱操作。根据每个特征列的数据分布，由算法来决定最优的分箱边界，将原始特征划分到某个类别，然后将类别数据送入模型，从而规范不同特征取值范围不一致的问题。本案例采用决策树分箱算法来决定具体的分箱数量和分箱边界。

如图 1-23 所示，决策树分箱的任务是：在自变量 x 和因变量 y 之间，如何将 x 进行特征分类，使得 y 的类别数（熵）最小。熵是衡量混乱程度的指标。数据的类别越多，熵值就越大；数据的类别越少，熵值就越小。熵增定律告诉我们：在自然状态下，世界会往更混乱、更无序的方向（即熵增方向）发展。数据建模在本质上是对数据进行某种管理，使其变得规范、有序。这是将无序变为有序的过程，其目标是熵增最小化。决策树分箱的思路是把想要离散化（即分箱）表示的单个自变量用树模型来拟合因变量，通过熵增最小化原则来依次选择不同层次的特征分裂，从而获得最大的信息增益，最大程度地降低数据混乱，从而获得最优的分类。

在决策树分箱算法中，每个节点进行一次特征分裂，相当于在对应的数据块中切一刀，如图 1-24 所示。每切一刀，就计算一次信息增益。比如原始数据集 y 的熵值为 S_1，x 特征有 5 个取值，5 个取值的概率占比分别为 L_1、L_2、L_3、L_4、L_5，分别计算 5 个取值的结果集熵值，为 R_1、R_2、R_3、R_4、R_5，那么选择 x 特征来作为分支节点的熵值，$S_2 = L_1 \times R_1 + L_2 \times R_2 + L_3 \times R_3 + L_4 \times R_4 + L_5 \times R_5$，信息增益为 $S_1 - S_2$。决策树分箱算法会按信息增益从大到小的顺序依次从上到下决定各层节点的特征分裂边界值，从而使得落在叶子节点的 y 具有最小的熵值。

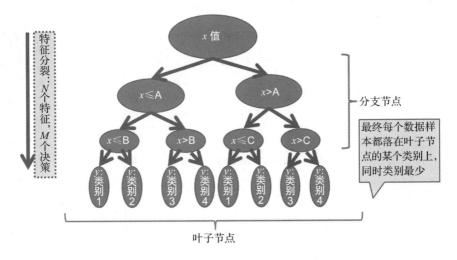

图 1-23 决策树分箱示意图

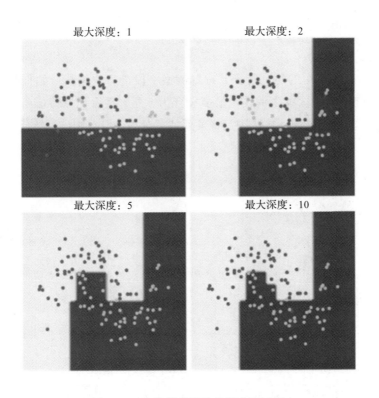

图 1-24 决策树分箱的特征分裂过程

分箱代码如下：

```python
def optimal_binning_boundary(x, y):                          # 利用决策树获得最优分箱
    boundary = []                                            # 待返回的分箱边界值列表
    x = x.values                                             # 填充缺失值
    y = y.values
    clf = DecisionTreeClassifier(criterion='entropy',        # 熵最小化准则划分
                                 max_leaf_nodes=5,           # 最大叶子节点数
                                 min_samples_leaf=0.05)      # 叶子节点样本数量最小占比
    
    clf.fit(x.reshape(-1, 1), y)                             # 训练决策树
    
    n_nodes = clf.tree_.node_count
    children_left = clf.tree_.children_left
    children_right = clf.tree_.children_right
    threshold = clf.tree_.threshold
    
    for i in range(n_nodes):
        if children_left[i] != children_right[i]:            # 获得决策树节点上的划分边界值
            boundary.append(threshold[i])
    boundary.sort()
    min_x = x.min()
    max_x = x.max() + 0.1  # 加 0.1 是为了考虑后续进行 groupby 操作时，能包含特征最大值的样本
    boundary = [min_x] + boundary + [max_x]
    return boundary
```

接下来遍历数据集中的每列特征，将数值型字段进行决策树分箱，即一列特征裂变为多列特征（即分几箱）。本案例设定最多裂变为 5 列，然后把原特征列替换为裂变后的 onehot 编码分箱类别。比如，算法决定将某列特征分为 3 箱，则该列特征分裂为 3 列，取值为"0, 0, 1""0, 1, 0""1, 0, 0"。

```python
df2 = DataFrame()
for a in list(df):
    if a=='是否手机银行下月活跃':
        continue
    if a=='客户号' or a=='性别' or a=='婚姻' or a=='学历' or a=='活动睡眠标志' \
        or a=='资产评级' or a=='持有贷款' or a=='持有信用卡' \
        or a=='是否签约电子渠道' or a=='是否签约快捷支付':
        df2[a] = df[a]
        continue
    df[a][np.isinf(df[a])] = 999    # 对于无穷大的数据进行赋值
    ps = optimal_binning_boundary(x=df[a], y=df['是否手机银行下月活跃'])
    # 以下按决策树分箱的边界值变换特征取值（一变多）
    if len(ps) == 6:
        df2[a] = pd.cut(x=df[a], bins=ps, right=False, labels=['0,0,0,0,1','0,0,0,1,0',
            '0,0,1,0,0','0,1,0,0,0','1,0,0,0,0'])
```

```
if len(ps) == 5:
    df2[a] = pd.cut(x=df[a], bins=ps, right=False, labels=['0,0,0,1',
        '0,0,1,0','0,1,0,0','1,0,0,0'])
if len(ps) == 4:
    df2[a] = pd.cut(x=df[a], bins=ps, right=False, labels=['0,0,1',
        '0,1,0','1,0,0'])
if len(ps) == 3:
    df2[a] = pd.cut(x=df[a], bins=ps, right=False, labels=['0,1','1,0'])
```

对于类别数不多的文字类特征，我们直接将其转化为 onehot 编码。比如性别字段取值为"男""女""未知"三个值，分别将其编码为"0, 0, 1""0, 1, 0""1, 0, 0"，使用 pandas 的 get_dummies() 函数实现：

```
one_hot = pd.get_dummies(df2['性别'],prefix='性别')   #onehot 编码
df2 = df2.join(one_hot)
del df2['性别']
```

生成原特征的 onehot 编码后，原特征列不再需要，应删除。处理完所有其他字段后，将数据写入 features.txt 文件，该文件由 82 列数据组成，每列用逗号分隔，其格式为：

```
客户号, feature1, feature2, ……, feature79, feature80,是否手机银行下月活跃
AHCEEJKEHC, 1, 0, 0, 1, …, 1, 0, 1
ACIJJKEFBB, 0, 0, 0, 0, …, 0, 1, 0
AEHEHKABHB, 0, 0, 1, 1, …, 0, 1, 0
……
```

其中，客户号是唯一主键，每列 feature 和监督数据"是否手机银行下月活跃"经过上述处理后，其取值要么为 0，要么为 1。本节代码详见下载文件 feature.py。至此，完成数据集准备工作。

1.3.3　特征选择代码实战

首先使用 Feature_selector 来选择特征。设置特征列和监督数据。注意在读取数据集文件时，将唯一主键作为索引，这样它不会参与到特征选择过程中：

```
data = pd.read_csv('features.txt', index_col=0, low_memory=False, encoding='UTF-8')
    #index_col 指定唯一编码列，该列不作为特征
train_labels = data.是否手机银行下月活跃
train_features = data.drop(columns='是否手机银行下月活跃')
fs = FeatureSelector(data=train_features, labels=train_labels)
```

显示共线特征，代码如下：

```
fs.identify_collinear(correlation_threshold=0.8, one_hot=False)
# 找出关联度大于 80% 的特征
```

```
collinear_features = fs.ops['collinear']     # 要删除的共线特征
print('关联度大于80%的特征 =', collinear_features)
fs.plot_collinear()
plt.show()
```

此时会得到图1-25所示的共线特征可视化热图。

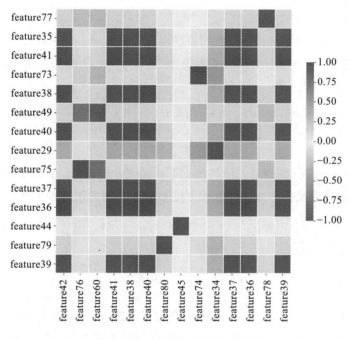

图 1-25　共线特征可视化热图

得到关联度大于 80% 的特征列表：

```
关联度大于80%的特征 = ['feature34','feature36','feature37','feature38','feature39',
    'feature40','feature41','feature42','feature45','feature60','feature74',
    'feature76','feature78','feature80']
```

共线性较大的特征，自变量之间存在较强的线性相关关系，导致模型预测能力下降，增加对模型结果的解释成本。因此，我们需要将其删除。

```
data.drop(data.columns[[33,35,36,37,38,39,40,41,44,59,73,75,77,79]], axis=1, inplace=
    True)
fs = FeatureSelector(data=train_features, labels=train_labels)
```

训练梯度提升机，计算零重要性特征：

```
fs.identify_zero_importance(task='classification', eval_metric='auc', n_
    iterations=10, early_stopping=True)
```

```
zero_import_feature = fs.ops['zero_importance']        # 零重要性特征
print('零重要性特征 =', zero_import_feature)

fs.identify_low_importance(cumulative_importance=0.9)  # 选择出累积特征重要性达到90%时，
                                                       #  不在重要特征选择范围内的其他特征
low_importance = fs.ops['low_importance']
print('低重要性特征 =', low_importance)

fs.identify_zero_importance(task='classification', eval_metric='auc', n_
    iterations=10, early_stopping=True)
fs.plot_feature_importances(threshold=0.9, plot_n=50)   # 绘制最重要的前50个特征
print(fs.ops)
```

上述代码详见下载文件 **f_select.py**。执行后将绘制标准化特征重要性分数，得到以下重要特征排序，如图 1-26 所示。

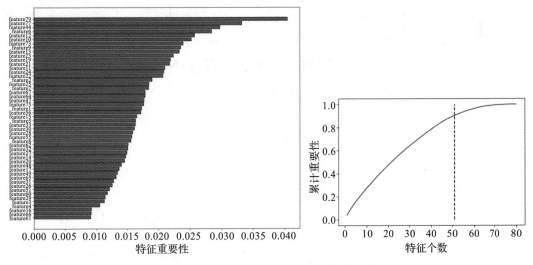

图 1-26　Feature_selector 选择的重要特征

其中，虚线表示累计重要性达到 90% 时需要超过 50 个特征。features.txt 中有 80 个特征，平均特征重要性分数为 1/80=0.0125，可以看到，多数特征的重要性已超过平均分数。我们在 fs.ops 中剔除零重要性特征和低重要性特征，剩下的就是重要特征。注意，低重要性特征与我们设置的 90% 阈值有关，这是由 cumulative_importance=0.9 参数决定的。调整这个参数，将得到不同的低重要性特征选择。

我们再来对比一下 Boruta 的选择结果。首先导入库包：

```
import pandas as pd
from sklearn.ensemble import RandomForestClassifier
from boruta import BorutaPy
```

读取数据集，X 为所有的 feature 特征列，y 为监督数据列：

```
data = pd.read_csv('features.txt',encoding='utf-8',dtype={'客户号':'str'})
X = data.copy()
del X['客户号']
del X['是否手机银行下月活跃']
X = X.values
y = data['是否手机银行下月活跃']
y = y.astype('int')
y = y.values.ravel()
```

Boruta 库使用随机森林算法来选择特征。于是实例化一个随机森林类，开启并发模式，指定 balanced 模式设置 y 值自动将权重与输入数据中的类频率成反比地调整为 n_samples/(n_classes * np.bincount(y))，树深度为 5：

```
rf = RandomForestClassifier(n_jobs=-1, class_weight='balanced', max_depth=5)
```

向 BorutaPy 框架传入随机森林实例化对象，根据数据集大小自动设置学习器数量，指定 perc 参数来设置影子特征和原始特征比较的阈值，perc 越低，就会有越多的不相关特征被选为相关的，但也会有较少相关的特征被遗漏，两者需要权衡。

```
feat_selector = BorutaPy(rf, n_estimators='auto', verbose=2, random_state=1,
    perc=100)
```

传入数据集，训练特征选择的随机森林：

```
feat_selector.fit(X, y)
```

输出特征选择结果及特征：

```
print('feat_selector.support_n_features_ : ', feat_selector.n_features_)
print('feat_selector.support_ : ', feat_selector.support_)
print('feat_selector.ranking_ : ', feat_selector.ranking_)
print('n_features_ :',feat_selector.n_features_)
X_filtered = feat_selector.transform(X)
print('X_filtered=',X_filtered)
```

上述代码详见下载文件 Boruta1.py，执行结果如图 1-27 所示。

可以看到，在 80 个待选特征中，Boruta 选择了 72 个重要特征，与 Feature_selector 的选择结果基本一致（注意 Feature_selector 的选择结果由重要性阈值决定）。我们选择部分排名靠前的非共线重要特征，按 3∶1 的比例划分训练集和测试集，分别形成 features.train 和 features.test 文件：

```
df = pd.read_csv('features.txt', usecols=[0,79,77,44,6,12,10,9,73,13,23,22,24,19,
    11,21,2,7,64,67,25,75,47,15,5,56,1,55,33,28,30,8,62,27,32,14,48,20,65,17,49,
    81], encoding='UTF-8')
```

```
df = sklearn.utils.shuffle(df)          #随机打乱
df_train = df[:int(len(df)*0.75)]
df_test = df[int(len(df)*0.75):]
df.to_csv('features.all', index=False)
df_train.to_csv('features.train', index=False)
df_test.to_csv('features.test', index=False)
```

```
BorutaPy finished running.

Iteration:      100 / 100
Confirmed:      72
Tentative:      1
Rejected:       7
feat_selector.support_n_features_ : 72
feat_selector.support_ : [ True True True True True True True True True True True
  True True True True True True True True True True True
  True True True True True False True True False True True
  True True True False False True True False False False True
  True True True True True True True]
feat_selector.ranking_ : [1 1 1 1 1 1 1 1 1 1 1 1 1 1 1 1 1 1 1 1 1 1 1 1 1 1 1 1
 1 1 1 1 8 1 4 1 1 1 5 7 1 1 6 3 9 1 1 1 1 1 1 1 1 1 2 1 1 1
 1 1 1 1 1]
n_features_ : 72
X_filtered= [[0 0 0 ... 1 0 1]
 [0 0 0 ... 1 1 0]
 [0 0 0 ... 1 0 1]
 ...
 [0 0 0 ... 0 0 1]
 [0 0 0 ... 1 0 1]
 [0 1 0 ... 1 0 1]]
```

图 1-27   Boruta 特征选择结果

1.3.4 自动化建模代码实战

特征工程完成后，进入自动化建模环节，这是在事先设定的模型空间和参数空间中搜索最优解的过程。使用 Flaml 框架的 0.9.5 版本，首先导入库包：

```
from flaml import AutoML
```

实例化一个自动机器学习类：

```
automl = AutoML()
```

设置自动机器学习的相关参数。time_budget 参数是模型训练的秒数，metric 参数是度量值，accuracy 表示按精度进行优化，task 参数指定分类任务或回归任务，classification 表示本例是分类任务。log_file_name 参数指定将训练过程记录到哪个日志文件中，训练过程数据包括每次搜索的计算开销、时间开销、验证机损失、模型参数等。estimator_list 参数指定学习器列表，即指定模型空间，本例不作设置就表示使用默认的所有学习器进行学习。Flaml 支持的学习器有 LightGBM、随机森林（RF）、CATBoost、XGBoost、Extra_tree（极端随机树）、XGB_Limitdepth、LRL1（带 L1 正则化的逻辑回归）等。

```python
automl_settings = {
    "time_budget": 600,
    "metric": 'accuracy',
    "task": 'classification',
    "log_file_name": "flaml_classify.log",
    #"estimator_list": ['rf','lgbm',...],
}
```

然后从训练集文件获取特征矩阵 X_train 和监督向量 y_train，设置 index_col=0，将唯一主键设置为索引，这样它就不会参与模型训练：

```python
df = pd.read_csv('features.train',index_col=0,encoding='utf-8')
X_train = df.drop('是否手机银行下月活跃',axis = 1).values
y_train = df['是否手机银行下月活跃'].values
```

将特征矩阵 X_train、监督向量 y_train 和模型参数放到框架中运行，启动 Flaml 的自动模型搜索机制，在多个学习器和模型参数的默认空间中搜索最佳学习器和最佳模型参数：

```python
automl.fit(X_train=X_train, y_train=y_train, **automl_settings)
```

Flaml 框架搜索过程如图 1-28 所示。

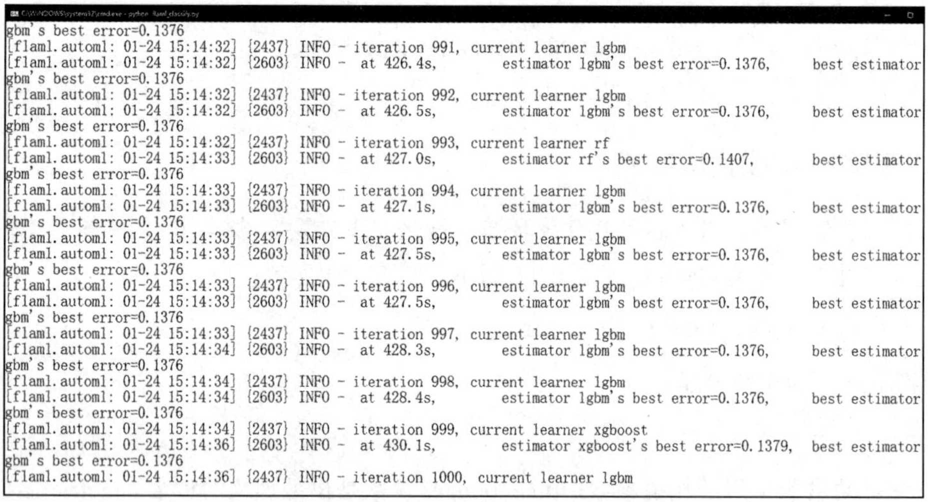

图 1-28 Flaml 框架搜索过程

最后使用 predict() 函数对测试集进行预测，得到测试集每个样本的预测类别，并计算模型性能指标：

```python
df = pd.read_csv('features.test',index_col=0,encoding='utf-8')
X_test = df.drop('是否手机银行下月活跃',axis = 1).values
y_test = df['是否手机银行下月活跃'].values
```

```
y_pre = automl.predict(X_test)
from sklearn import metrics
test_auc = metrics.roc_auc_score(y_test,y_pre)    # 验证集上的 auc 值
print('测试集准确率=',(y_pre==y_test).sum()/len(y_test),'测试集auc=',test_auc)
    print('最佳模型: ',automl.model)
print('最佳模型参数: ',automl.best_config)
```

经过 10min 训练后，Flaml 搜索到的最佳学习器为 LightGBM，在测试集上的准确率为 86.73%，auc 指标为 0.74，如图 1-29 所示。

```
测试集准确率= 0.8672835698128727 测试集auc= 0.7393294970860919
最佳模型: <flaml.model.LGBMEstimator object at 0x0000021734B07E48>
最佳模型参数: {'n_estimators': 588, 'num_leaves': 58, 'min_child_samples': 3, 'learning_rate': 0.039807458223796305, 'log_max_bin': 7, 'colsample_bytree': 0.5967927763489752, 'reg_alpha': 3.185807265050852, 'reg_lambda': 1.9925970468234995, 'FLAML_sample_size': 10000}
```

图 1-29 Flaml 框架搜索结果

上述代码详见下载文件 flaml_classify.py。接下来，我们使用 AutoGluon 框架的 0.3.1 版本进行对比。首先导入库包：

```
from autogluon.tabular import TabularDataset, TabularPredictor
```

读取训练集：

```
label = '是否手机银行下月活跃'
train_data = TabularDataset('./features.train')
train_data = train_data.drop(columns=['客户号'])
```

设置模型训练秒数：

```
time_limit = 600
```

我们指定 auc 值作为模型评估指标，它被定义为 roc 曲线下方的面积，该值越大越好。模型在每次迭代后，会在数据集上计算评估指标，观察这个指标可以了解模型的优化方向。

```
metric = 'roc_auc'    # 评估指标
```

接下来开始启动 AutoGluon 的自动学习过程，它将使用 CATBoost、ExtraTree、LightGBM、NeuralNet、RandomForestEntr、XGBoost 等单一模型进行集成学习，这些模型的训练权重文件将被存储到 path 参数指定的路径下，eval_metric 参数指定模型评估指标，fit() 函数将训练集数据输入框架，它将以 TabularPredictor() 实例的 label 列作为监督数据进行监督学习，presets='best_quality' 指定模型将获得最佳预测准确性，num_bag_folds=5 表示将进行 5 折交叉验证：

```
predictor = TabularPredictor(label, path='autogluon_models_new', eval_
    metric=metric).fit(train_data, time_limit=time_limit, presets='best_quality',
```

```
        num_bag_folds=5)
```

从测试集获取数据：

```
test_data = TabularDataset('./features.test')
test_data = test_data.drop(columns=['客户号'])
test_data_nolab = test_data.drop(columns=[label])
```

分别使用 predict() 函数和 predict_proba() 函数来进行预测，前者输出每个样本的预测类别，后者输出每个预测类别的概率。

```
y_pred = predictor.predict(test_data_nolab)
print("Predictions:  \n", y_pred)
pred_probs = predictor.predict_proba(test_data_nolab)
print(pred_probs)
perf = predictor.evaluate_predictions(y_true=y_test, y_pred=pred_probs,
    auxiliary_metrics=True)
```

使用 evaluate_predictions() 函数来得到模型的各项性能指标，如图 1-30 所示。

```
Evaluations on test data:
{
    "roc_auc": 0.903257935463595,
    "accuracy": 0.8668797786626288,
    "balanced_accuracy": 0.7399586662294096,
    "mcc": 0.5314409933737757,
    "f1": 0.6037152047369417,
    "precision": 0.691474172658202,
    "recall": 0.5357234567901235
}
```

图 1-30　AutoGluon 模型性能评估

我们得到的 auc 指标为 0.90，准确率指标为 0.86，对比 Flaml 的结果，AutoGluon 略好。

1.3.5　自动化调参代码实战

下面使用贝叶斯优化来对梯度提升决策树（GBDT）分类模型进行超参数调优。首先导入库包：

```
from sklearn.ensemble import GradientBoostingClassifier
from sklearn.model_selection import cross_val_score
from bayes_opt import BayesianOptimization
import pandas as pd
```

其中，GradientBoostingClassifier 是 scikit-learn 框架封装的梯度提升决策树的分类类，梯度提升决策树还有一个回归类 GradientBoostingRegressor。读取训练数据集文件：

```
df = pd.read_csv('features.all',encoding='utf-8',index_col=0)
```

```
x = df.drop('是否手机银行下月活跃',axis = 1).values
y = df['是否手机银行下月活跃'].values
```

我们先用默认参数来对数据集进行 5 折交叉验证，即将数据集切分为 5 个数据块，每次使用其中一块作为验证集，其他 4 块作为训练集，取 5 次训练得到的 auc 指标的平均值来衡量模型性能：

```
result = cross_val_score(gbdt, x, y, cv=5, scoring='roc_auc').mean()
```

我们得到的 result 值为 0.865768。下面开始进行贝叶斯优化，首先定义要优化的函数，该函数是一个参数不确定的梯度提升决策树分类在数据集上进行 5 折交叉验证后的 auc 指标的平均值：

```
def gbdt_cv(n_estimators, min_samples_split, max_features, max_depth):
    res = cross_val_score(GradientBoostingClassifier(n_estimators=int(n_
        estimators),
        min_samples_split=int(min_samples_split),
        max_features=min(max_features, 0.999),
        max_depth=int(max_depth),
        random_state=2), x, y, scoring='roc_auc', cv=5).mean()
    return res
```

接下来指定传入梯度提升决策树分类的每个参数的取值范围，贝叶斯优化算法将在此范围内寻找最佳参数：

```
gbdt_op = BayesianOptimization(
        gbdt_cv,
        {'n_estimators': (10, 250),
         'min_samples_split': (2, 25),
         'max_features': (0.1, 0.999),
         'max_depth': (5, 15)}
    )
```

其中，n_estimators 参数指定弱学习器的最大迭代次数，min_samples_split 参数指定节点划分所需最小样本数，max_features 参数指定最大特征数，max_depth 参数指定决策树最大深度。然后调用 maximize() 函数来最大化目标函数值，我们从初始 5 个点开始，经过 200 次采样，最终获得在当前采样点下的最佳模型参数：

```
gbdt_op.maximize(init_points=5, n_iter=200)
params = gbdt_op.max['params']
```

使用最佳模型参数来构建一个梯度提升决策树分类实例，其中 round_up 是整数四舍五入函数：

```
gbdt1 = GradientBoostingClassifier(n_estimators=round_up(params['n_estimators']),
```

```
max_depth=round_up(params['max_depth']),
min_samples_split=round_up(params['min_samples_split']),
                    max_features=params['max_features'])
```

我们再对训练集计算 5 折交叉验证后的 auc 平均值：

```
result = cross_val_score(gbdt1, x, y, cv=5, scoring='roc_auc').mean()
```

此时 result 已经提升到 0.872804 的成绩，高于以前的 0.865768。代码详见下载文件 autog.py。至此，我们分别尝试了 Flaml、AutoGluon、贝叶斯优化三种自动化模型技术。我们取三种方法预测值的并集作为下月手机银行月活客户的营销目标，以此为基础开展营销工作。

1.4 案例总结

笔者在实际工作中发现，对模型预测样本进行营销，其成功率是非预测样本的 8 倍。这说明模型找到了具有月活特征的非月活客户，手机银行营销成功率的提升对银行经营意义重大。本案例是自动机器学习技术在商业银行经营场景中的应用，展示了自动数据预处理、自动特征选择、自动建模、自动算法选择、自动参数调优等一系列方法使用，读者可在此基础上稍作修改，将这套方法应用在其他场景。虽然自动机器学习方法通常都是在事先约定的算法空间和参数空间中搜索最优解，但具有很强的通用性，适用于很多建模场景，整个项目过程几乎不需要人工干预，并且与传统手工建模相比，具有高效、准确、智能的特点，大幅减少建模的人力投入和时间成本，在精准营销、客户识别、智能风控、经营决策等方面有积极意义。因此，自动机器学习方法大有可为，结合机器学习展示框架 Streamlit，我们甚至可以打造一套交付给业务人员使用的实时在线自动化建模系统，比传统建模方法更快、更高效。本章抛砖引玉，读者可以深入研究本案例中的开源框架的具体细节，做出更高质量的项目。

第 2 章　Chapter 2

零售潜在高价值客户识别——图神经网络技术

众所周知，中国银行业最大的发展机遇在零售银行业务。零售银行业务因受经济周期波动影响相对较小、经营风险较低、个人贷款不良率较低、经营贡献占比提升等而成为银行经营转型的重要抓手。中国工商银行凭借其庞大的工资代发和网点体系，曾经提出"中国第一零售银行"的战略目标，中国建设银行也曾提出"一流零售银行"战略，招商银行定位"零售之王"等。由于零售银行业务占用资本比例相对较低，在资本监管要求趋紧的形势下，商业银行相继提出零售数字化转型、大零售板块、客户经营下沉等概念。零售银行板块竞争加剧，主要表现在价格竞争、产品竞争、渠道竞争、人才和客户竞争等几个方面。

随着金融市场的开放，以及外资银行和民营银行的进入，国内外银行数量呈现小幅上升态势。中国银保监会公布的数据显示：截至 2018 年 12 月末，我国银行业金融机构法人4588 家；2019 年 6 月末，这一数字变为 4597 家；到 2021 年 6 月末，数字则变为 4608 家。银行的数量越多，零售银行的竞争压力越大。在银行业产品同质化和竞争加剧的情况下，精准营销就显得极为重要。银行使用人工智能算法识别出哪些客户的价值回报更大，在同等条件下就能获得更大的市场份额，从而提升竞争力。零售银行的关键是客户经营，而客户经营的关键是了解客户。但是，要做好这项工作并不容易。一方面，零售客户的数量非常庞大，如果按照传统方法将客户绑定到银行员工进行一对一营销，工作量巨大且效率极低，收效甚微；另一方面，很多客户的资产分散在多家银行、证券公司和保险公司，单从一家银行的视角无法窥得全貌，某家银行的"普通客户"可能是其他银行的高价值客户。

因此，我们需要一个智能化、全面的数据模型来识别潜在的高价值客户。

有一种社会学理论，将人口分为九个阶层，人的社交圈子往往都是同阶层的人，或者是相邻阶层的人。"物以类聚，人以群分"的规律决定了社交圈子的阶层跨度不会很大，这就意味着高价值客户的交往人群大概率是高价值客群。在高价值客户的社交圈子里寻找目标，应该是不错的选择。从银行的角度看，一个人的社交圈子就是他在银行留下的主动交易线索，包括主动交易的交易对手、已知的社会关系和金融行为线索。如果我们的数据模型在考虑客户自身特征的同时，也考虑他的社交圈子特征，则会大幅度提高模型的识别准确度。

符合上述业务需求的技术就是图神经网络（Graph Neural Network，GNN），这是一种近几年来快速发展的新型数据挖掘技术。事实证明，用零售银行的客户实体特征及其关系数据建立社交知识图谱，同时用深度学习技术来提取图谱的语义信息，在解决零售银行客户价值识别、贷款风险预测、黑灰产可疑账户识别等场景的问题方面，可以获得很好的实践效果。

图神经网络有多种类型，适用于多种任务：图卷积神经网络通过卷积运算聚合邻居节点特征，通常适用于节点分类任务；图自编码器通过编码器机制提取特征并重构图数据，通常适用于链接预测任务；图生成神经网络使用一定的规则对节点和边进行重构，可生成具有特定属性和要求的图数据；图循环神经网络使用循环神经网络机制来处理序列数据；图注意力网络将注意力机制引入图神经网络，更加关注任务学习需要的有效信息，提升模型性能，适用于多种图任务。

本章分享基于客户金融特征及其关系的图卷积神经网络（Graph Convolutional Network，GCN）节点分类任务，介绍 GCN 精准识别零售潜在高价值客户的实现方法。该模型已在笔者所在的银行投入生产应用。我们在实际工作中发现，GCN 对未知样本的泛化能力更强，能胜任更复杂的数据挖掘任务，产生较好的实际应用效果。我们认为图神经网络是零售银行业务场景极具价值的数据挖掘方法。

2.1 图神经网络简介

本节主要介绍图神经网络的概念、优势、发展以及在大数据时代下的发展契机。

2.1.1 图神经网络的概念

简单地说，图神经网络就是在图数据结构上叠加神经网络的技术，是一种基于图数据结构的深度学习方法。从这个概念中可以看出，图神经网络主要由两部分组成，即"图"和"神经网络"。这里的"图"是图论中的图数据结构，通常以知识图谱的形态出现；"神经网络"是多个神经元按一定层级结构堆叠形成的计算网络。下面简要介绍一下这两个基本概念。

图（Graph）是顶点和边的有穷非空集合，通常表示为 $G(V, E)$。其中，G 表示一个图，V 是图 G 中顶点的集合，E 是图 G 中边的集合。按照边有无方向性，图又分为有向图和无向图；按照边有无系数权重，图又分为加权图和无权图，如图 2-1 所示。

图 2-1　无向无权图与有向加权图

在现实生活中，社交网络、物联网、生物化学分子、电商等数据，它们都是"图"结构的数据，如图 2-2 所示。这些数据占现实世界数据量的 80% 以上，覆盖多个行业，如果能在图数据上进行深度学习，就能挖掘出这些海量数据背后的价值，这是非常可观的。

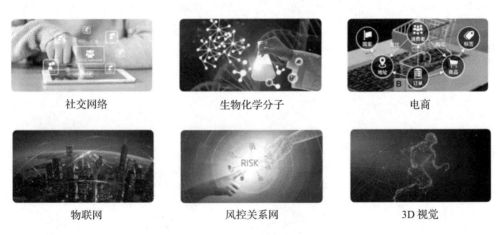

图 2-2　现实世界中的图数据

通常意义下的神经网络，是将若干神经元（可以理解为计算单元）按一定结构的层级进行堆叠，通过正向传播和反向传播来拟合数据集的一种机器学习方法。其中，正向传播得到模型推理的结果和损失，反向传播使用这个误差来优化网络各层的参数，通过反复迭代来最小化损失，从而拟合数据集。简单地说，神经网络就是一个特征变换的蒸馏器，即输入层是表象特征,中间层是不同层次的语义特征,其中越接近输入层的部分,表象特征越明显,特征就越具体;越接近输出层的部分,语义特征越明显,特征就越抽象(即越接近预测语义),如图2-3所示。

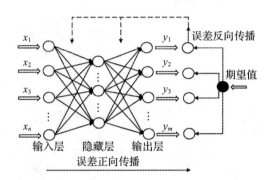

图2-3　神经网络的正向传播与反向传播

回顾了"图"和"神经网络"的概念,顺理成章地,图神经网络就是在图数据结构上来完成神经网络的"语义特征蒸馏"。如果把图也看成一个网络(比如社交网络、资金往来网络等),那么在图神经网络中就同时存在"图网络"和"神经网络"两种网络,其直观的结构如图2-4所示,左边为图网络,右边为神经网络。

其中神经网络可以作用在图结构的节点、子图等对象上,神经网络的类型也不局限于图2-4所示的全连接神经网络,也可以是MLP(多层感知机)、CNN(卷积网络)、RNN(循环网络)等,从而设计出适应不同任务的算法。

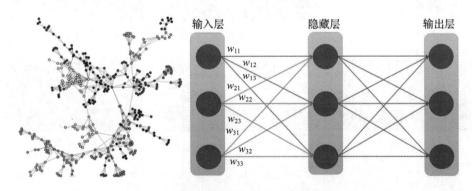

图2-4　图神经网络结构

图嵌入是图神经网络的一个重要方面。它是指将图信号(即图神经网络接收的输入信号,通常是高维稠密矩阵)映射为低维稠密向量的过程。简单地说,图嵌入就是将图转换为向量或向量集,它们表征了拓扑结构、节点、子图等信息,从而为后续的机器学习(如分类、回归等）任务提供输入。图嵌入分为节点嵌入和子图嵌入两种。前者用向量表示节点，通常用在节点分类、链接预测等节点级别的任务方面；后者用向量表示子图，通常用在图结构分类、图模式识别等图级别的任务方面。

2.1.2 图神经网络的优势

既然图神经网络是数据挖掘领域的新方法，那么我们先来分析一下数据挖掘涉及哪些数据类型。从数据排列的角度看，数据可以分为欧几里得数据和非欧几里得数据。欧几里得数据是可以用欧氏距离度量的数据，其特点是排列整齐，具有平移不变性，通常可以用矩阵来表示，如图 2-5 所示。

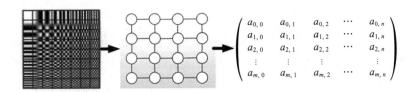

图 2-5　欧几里得数据的矩阵表示

对于任意一个欧几里得数据，其邻居数据的数量是相同的，比如图像是二维欧几里得数据，文本是一维欧几里得数据，它们都是不同维度的网格矩阵数据，都可以按照欧氏距离公式来计算样本之间的距离。欧氏距离公式反映了两个欧几里得数据在欧氏空间中的几何距离，它是将欧几里得数据在每个维度上的分量相减并平方后累加开方得到的，其公式为：

$$d(x,y) = \sqrt{(x_1-y_1)^2 + (x_2-y_2)^2 + \cdots + (x_n-y_n)^2} = \sqrt{\sum_{i=1}^{n}(x_i-y_i)^2}$$

与欧几里得数据不同的是非欧几里得数据，它不能用欧氏距离度量，排列随意，不同节点的邻居节点数量各不相同，不具有平移不变性。知识图谱就是一种非欧几里得数据，如图 2-6 所示。

世界上 80% 以上的数据都是以知识图谱这种非欧几里得结构来描述的，比如资金往来图谱、社交关系图谱、交通路线图谱、投资关系图谱、风险关系图谱等，在零售银行领域还涉及客户 – 产品关系图谱、客户 – 客户关系图谱、客户 – 欺诈关系图谱等。图 2-7 展示了银行的失联客户关系图谱。

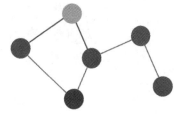

图 2-6　非欧几里得数据：知识图谱

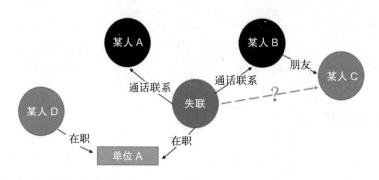

图 2-7　银行失联客户关系图谱

这些图谱数据反映了世界的方方面面，却很难被传统神经网络学习。因为传统神经网络只擅长处理语音、图像、文本等序列或者网格数据。如果不能将神经网络运用在知识图谱上，那么这些海量图谱数据将很难提炼成语义信息，我们就很难从图谱中获得抽象的认知，从而失去对经营决策的价值。可喜的是，图神经网络接受图谱数据作为输入，可以学习到图谱数据的嵌入表示。换句话说，图神经网络实现了"知识图谱上的深度学习"，从而把传统方法不能利用的大量"数据煤矿"提炼成"金子"，这个价值是巨大的。

另外，图神经网络将深度学习方法融入图数据结构中，模型既考虑实体特征，也考虑实体关系。由于图神经网络比传统神经网络多了实体关系这个维度，因此建模更全面、更符合现实世界的客观情况，模型的可解释性更强，在实际应用方面的效果通常比传统神经网络更好。图神经网络还可以完成多种丰富的机器学习任务，比如节点分类（判断节点类型）、图分类（识别图结构类型）、链接预测（计算节点之间发生关系的可能性）、子图相似度（评价子图之间的相似程度）、子图嵌入（将子图看成一个整体来计算嵌入表示）等，广泛应用于量化投资、事件影响评估、生物制药、交通预测、生成场景关系、推荐系统、风险传导与预警、异常检测、行为预测、模式识别等场景。以生成场景关系为例，通过图方法理解实体之间的关系，图神经网络可以实现图像和场景关系的双向生成，如图 2-8 和图 2-9 所示。

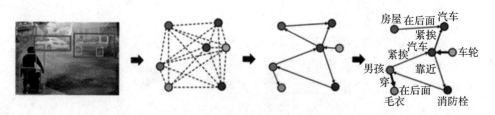

图 2-8　图神经网络根据图像生成场景关系

图 2-9　图神经网络根据场景关系生成图像

总之，图神经网络的优势有：将海量图谱数据变成可以学习的"燃料"、可解释性好、适应多种机器学习任务。这使得它的应用场景非常广泛，应用效果也有质的提升。

2.1.3　图神经网络的发展

20世纪90年代末，作为神经网络在不同数据上的应用方案，图神经网络与循环神经网络、卷积神经网络一同被提出，最初的翻译是"图的神经网络"（Neural Network for Graph）。但由于图数据在当时没有广泛的应用场景，因此相较于迅速崛起的卷积神经网络（Convolutional Neural Network, CNN），图神经网络并未得到快速发展。在沉寂了十多年后，CNN发展成熟，人们开始思考如何将CNN参数共享的性质泛化到非欧结构的图数据中。这在客观上促进了图神经网络的发展，2017年迎来爆发期，从学术论文的发表数量上可以看出，如图 2-10 所示。

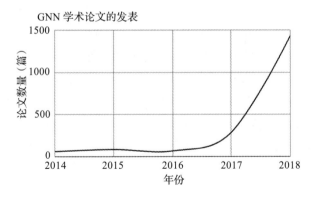

图 2-10　图神经网络的前期发展

2018年后，图神经网络成为发展最快的技术之一。国际顶级学术会议集中反映了学术界的研究方向和热点，以深度学习领域的国际学习表征会议（International Conference on

Learning Representation，ICLR）为例，其接收图神经网络方向的论文数量，2019 年排名第 29 位，2020 年排名跃升至第 7 位，到 2021 年排名跃升至第 3 位。图神经网络之所以受到学术界的青睐，是因为越来越多的研究问题被这个技术解决，反映了这项技术逐渐成熟，理论和方法越来越体系化，吸引越来越多的学者参与到这项研究中来。图 2-11 所示是国际数据挖掘与知识发现大会（KDD，国际顶级学术会议之一）2020 年的技术关键词云。该词云图具有这样的性质：如果某种技术的论文数量越多，研究成果越多，其技术关键词的字体就越大。可以看到，图神经网络占据榜首。

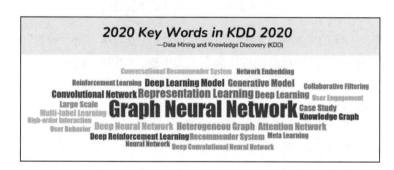

图 2-11　2020 年 KDD 会议上的关键词云

由于图神经网络将端到端深度学习和图谱推理相结合，综合了模式学习和关系推理的优点，为模拟复杂神经元大脑及建立具有更多常识、认知和理解能力的机器智能提供基础框架。图神经网络技术大火，吸引众多世界顶尖人才聚焦到这个领域，发展出很多分支形态，比如：图卷积神经网络，它将卷积运算迁移到图结构上；图注意力网络（Graph Attention Network，GAT），它将注意力机制迁移到图结构上；门控图神经网络（Gated Graph Neural Network，GGNN），它将门控循环单元（GRU）迁移到图结构上；GraphSAGE，它在 GCN 的基础上进行改进，适用于大规模图结构等。近年来，图神经网络在开发框架上也出现百家争鸣的格局，除了本章后面介绍的 DGL 外，还有 TensorFlow 家族的 tf_geometric、兼容 TensorFlow 和 PyTorch 的 GraphGallery、阿里系大框架 AliGraph、Facebook 的 PyTorch BigGraph 等。随着互联网公司的崛起，近几年涌现出许多大规模分布式图神经网络的巨型模型，已形成互联网生态的杀手级应用。图深度学习的时代已经来临！

2.1.4　图神经网络是大数据时代的产物

为什么图神经网络会诞生在大数据时代？先从技术发展的角度来说。大数据的核心是数据智能，数据智能的本质是在海量数据样本中发现、评估若干概念之间的关联性，形成数学表达,再利用数学表达进行推理运算,从而完成预测。这就需要发现海量数据背后的规律,解决数据表征问题。数据智能先后经历了专家系统、传统机器学习和神经网络三个阶段,输入的知识从具体到抽象,从规则到特征再到模式,越来越宏观,智能化处理效率越来越高,对底层的感知和模型的可解释性越来越弱化。实践证明,随着数据集样本的增多,传统机器学习的性能不及神经网络,这主要归结于前者的表达能力不如后者。传统机器学习、小中大规模神经网络性能对比图如图 2-12 所示,可以看到随着数据量的增长,神经网络的模型容量越大,其性能也越强。

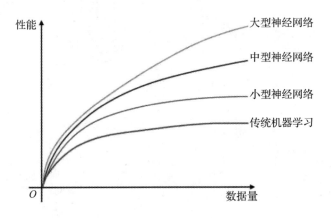

图 2-12 传统机器学习、小中大规模神经网络性能对比图

Goodfellow 在 2013 年 ICML(国际机器学习大会)上发表了论文《最大输出网络》(Maxout Networks)。在这篇论文中证明了 Maxout Networks 能够无限逼近任意连续函数。也就是说,神经网络能够拟合任意连续函数,与传统机器学习相比,神经网络具有更好的表达能力。

我们看到几个趋势:行业数据量快速增长、以 GPU 为代表的芯片算力快速增长、算法推陈出新、丰硕的学术成果、大量的资本投入、丰富的应用场景。这些因素都促进了神经网络快速发展。神经网络的发展形态有两种方向:一是以深度神经网络(DNN)和卷积神经网络(CNN)为代表的纵向发展,即层数堆叠的纵向发展,典型应用是计算机视觉(CV);二是以循环神经网络(RNN)为代表的横向发展,即连接神经元的横向发展,典型应用是自然语言序列处理(NLP)。神经网络技术同时呈现纵横两种发展形态,并在多个领域有广泛应用,说明这个技术已经进入成熟期。下一步的发展很有可能是将纵向发展和横向发展相结合,渗透到更多的应用领域。事实上,在图神经网络中,可以把节点消息传递看成横向迭代,把特征变换看成纵向迭代,它就是二者的融合。因此,图神经网络的出现是顺理成章的事情。

再从方法论的角度来说。在数据挖掘领域,可以总结出这样的方法论:技术总是要把现实问题抽象成数学表达，然后利用数学方法在抽象层面进行求解，再把求解结果映射回现实问题，从而对现实产生指导。其中，特征工程将现实实体及其关系转化为数字化表征，完成了数字化；模型和算法则将数字化表征与建模目标之间建立数学关系，完成了数学化；模型演算与训练则是求解数学问题，通过在抽象的数学空间求解最优解再映射到现实问题，从而产生现实价值。大数据建模总体方法论如图 2-13 所示。

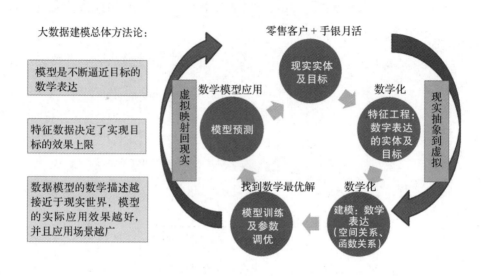

图 2-13 大数据建模总体方法论

既然数据挖掘技术是对现实实体和关系的刻画，那么它刻画得越接近现实，技术的应用场景就会越多。比如马尔可夫链技术，就很好地刻画了现实中的时序对象及其依赖关系，因此它广泛应用在语音识别、机器翻译、国民经济、事件预测等场景；再如概率图技术，刻画了现实中不确定的事件关系，因此它也广泛应用在反欺诈、事件预测等场景。但马尔可夫链和概率图都弱化了嵌入表示，从而丢失了一些数据背后的隐语义信息，是有缺陷的。图神经网络弥补了这种缺陷。在图神经网络中，存在两种网络：一种是拓扑结构网络，用于描述实体及其关系；另一种是特征变换神经网络，用于节点、边或子图的特征变换。前者完成消息的横向传播，实现图信号在图上的传递，理论依据是图论；后者完成特征纵向变换，实现原始特征向语义特征的转化，理论依据是深度学习。图神经网络是图论与深度学习的结合，它既考虑了实体关系，又考虑了实体特征。也就是说，图神经网络既以"图"的形式抽象地刻画了实体之间的关系，又以深度学习的方式刻画了实体的语义信息，因此比传统算法更强大。

最后从数据规模的角度来说。大数据时代，数据的特点是"大"。现实世界中的图数据规模都很大，比如社交数据、资金往来数据等。在分布式学习架构下，图神经网络能处理的数据规模非常庞大，非常适合处理数亿节点的产业数据，很多互联网科技公司花重金在这一领域积极布局，并取得重大进展。例如，在阿里巴巴集团内，图神经网络已覆盖淘宝推荐搜索、新零售、网络安全、线上支付、优酷、阿里健康等相关业务，形成了百亿级边、十亿级顶点的多个异构图。大规模图神经网络已是互联网公司的制胜利器。

综上所述，图神经网络诞生在大数据时代，是技术发展、数据挖掘方法论和数据规模共同促成的，是自然而然的事情。

2.2 方案设计

本案例的目标是根据每个零售客户的特征及其强认识关系，建立零售客户之间的有效社交关系图，在此图上建立图卷积神经网络来对每个客户进行分类，从而判断他是潜在高价值客户的可能性。

图 2-14 反映了本案例的基本思路：选择与高价值目标密切相关的特征，形成每个客户的特征向量 ($x_{i1}, x_{i2}, \cdots, x_{im}$)。对于高价值客户，其标签为 1，其他客户，标签为 0。图 2-14 中的边表示两个客户之间有强认识关系，边有方向性而无权重。我们将所有客户作为节点，构建一个庞大的有向无权图。我们基于"物以类聚，人以群分"的思想，在同时考虑客户特征及其邻居节点特征的情况下，通过学习整张图的嵌入表示，来对每个客户节点作出是否高价值的判断。这里要区分弱认识关系与强认识关系。消费交易和带有消费性质的电子支付交易，其交易双方往往是弱认识关系，而亲戚、朋友、关联人等社会关系和主动发生的转账、电子支付交易，交易双方是强认识关系，可以通过交易附言和交易属性数据来判断。另外，如果不同的客户向同一个缴费户号（如水、电、气）缴费，则表示他们之间也存在强认识关系。我们将强认识关系单独提取出来，形成图 2-14 所示的零售客户强认识关系社交图谱。

图 2-15 是本案例的系统架构图，从下到上依次为特征工程、零售客户强社交关系图、图卷积神经网络三个层次。底层提取银行客户属性数据、客户历史交易数据、客户社会关系数据、缴费交易数据，提取原始特征，然后使用 Featurestools 库计算衍生特征，使用 Feature_selector 库选择与高价值目标标签强关联的若干特征入模；中间层使用 Neo4j 图数据

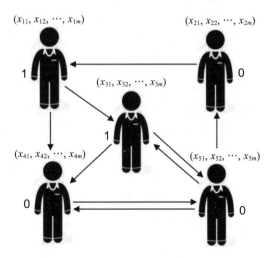

图 2-14　零售客户强认识关系社交图谱

库，根据客户节点特征和他们之间的强认识关系建立社交图谱；上层基于英伟达 GPU 硬件及其组件搭建深度学习环境，图卷积神经网络模型代码运行在 DGL 框架上。

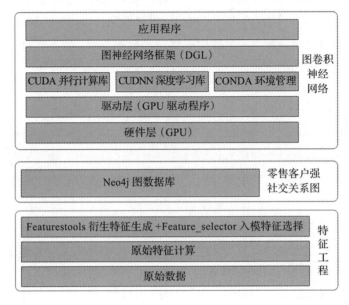

图 2-15　本案例系统架构

2.3　图卷积神经网络算法

图卷积神经网络是在图上进行卷积运算的神经网络。传统的卷积神经网络是在图像这种欧氏空间数据中进行卷积运算的，它要求每个像素必须具有上、下、左、右四个邻居节点，这样才能确保参与卷积运算的感受野具有固定大小。然而图这种非欧空间数据，每个节点的邻居数量不固定，因此不具有平移不变性，不能用类似传统卷积神经网络的方法来进行卷积运算。要解决这个问题，就必须创造新的运算条件。谱域卷积就是最初的解决方法。一个图中每个节点的边的数量，称为这个节点的度。如果一个矩阵的对角线元素取值是另一个矩阵每个顶点的度，而其他元素为 0，则将这个对角矩阵称为另一个矩阵的度矩阵，记作 D。在一个图中，如果两个节点之间存在一条边，则按节点编号将另一个矩阵对应的行列元素取值定义为 1，否则定义为 0，则称新定义的这个矩阵为原矩阵的邻接矩阵，记作 A。在谱域卷积里，定义了拉普拉斯矩阵 L，它是度矩阵 D 减去邻接矩阵 A。如图 2-16 所示，原图的拉普拉斯矩阵 $L=D-A$。

第 2 章 零售潜在高价值客户识别——图神经网络技术

图	度矩阵	邻接矩阵	拉普拉斯矩阵
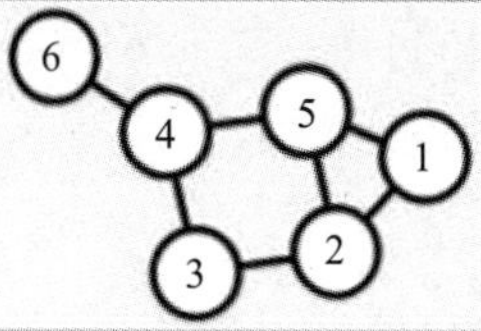 (图示：节点6-4，4-5，4-3，3-2，2-5，5-1)	$\begin{pmatrix} 2 & 0 & 0 & 0 & 0 & 0 \\ 0 & 3 & 0 & 0 & 0 & 0 \\ 0 & 0 & 2 & 0 & 0 & 0 \\ 0 & 0 & 0 & 3 & 0 & 0 \\ 0 & 0 & 0 & 0 & 3 & 0 \\ 0 & 0 & 0 & 0 & 0 & 1 \end{pmatrix}$	$\begin{pmatrix} 0 & 1 & 0 & 0 & 1 & 0 \\ 1 & 0 & 1 & 0 & 1 & 0 \\ 0 & 1 & 0 & 1 & 0 & 0 \\ 0 & 0 & 1 & 0 & 1 & 1 \\ 1 & 1 & 0 & 1 & 0 & 0 \\ 0 & 0 & 0 & 1 & 0 & 0 \end{pmatrix}$	$\begin{pmatrix} 2 & -1 & 0 & 0 & -1 & 0 \\ -1 & 3 & -1 & 0 & -1 & 0 \\ 0 & -1 & 2 & -1 & 0 & 0 \\ 0 & 0 & -1 & 3 & -1 & -1 \\ -1 & -1 & 0 & -1 & 3 & 0 \\ 0 & 0 & 0 & -1 & 0 & 1 \end{pmatrix}$

图 2-16 拉普拉斯矩阵等于度矩阵减邻接矩阵

拉普拉斯矩阵 L 是一个实对称矩阵，刻画了图信号的平滑程度，可以理解为图上的导数。数学上可以证明：实对称矩阵都可以被正交对角化，即可以表示为正交基矩阵及其转置矩阵与一个频率对角矩阵的乘积：

$$L = V \Lambda V^{\mathrm{T}} = \begin{pmatrix} \vdots & \vdots & \cdots & \vdots \\ v_1 & v_2 & & v_N \\ \vdots & \vdots & \cdots & \vdots \end{pmatrix} \begin{pmatrix} \lambda_1 & & & \\ & \lambda_2 & & \\ & & \ddots & \\ & & & \lambda_N \end{pmatrix} \begin{pmatrix} \cdots & v_1 & \cdots \\ \cdots & v_2 & \cdots \\ \vdots & \vdots & \vdots \\ \cdots & v_N & \cdots \end{pmatrix}$$

傅里叶变换的本质就是把任意函数表示成若干正交函数（由 sin、cos 构成）的线性组合，如图 2-17 所示。

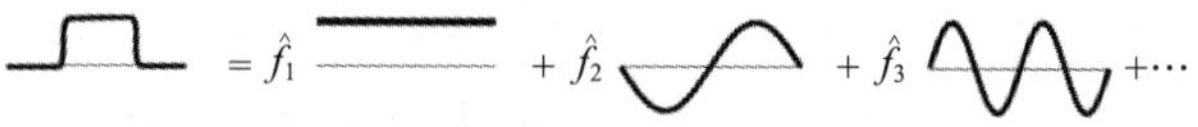

图 2-17 傅里叶数学变换

在谱域卷积里，图信号和卷积核两个矩阵都被投影到频率分量对应的空间里，数学表达为原矩阵乘以 v 向量，得到两个傅里叶变换后的投影矩阵。这个过程的本质是将不具备平移不变性的空域图信号矩阵投影为傅里叶空间的谱域信号矩阵，而投影后的谱域信号矩阵就具备平移不变性，从而将非欧空间数据转换为欧氏空间数据。这样，在谱域就可以进行卷积运算，再利用卷积定理进行傅里叶逆变换，从谱域回到空域，从而间接计算出空域的卷积结果。卷积定理的表述为：两个函数卷积的傅里叶变换，等于这两个函数傅里叶变换的乘积。即若 $f_1(t) \leftrightarrow F_1(\omega)$，$f_2(t) \leftrightarrow F_2(\omega)$，$F$ 表示傅里叶变换，则 $F[f_1(t)*f_2(t)]^{\ominus}$ = $F_1(\omega) \cdot F_2(\omega)$。原始图信号和卷积图信号在基空间投影的过程中，图信号从空域被分解到傅里叶基对应的谱域，逆变换又从谱域回到空域，问题就解决了。但也带来了新问题：因为图的节点规模往往很大，傅里叶基通常是稠密矩阵，所以图信号投影的计算复杂度非常高，而且拉普拉斯矩阵的正交对角化分解的计算开销也很大，导致谱域卷积这个数学模型无法

⊖ 式中 * 为卷积运算符号。

在普通计算机上训练。因此只能退而求其次，简化成邻居特征聚合，就是现在普遍使用的"空域卷积"方法。在空域卷积下，每个节点在完成自身特征变换后再聚合相邻 K 阶邻居的特征来更新自身特征。比如，按一阶邻居进行空域卷积的过程如图 2-18 所示。

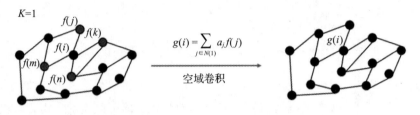

图 2-18　按一阶邻居进行空域卷积

2.4　开发框架

本节主要介绍构建图神经网络的底层技术和开发框架。

2.4.1　图数据库 Neo4j

Neo4j 是用 Java 和 Scala 语言开发的开源 NoSQL 图数据库，是目前最流行的图数据库。Neo4j 由美国图形数据库服务商 Neo Technology 研发。Neo4j 的官网地址为 https://neo4j.com/，代码仓库为 https://github.com/neo4j/neo4j。

图数据库使用图结构（Graph）来构建数据，并使用节点、边和属性来表示和存储数据，与数据的内部存储方式无关。Neo4j 本质上是一个成熟健壮的、面向网络的数据库，一个高性能的图引擎。在描述关系的场景，使用图数据库比使用关系型数据库具有更高的效率。举个例子，如图 2-19 所示，如果我们要找某人投资的所有电影，在图数据库中可以很方便地访问邻居节点来实现，而关系型数据库则需要对电影和投资人分别建表，再使用多表关联查询，实现方式比较烦琐。通常情况下，在处理复杂的实体关系方面，图数据库的执行效率比关系型数据库高一个数量级。可以说，在处理"关系"的场景中，图数据库才是真正的"关系型"数据库。

Neo4j 有企业 Server 版本、社区 Server 版本，其区别如下。

（1）容量：社区版最多支持 320 亿个节点、320 亿个关系和 640 亿个属性，而企业版没有这个限制。

（2）并发：社区版只能部署成单实例，不能做集群。而企业版可以部署成高可用集群或因果集群，从而可以解决高并发量的问题。

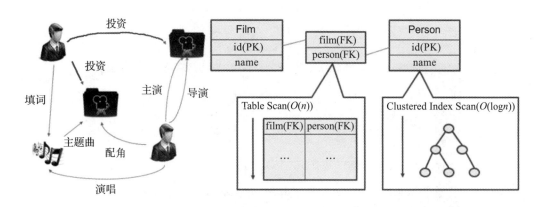

图 2-19　图数据库与关系型数据库的对比

（3）容灾：由于企业版支持集群，部分实例出故障不会影响整个系统正常运行。

（4）热备：社区版只支持冷备份，即需要停止服务后才能进行备份，而企业版支持热备份，第一次是全量备份，后续是增量备份。

（5）性能：社区版最多用到 4 个内核，而企业能用到全部内核，且对性能做了精心的优化。

（6）支持：企业版客户能得到工作日 10h 支持，支持方式包括电话、邮件、微信等。

（7）插件：企业版可以使用 Bloom、ETL 等工具，社区版不支持。

本案例使用 Neo4j 3.5.17 社区版来构建客户强认识关系社交图，该图将作为图神经网络的输入数据来源。

2.4.2　图神经网络开发框架 DGL

DGL（Deep Graph Library）是纽约大学、纽约大学上海分校、AWS 上海研究院以及 AWS MXNet Science Team 共同开源的图神经网络开发框架。它是图神经网络领域热度很高的开发框架，其官方主页为 https://www.dgl.ai，代码仓库为 https://github.com/dmlc/dgl，遵循 Apache 2.0 开源许可协议。DGL 的商业 LOGO 及其框架结构如图 2-20 所示。

该框架基于以下三点原则设计：

（1）和目前主流的深度学习框架（PyTorch、MXNet、TensorFlow 等）无缝衔接，从而实现从传统的 Tensor 运算到图运算的自由转换。

（2）提供最少的 API 以降低用户的学习门槛。

（3）高效并透明地并行图上的计算，能很方便地扩展到巨型图上。

DGL 有以下三个特点。

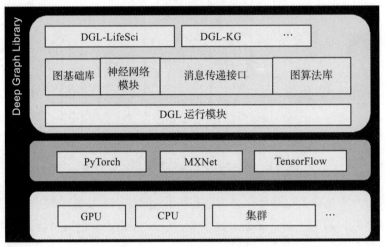

图 2-20　DGL 的商业 LOGO 及其框架结构

第一，DGL 是一个"框架上的框架"，如图 2-21 所示。为了避免重复造轮子，DGL 采取了类似 Keras 的做法——在主流深度学习框架之上进行开发。DGL 支持 MXNet 和 PyTorch 两大深度学习框架。但又不同于 Keras，DGL 并不限制用户必须使用自己的语法。相反，DGL 鼓励用户在两者间灵活地使用。比如用户可以使用他们偏爱的框架编写常见的卷积层和注意力层，而当遇到图相关的任务时则可以切换为 DGL。用户通过 DGL 调用的计算，经过系统优化，仍然调用底层框架的运算和自动求导等功能，因此开发和调试都能快速上手。

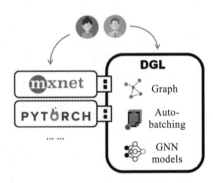

图 2-21　DGL 是基于两大深度学习框架之上的图神经网络框架

第二，DGL 提供简单易用的"消息传递"编程方式，如图 2-22 所示。开发者可以定制化消息函数（Message Function）以及节点的累和更新函数（Reduce Function）来构造新的模型。开发者在整个程序中使用 PyTorch 语法，而 DGL 则只是辅助地提供诸如 mailbox、send、recv 等消息传递 API 来帮助用户完成图上的计算。

第三，DGL 支持超大规模图神经网络，提供分布式架构训练百亿级节点网络任务。本案例使用 DGL 来构建图卷积神经网络，包括模型定义、模型训练、模型预测等环节。

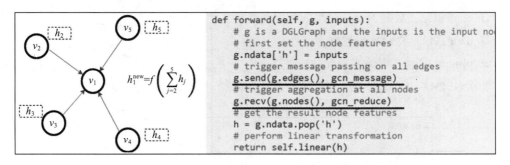

图 2-22　DGL 简单易用的"消息传递"编程方式

2.5　案例实战

本节介绍本案例的运行环境搭建、特征工程、模型代码编写、运行评估等。

2.5.1　环境准备

服务器硬件：Intel i9-10900K、128GB 内存、2TB 固态。

GPU：GTX 1080 Ti 11GB，单机单卡。

操作系统：Windows 10，64 位。

图数据库：Neo4j 3.5.17 社区版。

机器学习框架：Anaconda。

开发语言：Python 3.6.7。

首先搭建图数据库 Neo4j 的运行环境。可自行在 Oracle 官网下载 jdk8，笔者使用的是 jdk-8u301-windows-x64.exe。安装完毕后执行 java -version，显示版本号表示安装成功，如图 2-23 所示。

```
C:\>java -version
java version "1.8.0_301"
Java(TM) SE Runtime Environment (build 1.8.0_301-b09)
Java HotSpot(TM) 64-Bit Server VM (build 25.301-b09, mixed mode)
```

图 2-23　安装 jdk8

在 https://neo4j.com/download-center/ 找到 Neo4j 3.5.17，下载社区服务版并解压到 E:\。可以看到 Neo4j 的主要目录结构如下。

❑ bin 目录：存储 Neo4j 的可执行程序。

- conf 目录：控制 Neo4j 启动的配置文件。
- data 目录：存储核心数据库文件。
- plugins 目录：存储 Neo4j 的插件。

设置 NEO4J-HOME 环境变量，其值为安装路径，如图 2-24 所示。

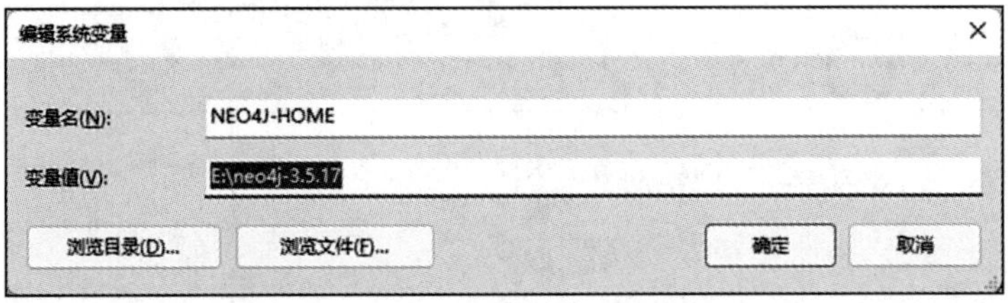

图 2-24　设置 NEO4J-HOME 环境变量

将 E:\neo4j-3.5.17\bin\neo4j.bat 添加到 PATH 环境变量中。将本书下载文件中的 apoc-3.5.0.7-all.jar 放到 neo4j-3.5.17\plugins 目录下，在 E:\neo4j-3.5.17\conf\ neo4j.conf 配置文件中增加以下内容：

```
dbms.security.procedures.unrestricted=apoc.*
apoc.export.file.enabled=true
```

完成 apoc 控件安装并允许数据导出。在 E:\neo4j-3.5.17\conf\neo4j.conf 文件中设置 dbms.active_database=XX，其中 XX 代表新建数据库的名字。Neo4j 启动后，如果没有这个数据库，将自动创建，如果数据库存在，则使用这个数据库。执行 neo4j install-service，将 Neo4j 注册为系统服务；执行 neo4j uninstall-service，卸载 Neo4j 服务；执行 neo4j start，启动 Neo4j；执行 neo4j stop，停止 Neo4j；执行 neo4j console，启动 Neo4j 控制台；执行 neo4j restart，重启 Neo4j；执行 neo4j status，显示 Neo4j 状态，如图 2-25 所示。

```
(dgl) E:\程序开发>neo4j uninstall-service
Neo4j service uninstalled

(dgl) E:\程序开发>neo4j install-service
Neo4j service installed

(dgl) E:\程序开发>neo4j start
Neo4j service started

(dgl) E:\程序开发>neo4j status
Neo4j is running

(dgl) E:\程序开发>neo4j stop
Neo4j service stopped
```

图 2-25　Neo4j 服务启停

接下来，我们需要建立图数据库。首先构建数据集，将节点数据和边数据分别建立 csv

文件进行存储。节点 csv 文件的格式为：

节点编号名:ID,属性1,属性2……属性N

以客户节点为例，csv 文件命名为 customer.csv，其首行为：

客户号:ID,客户姓名,开户机构,客户名称,证件号码,电话号码,手机号码,通信地址,住宅地址,单位地址

后续各行依次为各字段的值。其中客户号代表节点的唯一编号，冒号后的字母 ID 表示 Neo4j 将按照这个字段来创建节点。

关系 csv 文件的格式为：

起始节点编号:START_ID,终止节点编号:END_ID,边类型:TYPE,边属性1,边属性2……边属性M

以客户之间的资金交易关系为例，csv 文件命名为 relationship1.csv，其首行为：

客户号:START_ID,对方客户号:END_ID,关系类型:TYPE,交易金额,交易笔数

后续各行依次为各字段的值。其中客户号代表边的起始节点，对方客户号代表边的终止节点，关系类型字段填各种交易和投资等关系，交易金额和交易笔数为起始节点向终止节点的交易统计。这样，Neo4j 将创建一条有向边。我们继续添加缴费认识和社会关系的边，其 csv 文件命名为 relationship2.csv，格式为：

客户号:START_ID,对方客户号:END_ID,关系类型:TYPE

关系类型分别填"缴费认识"和同事朋友等社会关系。准备好节点 csv 和关系 csv，执行 neo4j stop 停止 Neo4j 服务，然后在命令行执行数据导入命令：

```
neo4j-admin import --mode=csv --database=cq2 --id-type STRING --nodes:零售客户= "customer.csv" --relationships= "relationship1.csv" --relationships= "relationship2.csv" --ignore-extra-columns=true --ignore-duplicate-nodes=true --ignore-missing-nodes=true
```

其中，cq2 表示创建的图数据库名，id-type 表示节点编号的数据类型，nodes 指定节点 csv 文件，relationships 指定节点关系 csv 文件，ignore-extra-columns 表示忽略多余的字段，ignore-duplicate-nodes 表示忽略重复节点（即节点编号相同的多条记录），ignore-missing-nodes 表示忽略不存在的节点（即 relationship1.csv、relationship2.csv 中存在节点编号，但在 customer.csv 中不存在）。此时，Neo4j 将创建名为 cq2 的图数据库，显示图 2-26 所示的提示。

从图 2-26 中看到，向图数据库导入 8623974 个节点，创建 30675355 条边和 121038875 个属性，整个建库过程仅花费 1min7s，非常高效。此时在 E:\neo4j-3.5.17\data\databases 目录下已经创建了 cq2 目录，这是图数据库的存储目录。我们指定 E:\neo4j-3.5.17\conf\ neo4j.conf 配置文件中的数据库名：

```
dbms.active_database=cq2
```

```
.......................................  75% ?0ms
.......................................  80% ?200ms
.......................................  85% ?0ms
.......................................  90% ?200ms
.......................................  95% ?150ms
.......................................  100% ?0ms

IMPORT DONE in 1m 7s 149ms.
Imported:
    8623974 nodes
    30675355 relationships
    121038875 properties
Peak memory usage: 1.11 GB
There were bad entries which were skipped and logged into G:\neo4j导入\客户关系提数\待导入\import.report
```

图 2-26　Neo4j 创建图数据库

执行 neo4j start 启动 Neo4j 数据库服务，在浏览器中输入 http://localhost:7474/browser/，默认用户名和密码均为 neo4j。单击数据库图标，可以看到当前数据库的边关系、属性、数据库名，如图 2-27 所示。

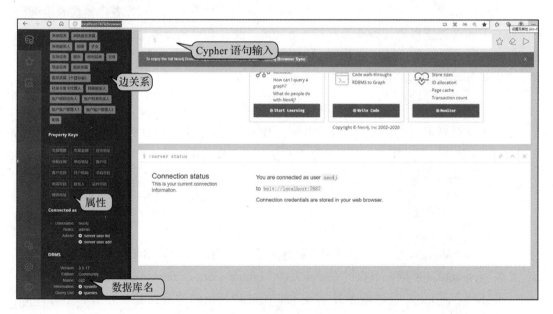

图 2-27　Neo4j 数据库界面

Neo4j 使用 Cypher 语句来进行数据查询。输入 Cypher 语句：match(n:' 零售客户 ')-[r]-(m:' 零售客户 ') return n,r,m limit 100。该语句返回 100 个零售客户之间的关系，结果如图 2-28 所示。

选择某条边，在左下角显示这条边的类型数据（交易）、id 号和其他属性数据（交易笔数和交易金额）。至此，图数据库创建完成。

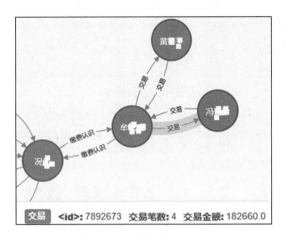

图 2-28　Neo4j 数据查询

接下来搭建图神经网络的深度学习环境。需要准备一块英伟达显卡，并安装好显卡驱动程序。由于训练神经网络需要使用 GPU，因此还必须安装 CUDA 和 CUDNN 两个套件。笔者选用的版本为 CUDA 10.0 和 CUDNN 7.6.4。CUDA（Compute Unified Device Architecture，统一计算架构）是英伟达公司推出的 GPU 并行计算框架。CUDNN 是英伟达公司推出的深度神经网络的 GPU 加速库。

图 2-29 对比了 CPU 和 GPU 的芯片结构，图中的黑框部分分别代表 CPU 和 GPU 的计算核心。可以看到，CPU 的控制单元和存储占用了大部分芯片面积，其中的计算核心面积较少；而 GPU 的控制单元和存储的占用比例较小，计算核心占用了绝大部分芯片面积。

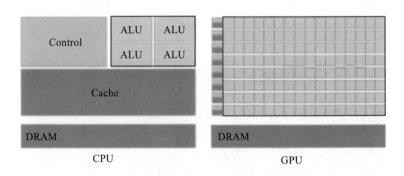

图 2-29　CPU 和 GPU 的芯片结构对比

由于 GPU 的 CUDA 计算核心数量远超 CPU 的计算核心数量，因此在浮点数计算速度方面，GPU 与 CPU 往往存在数量级上的差异。CUDA 框架的作用是将复杂计算任务分配到多个 CUDA 计算核心，从而实现高性能并行计算。CUDA 官网下载地址为 https://developer.nvidia.com/cuda-toolkit-archive。选择 CUDA 版本及操作系统完成下载。值得注意的是，

RTX30 系列显卡目前仅支持 CUDA 11 及以上版本。笔者使用 RTX20 系列显卡，安装了 CUDA 10.0 版本，下载界面如图 2-30 所示。

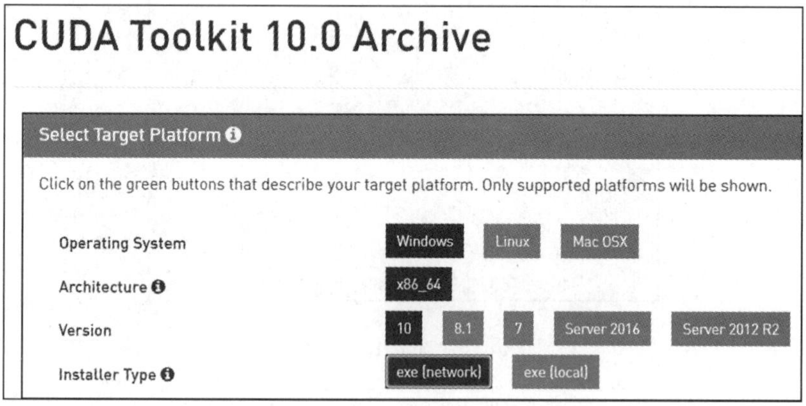

图 2-30　CUDA 并行计算套件下载

如果是 Linux 系统，执行以下命令安装，如图 2-31 所示。

```
sudo chmod +x ~/cuda_10.0.130_410.48_linux.run
sudo ~/cuda_10.0.130_410.48_linux.run
```

图 2-31　Linux 系统命令行安装 CUDA

由于 CUDA 自带的显卡驱动程序可能存在一定的兼容问题，因此安装时不要勾选 Driver 选项，如图 2-32 所示。

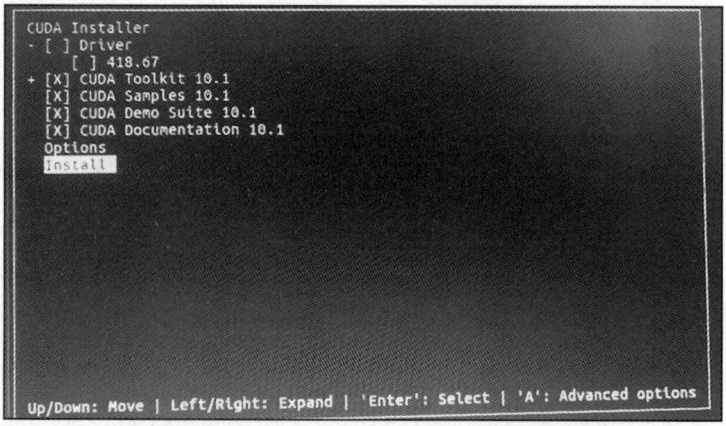

图 2-32　Linux 系统下 CUDA 安装界面

完成后，在当前用户 $HOME 目录下，将以下环境变量添加到 .bashrc 文件：

```
export PATH=/usr/local/cuda-10.0/bin:$PATH
export LD_LIBRARY_PATH=/usr/local/cuda-10.0/lib64:$LD_LIBRARY_PATH
export CUDA_HOME=/usr/local/cuda
```

完成后，重新登录系统，执行 nvcc -V 显示版本号即表示安装成功，如图 2-33 所示。

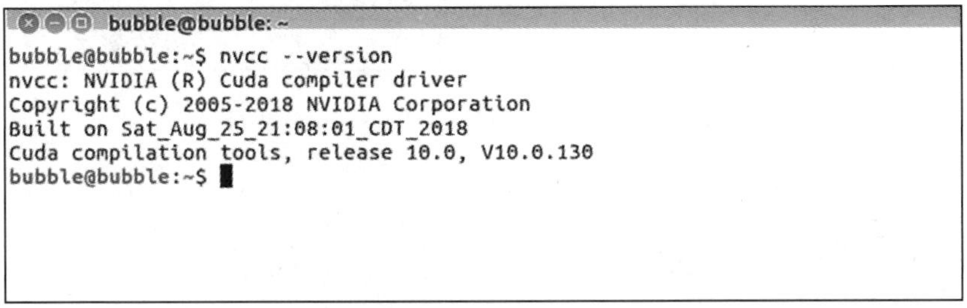

图 2-33　Linux 系统下 CUDA 安装完成

如果是 Windows 系统，执行安装包时仅勾选 CUDA 选项，不要勾选其他选项，否则可能会因为一些兼容问题而导致安装失败，如图 2-34 所示。

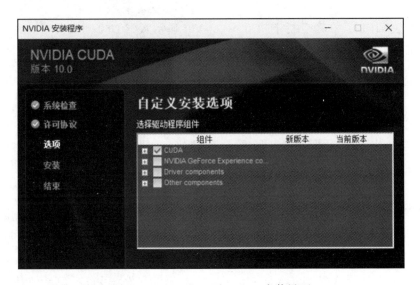

图 2-34　Windows 下 CUDA 安装界面

安装完成后，检查 CUDA_PATH 和 CUDA_PATH_V10_0 两个环境变量是否生效，如图 2-35 所示。

再检查 PATH 环境变量中是否设置了以下内容，如图 2-36 所示。

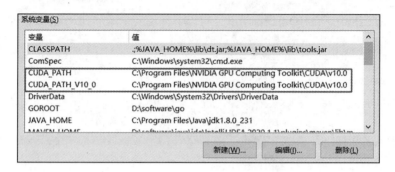

图 2-35　Windows 系统下 CUDA 环境变量

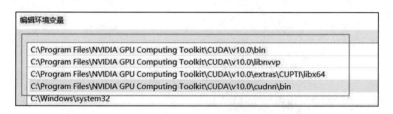

图 2-36　Windows 系统下 PATH 环境变量

完成上述操作后，在命令行下执行 nvcc -V，显示版本 10.0 即表示 CUDA 安装成功，如图 2-37 所示。

```
C:\Users>nvcc -V
nvcc: NVIDIA (R) Cuda compiler driver
Copyright (c) 2005-2018 NVIDIA Corporation
Built on Sat_Aug_25_21:08:04_Central_Daylight_Time_2018
Cuda compilation tools, release 10.0, V10.0.130
```

图 2-37　CUDA 安装验证

CUDNN 封装了很多深度学习的底层函数，比如卷积、池化等函数，并优化了计算速度。CUDA 和 CUDNN 的关系可以看作平台和工具的关系，平台解决了并发支持，工具解决了神经网络支持。CUDNN 官网下载地址为 https://developer.nvidia.com/cudnn-download-survey。登录后，选择适配 CUDA 版本的 CUDNN 套件和操作系统。笔者安装了 CUDNN 7.6.4，如图 2-38 所示。

CUDNN 的安装比较简单，直接将下载的内容复制到 CUDA 安装路径下即完成安装。

安装 Anaconda，可参见 1.3.1 节。执行命令 conda create -n dgl python=3.7.9 创建 DGL 虚拟环境。执行命令 conda activate dgl 激活环境。执行命令 pip install openpyxl matplotlib dgl-cu101==0.4.2 安装 GPU 版本的 DGL 框架。执行命令 pip install torch==1.7.1+cu101 torchvision==0.8.2+cu101 torchaudio==0.7.2 -f https://download.pytorch.org/whl/torch_stable.html 安装深度学习框架 PyTorch。

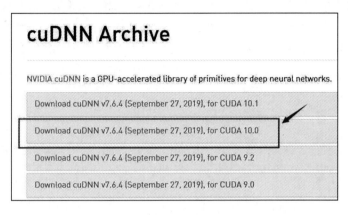

图 2-38　下载 CUDNN 套件

2.5.2　代码实战

1. 特征工程

通常情况下，监督学习的原始特征应选择与监督标签强相关的若干特征。这是因为模型学习的目标是特征矩阵 X 与监督标签 y 的关联关系。在本案例中，监督标签为每个节点客户是否高价值的标记数据，我们选择与该标记关联性大的特征作为原始特征。这需要与业务领域专家进行沟通，从业务先验知识的角度来选择原始特征，同时提取统计数据加以验证。受多种条件限制，本案例的原始特征不够丰富，这有待读者进一步完善。笔者在实际工作中选择了以下原始特征：他行高价值标记、信用卡等级、信用卡留存额度、近一年最大交易金额、近一年最大九项资产、工作单位性质、所在行业代码、职业代码、职务代码、个人薪资收入、家庭薪资收入、300 万元以上大额住房贷标志、历史大额转账标志、企业主工商户标志。

下面对上述原始特征逐一解释。如果客户历史交易中发生跨行同名转账、信用卡关联还款、个贷还款卡关联转账，则判断对方银行卡的 BIN 号，如果其 BIN 号反映的客户等级高于本行等级，则将"他行高价值标记"字段设置为 1，否则设置为 0。信用卡留存额度等于信用卡总额度减去客户历史最大透支额度，该指标越大则客户手上资金越宽裕，挖掘潜力也越大。如果客户发生了 300 万元以上大额住房贷款，则表示高价值的可能性很高。其他字段，如信用卡等级、交易、收入等数据，都在不同角度反映了客户的价值程度。

每个特征的取值范围不一样，比如交易金额和九项资产的取值范围是连续实数，信用卡等级、工作单位性质等取值是有限数量的离散数据。这并不意味着数值越大的特征对目标字段的预测贡献越大，因此需要对原始特征进行分箱操作，来标识其类别，然后将类别数据作为特征输入模型，从而确保不同取值范围的特征相互之间的可比性。我们采用决策树分箱算法，关于该算法的介绍详见 1.3.2 节。我们使用 scikit-learn 机器学习库来训练决策树，关键代码如下：

```
# 利用决策树获得最优分箱的边界值列表
def optimal_binning_boundary(x, y):
    boundary = []                                  # 待返回的分箱边界值列表
    x = x.values                                   # 填充缺失值
    y = y.values
    clf = DecisionTreeClassifier(criterion='entropy',    # 熵增最小化准则划分
                                 max_leaf_nodes=8,       # 最大叶子节点数
                                 min_samples_leaf=0.05)  # 叶子节点样本数量最小占比

    clf.fit(x.reshape(-1, 1), y)   # 训练决策树
    n_nodes = clf.tree_.node_count
    children_left = clf.tree_.children_left
    children_right = clf.tree_.children_right
    threshold = clf.tree_.threshold
    for i in range(n_nodes):
    # 获得决策树节点上的划分边界值
        if children_left[i] != children_right[i]:
            boundary.append(threshold[i])
    boundary.sort()
    min_x = x.min()
    max_x = x.max() + 0.1   # 加 0.1 是为了考虑后续 groupby 操作时，能包含特征最大值的样本
    boundary = [min_x] + boundary + [max_x]
    return boundary
……
# 将原始特征列替换成类别数组
ps = optimal_binning_boundary(x=df[a], y=df['flag'])
if len(ps) == 3:   # 原始特征被分裂成 2 个类别
    df2[a] = pd.cut(x=df[a], bins=ps, right=False, labels=['0,1','1,0'])
if len(ps) == 4:   # 原始特征被分裂成 3 个类别
    df2[a] = pd.cut(x=df[a], bins=ps, right=False, labels=['0,0,1','0,1,0','1,0,0'])
……
```

决策树分箱后，原始特征的取值会被替换成 N 个类别。如果替换成 2 个类别，则取值为"0, 1"或"1, 0"，如果替换成 3 个类别，则取值为"0, 0, 1""0, 1, 0"或"1, 0, 0"。决策树分箱算法会决定最合适的类别数和每个类别的边界点。这样，每个特征分裂成多个特征（类别）后，其取值只能是 0 或 1，这就统一了取值范围，共形成 55 列类别取值。我们将决策树分箱后形成的类别数据作为每个客户节点的特征，即图 2-14 中的向量 $(x_{i1}, x_{i2}, \cdots, x_{i55})$，输入图神经网络模型中。将数据保存到模型目录的 data\features.txt 文件中，其格式为：

客户号 xi1 xi2 …… xi55 是否高价值标签 (0 或 1)

接下来，我们从图数据库中导出客户的强认识关系。在 Neo4j 中调用 apoc 控件来完成。apoc 的安装非常简单，只需要下载 apoc-3.5.0.7-all.jar 并存放到 Neo4j 安装目录的 plugins 目录下即可。执行 Cypher 语句：CALL apoc.export.csv.query（"MATCH (a: 零售客户)-[r]-(m: 零售客户) RETURN a. 客户号，type(r)，m. 客户号"，"relationships.txt"，{}），将在 E:\neo4j-3.5.17\import 目录生成 relationships.txt 文件，将其复制到模型目录的 data 目录下。这个操作的作用是将图数据库中的全部边导出，relationships.txt 文件反映了客户之间的强认识关系，其数据格式如下：

```
客户号1    \t 客户号2
客户号2    \t 客户号1
……
```

其中，第一字段为起始节点号，第二字段为终止节点号，这是按有向图来表达的。第一行表示客户号 1 认识客户号 2；第二行表示客户号 2 认识客户号 1。值得注意的是，尽管客户之间的认识关系是有方向的，我们却希望得到无方向的认识关系。因为无论 A 认识 B，还是 B 认识 A，他们同属一个阶层的可能性较大，所以两种情况都需要考虑对方特征。由于后续建模任务中，我们将创建有向图来进行卷积操作，因此在本步骤中，"A 认识 B 的表述"将被导出两条记录，即"A \t B"和"B \t A"。

2. 构建 GCN

由于空域卷积需要在图的每层进行邻居特征的聚合，因此每聚合一次就会削弱节点自身的特征。如果网络的层数很深，必将趋近于所有网络节点的平均值，从而产生"不动点"问题。为避免这个问题，聚合类空域方法的图神经网络通常只有两层或三层。本例中我们搭建了一个两层结构的 GCN 模型，模型整体结构如图 2-39 所示。

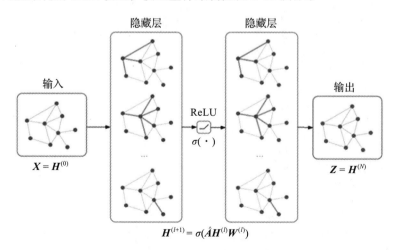

图 2-39　GCN 模型整体结构

构建 GCN 结构的关键代码如下：

```
from dgl import DGLGraph                          # 导入框架
def InitData():                                   # 创建图及相关数据
    data = LoadData()                             # 加载特征工程的输出向量数据，每个节点的特征向量长度为 55
    features = th.FloatTensor(data.features)      # 设置网络的输入特征矩阵
    labels = th.LongTensor(data.labels)           # 设置标签矩阵
    g = DGLGraph(data.graph)                      # 按零售客户的认识关系构建节点和边，创建一个有向图
    return g, features, labels
```

在本例中，每层的节点特征更新过程是：先对本层神经网络的每个节点输入向量进行前向传播，得到变换后的 Embedding 向量，再使用一个 AGG 函数对每个节点 v_i 的一阶邻居节点 Embedding 向量进行聚合，得到 v_i 第 k 轮聚合后的向量编码 h_i^k。然后，对 v_i 的邻接点 $N(v_i)$ 的编码求平均值，和上一轮的编码结果进行一个加权组合，得到新的编码结果，其数学表达为：$h_v^k = \sigma\left(W_k \sum_{u \in N(v)} \frac{h_u^{k-1}}{|N(v)|} + B_k h_v^{k-1}\right)$。本例中搭建的是一个无权图，如果客户之间相互认识则有边，边的权重恒取 1。聚合函数选择了最简单的平均法，即物以类聚的思想，每个节点的特征都是其一阶邻居特征的平均：$X_i^* = \sum_{j \in \text{neighbor}(i)} A_{ij} X_j = \sum_{j=1}^{N} A_{ij} X_j$，其中 $A_{ij}=0$ 或 1。对于所有节点，用矩阵来表达其更新过程就是：$X^* = AX$，AGG $= \sum_{u \in N(v)} \frac{h_u^{k-1}}{|N(v)|}$，如图 2-40 所示。

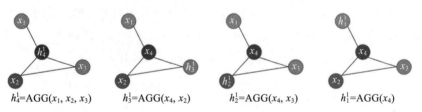

$h_4^1 = \text{AGG}(x_1, x_2, x_3)$　　$h_3^1 = \text{AGG}(x_4, x_2)$　　$h_2^1 = \text{AGG}(x_4, x_3)$　　$h_1^1 = \text{AGG}(x_4)$

图 2-40　GCN 聚合过程

邻居聚合的关键代码如下：

```
import dgl.function as fn                                # 导入框架
gcn_msg = fn.copy_src(src='h', out='m')                  # 定义消息传播函数：节点特征按边传播，从 h 传到 m
    gcn_reduce = fn.mean(msg='m', out='h')
    # 定义消息聚合函数：节点取邻居的平均值作为自己的特征
def forward(self, g, feature):                           # 图 g 上的空域卷积：消息传播
    with g.local_scope():
        g.ndata['h'] = feature                           # 每个节点的消息传播 h 为特征向量
        g.update_all(gcn_msg, gcn_reduce)                # 在空域完成本层网络的所有节点消息传播
        h = g.ndata['h']
        return self.linear(h)                            # h 为本层消息传播完成后的节点特征
```

接下来，我们对每个节点定义一个特征变换的全连接前馈神经网络，这个网络负责将特征工程处理后的特征向量（即模型输入）转换为是否高价值客户的二分类输出，其结构如图 2-41 所示。

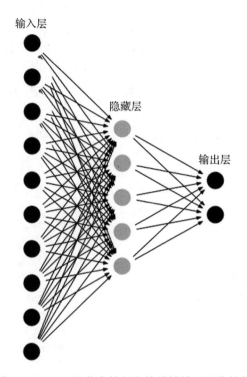

图 2-41　GCN 的节点特征变换前馈神经网络结构

在 GCN 模型中，节点的特征变换是逐层进行的。本例中，特征工程的输出是一个长度为 55 的向量，GCN 的输入层为 55 个神经元，隐藏层为 32 个神经元，输出层为 2 个神经元。前馈网络关键代码如下：

```
# 定义一个图卷积层类，用于在当前层向下一层传播节点的特征变换
class GCNLayer(nn.Module):
    def __init__(self, in_feats, out_feats):
        super(GCNLayer, self).__init__()  # 调用父类的 init 函数
        self.linear = nn.Linear(in_feats, out_feats)
        # 构建全连接网络，定义输入和输出神经元数量
# 定义一个 2 层结构的 GCN 网络
class Net(nn.Module):
    def __init__(self):
        super(Net, self).__init__()
        self.layer1 = GCNLayer(55, 32)    # 输入层为 55 个神经元，隐藏层为 32 个神经元
        self.layer2 = GCNLayer(32, 2)     # 输出层为 2 个神经元
    # 前馈网络传播
```

```
def forward(self, g, features):
    x = F.relu(self.layer1(g, features))    # 使用激活函数 relu
    x = self.layer2(g, x)
    return x
```

3. 训练 GCN

我们将数据集按 8∶2 划分为训练集和验证集。从训练集中随机取样，循环输入网络。GCN 第一层网络依次进行特征变换和邻居聚合（即消息传播），将 55 个输入特征变换为 32 个隐藏特征，经 Relu 函数激活后传给第二层；第二层网络依次进行特征变换和邻居聚合，将 32 个隐藏特征变换为 2 个输出特征，通过交叉熵函数计算预测值与真实值的损失，然后进行反向传播求导，通过 Adam 优化器调整特征变换网络的各层权重。在数据集中重新取样，反复迭代多个 epoch 直到模型收敛到合适范围内。

模型训练关键代码如下：

```
optimizer = th.optim.Adam(net.parameters(), lr=float(args.learn))    # 使用 Adam 优化器
for epoch in range(int(args.epochs)):          # 训练指定轮数
    logits = net(g, features)
        # 向图网络输入图结构和所有节点特征向量，得到第二层网络的输出
    logp = F.log_softmax(logits, 1)            # 对 softmax 激活函数的输出求对数值
    loss = F.nll_loss(logp[train_mask], labels[train_mask])
        # 在训练集上，获得预测值与真实值的损失
    optimizer.zero_grad()                      # 优化器把梯度置 0，也就是把损失关于权重的导数变成 0
    loss.backward()                            # 反向传播更新权重
    optimizer.step()                           # 更新模型
```

在训练过程中，我们还要监测图神经网络在验证集上的性能表现。做法是在每轮 epoch 中计算网络对验证集的预测精度和损失值。关键代码如下：

```
# 在验证集上评估预测精度
def evaluate(model, g, features, labels, mask):
    model.eval()                               # 将模型转换为测试模式
    with th.no_grad():                         # 测试网络，以下代码不做梯度下降，不进行反向传播
        logits = model(g, features)            # 得到所有节点的类别分类
        logits = logits[mask]
        # 只取验证集的分类预测结果，每个结果都有 out_feats 个预测值，out_feats 是第 2 层网络的预测数量输出
        labels = labels[mask]                  # 验证集真实分类标签
        _, indices = th.max(logits, dim=1)     # 取预测结果类别中最大的一个
        correct = th.sum(indices == labels)
        return correct.item() * 1.0 / len(labels)
```

在模型训练迭代过程中，一旦验证集精度高于历史最大值，则说明当前模型权重最优，

我们将当前模型保存为 model.pth 文件：

```
if val_acc > val_acc_max:
    print(' 验证集精度从 {:.4f} 提升到 {:.4f}, 保存模型 '.format(val_acc_max,val_acc))
    val_acc_max = val_acc
    th.save(net.state_dict(), args.model)
```

本例的实际训练结果，模型很快就拟合了训练集，当训练到 300 个 epochs 时，验证集精度达到 91.4%，损失为 0.24。命令行执行：

```
conda activate dgl
```

激活环境后，执行模型训练：

```
python main.py --train -epochs=300
```

在模型训练过程中，使用 GPU-Z 软件观察 GPU 计算核心和显存的使用情况。可以看到计算核心使用率为 94%，显存使用量为 2GB，如图 2-42 所示。

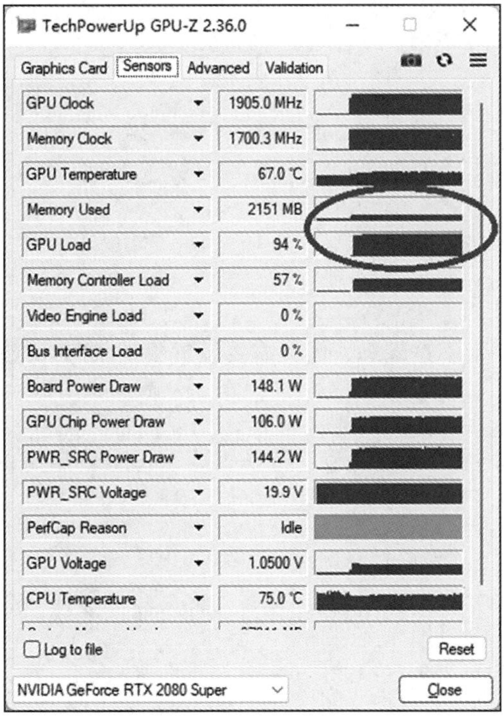

图 2-42　模型训练中 GPU 使用情况

最终得到图 2-43 所示的训练结果。

下面进入模型推理阶段。首先加载模型：

```
net = Net()
```

从先前保存的模型文件 model.pth 中加载网络权重：

```
net.load_state_dict(th.load(args.model))
```

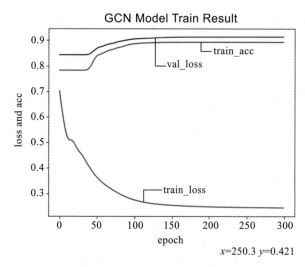

图 2-43　GCN 训练结果

注：epoch 为轮次，loss 为损失，acc 为精度。

将模型放入显存中：

```
net = net.to(th.device('cuda:0'))
```

我们进行模型推理，而不是训练，因此需要设置模型状态为推理：

```
net.eval()
```

得到客户强认识关系网络、每个节点特征矩阵、每个节点高价值标签向量、训练集掩码和验证集掩码：

```
g, features, labels, train_mask, val_mask = InitData()
```

将相关数据放到显存，以便利用 GPU 并行计算来加速推理：

```
features = features.to(th.device('cuda:0'))
labels = labels.to(th.device('cuda:0'))
g = g.to(th.device('cuda:0'))
```

对全图的所有节点进行预测：

```
logits, result = predict(net, g, features)
```

如果客户标签为非高价值而模型预测为高价值（即置信度大于 0.5），则程序输出客户号及其高价值的置信度：

```
sum_ok = 0
f = np.genfromtxt("data/features.txt", dtype=np.dtype(str))
custids = sp.csr_matrix(f[:, 0], dtype=np.int64).toarray()
for i in range(len(result)):
    if result[i] == labels[i]:
        sum_ok += 1
    else:
        if result[i] == th.tensor(1) and labels[i] == th.tensor(0):
            # 模型预测是高价值，而事实上不是，则输出
            # 第二个元素是模型预测为高价值客户的概率，即置信度
            v = logits[i].tolist()[1]
            print(custids[0][i], v)
print(' 精度 =', sum_ok/len(result))
```

执行 python main.py --test 来加载刚才训练的模型，并在全图数据上对每个客户进行高价值预测。程序输出客户号和模型预测该客户属于高价值的概率，概率越大表示该客户属于高价值客户的可能性越大，输出结果如图 2-44 所示。

```
9048945  0.7236385941505432
9048953  0.6810771822929382
9048954  0.7198455333709717
9048969  0.5498154759407043
9048990  0.6810771822929382
9048991  0.7794248461723328
9048994  0.6810771822929382
9048996  0.5536487102508545
精度= 0.8537436483480603
```

图 2-44　GCN 高价值客户预测结果

我们按置信度从高到低的顺序进行营销即可。代码详见下载文件 main.py。

2.6　案例总结

笔者在实际工作中，本案例累计输出 18 136 户潜在高价值客户（即模型认为是高价值而实际不是），我们营销了置信度高的前 4000 个客户，辅助零售日均资产提升 6700 万元。本案例只是图神经网络在银行营销场景的一次尝试，作者认为还有很多要改进的地方。受多种条件限制，本案例的原始特征不够丰富，并且没有使用衍生特征，这些都会影响模型

性能，有待读者进一步完善。本案例只是抛砖引玉，旨在提供一种解决思路和实验探索性质的尝试。数据类项目的产出与数据和特征工程密切相关，读者可以参考本章内容，重新优化数据特征，从而更好地解决相关问题。

"图"是一种数学模型，它将现实世界的实体关系抽象成"节点"和"边"。图神经网络是在"图"这种非欧空间数据上进行深度学习的技术，它将图论和神经网络结合起来，是近几年发展很快的数据挖掘技术。图神经网络的强大之处在于：它能学习到图的嵌入表示，从而提取图结构的语义特征，这种语义特征不仅考虑了节点自身的特征，还考虑了邻居节点的特征和拓扑关系，是传统神经网络模型不具备的。因此，图神经网络有更强的语义表征能力，在解决实际问题方面更加有效。从近几年的业界应用来看，图神经网络在分子制药、交通规划、线上社交、电子商务、自然语言处理、图像影像处理等方面都取得了令人瞩目的成绩。

图神经网络适用于节点分类、边分类、链接预测、子图识别等多种场景，同时通过实体特征和实体关系能学习出图的语义信息，有很强的数据表达能力，非常适合高度依赖数据挖掘的密集型产业场景。银行业就有很多这样的场景。因此，图神经网络在银行业大有可为，在实践中也取得了较好的效果。我们认为，图神经网络在银行业还有很多有价值的课题。比如在"客户-金融产品"二部图上进行异构图的双向推荐任务，即向客户推荐产品，同时向产品推荐客户；再如基于业务链条的风险传递评估，在银行的客户关系图谱中，任何企业都是这个网络的一个节点，当某个行业出现问题导致某个企业出现危机信号的时候，通过图神经网络来评估风险传递，特别是在联保、供应链等业务形成的子图中，用图神经网络在动态交易形成的关系图中自动识别子图的形状并评估某个企业节点风险对整个子图的风险传递影响，这对银行信贷风险预警前置具有积极的意义。另外，在异常交易检测、反洗钱等场景下，图神经网络的消息传递机制能大幅度提升预测准确率。门控图神经网络在自然语言序列处理领域也有成熟的应用，对提升语义理解、意图识别方面有积极意义，在自动化客户服务、员工培训等方面有广阔前景。传统的影像理解往往只是孤立地识别影像中的实体，对实体之间的关系有所忽略，而图神经网络能在知识图谱中学习到实体关系语义信息，再结合影像的时间序列信息，大幅提升影像的语义理解能力。举个例子，银行厅堂监控系统识别出一个 LV 提包和一个零售客户两个实体，图神经网络就能在知识图谱中实时推导奢侈品和高价值客户的语义表示，就可以立即提醒网点人员进行重点客户营销，如图 2-45 所示。

近年来研究表明：图神经网络在复杂图结构建模方面具有强大能力，它将机器学习推到一个新高度。相信在不久的将来，图神经网络将在银行经营的更多场景发挥重要作用！

第 2 章 零售潜在高价值客户识别——图神经网络技术

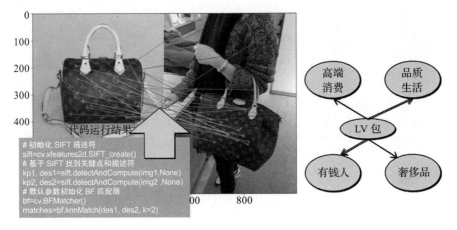

图 2-45 OpenCV 特征匹配与图神经网络知识关联

第 3 章

银行业务精准推荐——推荐系统

在新的时代背景下，银行的业务运营要么实现了互联网化，要么就是在互联网化的路上。因为业务一旦互联网化，必然打通互联网设备、经营场景、金融产品和客户服务，使得客户、银行、合作商户三者在同一个场景融合起来，产生海量数据，这些数据涉及场景要素、客户行为、客户兴趣、供应价值、产品特征等方方面面。如果能从这些数据中洞察商机，就会获得新的营销机会。

推荐系统是互联网应用最重要、价值最大的系统。推荐系统从数据中分析客户与产品、服务的多种关联线索，既可以为业务推荐最合适的目标客户，也可以为客户推荐最合适的业务。对银行来讲，推荐系统能直接提升销量和业绩；对客户来讲，推荐系统能提供需要的产品和服务，改善体验。不仅如此，推荐系统还能促进银行发展广告和增值服务等多种盈利模式。比如，银行使用推荐系统精准预测每个客户的广告偏好，就可以在手机银行里显示千人千面的动态广告，做到在同一个页面、同一个广告位，A 客户和 B 客户看到不同的广告内容，而这都是他们喜欢的广告。一个好的推荐系统能提高广告的曝光量，提高广告点击率，为广告主带来客户信息流或客户转化流量。这是在互联网阵地下，企业争夺的关键资源。再如，可以在手机银行的某个增值服务板块入驻中医和西医服务商家，然后使用推荐系统预测不同客户对中西医的偏好，就能在同一个坑位里为 A 客户提供中医，为 B 客户提供西医，而这些都是他们各自需要的服务。在增值服务场景下，推荐系统帮助银行提升了客户留存、客户沉淀和客户活跃，提升了客户忠诚度。银行 App 的使用频率较低，客观上导致手机银行的客户活跃量有限。好的推荐系统搭配好的内容运营，就能有效提升银行 App 的使用频率和用户规模。而银行 App 的使用频率和用户规模一旦提高到一定程度，就能为下一步实现开放银行奠定生态基础。在开放银行生态下，银行业务将无缝融入非银行线上场景，成为民众生活的一部分。开放银行具有业态开放、平台开放、生态开放等特点，这是银行业发展的未来形态。

这样看来，推荐系统不仅是客户运营的关键，也是银行发展的关键。从短期来看，推荐系统的作用有提高广告曝光与转化、促进银行业"标的物"销售、提高银行增值服务商生态繁荣、提高银行客户规模与活跃。可以说，推荐系统对银行经营是非常有价值的。

3.1 推荐系统简介

1995 年，斯坦福大学在美国人工智能协会会议上推出了个性化推荐系统 LIRA。随后，雅虎、谷歌、NEC 研究院、IBM 等学术机构和商业巨头加入研究并相继推出了自己的推荐系统。从此，推荐系统作为一门独立的技术进入快速发展阶段。推荐系统大体包括以下技术：基于内容的推荐、基于协同过滤的推荐、基于关联规则的推荐、基于图算法的推荐、基于深度学习的推荐和基于图神经网络的推荐。

（1）基于内容的推荐（Content-based Recommendation）是根据商品或内容的元数据，发现商品或内容的相关性，然后基于用户以前的偏好记录向用户推荐相似的商品。基于内容的推荐最早主要应用在信息检索系统中。该技术有两大优点：一是不需要其他用户的数据，没有冷启动和稀疏问题；二是模型具有良好的可解释性。缺点是要求商品及用户兴趣都必须表达成结构化特征，无法使用其他用户的信息，如图3-1 所示。

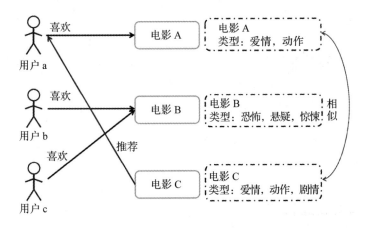

图 3-1　基于内容的推荐

（2）基于协同过滤推荐（Collaborative Filtering Recommendation）是推荐系统中应用最早且最成功的技术之一，包括基于用户的协同过滤推荐、基于项目的协同过滤推荐两种方式。

基于用户的协同过滤推荐是先寻找与目标用户有相同偏好的用户，再根据这些用户的偏好来向目标用户推荐商品，本质上是利用用户喜好的关联性来互相推荐商品，如图 3-2 所示。

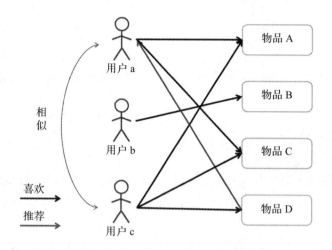

图 3-2　基于用户的协同过滤推荐

基于项目的协同过滤推荐是先寻找商品和商品之间的相似性，再根据用户偏好将关联商品推荐给用户，如图 3-3 所示。

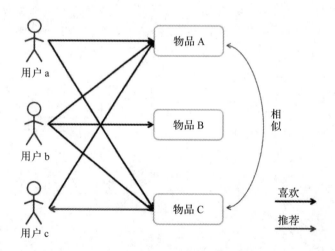

图 3-3　基于项目的协同过滤推荐

（3）基于关联规则的推荐是用统计方法或概率方法来找到推荐规则的关联线索。比如沃尔玛发现的"购买尿布的用户，大概率会购买啤酒"，就是一个经典的关联规则。

（4）基于图算法的推荐是将用户和商品的关联关系表达为一个图，其顶点分别为用户和商品，边为客户对商品的偏好。图这种数据结构高效直观地反映待分析目标，可以方便地利用其他用户和其他商品的关联信息来为目标客户进行推荐,比如 PersonalRank 算法。

(5)基于深度学习的推荐因其显著的应用效果,近几年来发展非常迅速。该方法利用神经网络强大的特征提取能力,建立用户和商品的嵌入表达来完成推荐预测。典型代表有基于 Embedding+MLP 的谷歌 Wide&Deep 模型、基于特征组合的 DeepFM 模型、基于独立用户和商品特征的双塔模型、基于行为序列的 Transformer 模型。

(6)基于图神经网络的推荐是在知识图谱基础上叠加深度学习能力,同时考虑特征变换和拓扑结构,在更大信息基础上建立推荐模型,比如 LR-GCCF、LightGCN、GNN_MF 等算法。

3.2 推荐算法

我们利用零售客户对银行业务的使用偏好数据构建推荐系统。银行业务可以是银行的金融产品,也可以是银行开展的营销活动,还可以是银行委托的第三方服务商的产品或服务。本案例我们以理财产品推荐为例来说明整个建模过程。通常情况下建立推荐模型,使用一种推荐技术即可。但在实际工作中,银行希望通过不同视角来构建推荐基线,并且希望将尽可能多的产品推荐给尽可能多的客户。在这种背景下,我们选择了协同过滤、PersonalRank、双塔神经网络三种方法来分别搭建三个推荐模型,得到三个推荐结果集,它们分别代表了经典算法、图算法和深度学习三种模式,然后取其并集作为最终推荐结果。

3.2.1 协同过滤算法

协同过滤是一种隐语义模型(又名潜在因素模型),核心思想是基于矩阵分解技术(matrix factorization)生成一定数量的隐含特征因子,来拟合观察到的客户和商品之间的关联数据。首先,我们将客户主动购买理财产品的次数作为客户与产品的关联强度评分,用全量客户数据和全量理财产品数据构建一个"客户-理财矩阵 R"。该矩阵的行标题为理财产品编号,列标题为客户编号,第 i 行 j 列的取值为客户 i 对理财产品 j 的评分。矩阵分解技术将矩阵 R 分解为一个"客户-特征矩阵 U"和一个"特征-理财矩阵 V",并尽可能使得 R 等于 U 与 V 的矩阵乘积,即 $R=U\times V$,如图 3-4 所示。

值得注意的是,特征不具有可解释意义,它仅仅只充当数学分解因子,因此又被称作隐含特征因子。特征的数量是模型的超参数,在一定程度上影响模型表现。经过矩阵分解后,原来的稀疏矩阵 R(即矩阵中的大多数元素为空)被分解为两个稠密矩阵 U 和 V(即矩阵中的大多数元素非空)。U 和 V 中每个元素的取值需要通过算法来确定,从而使得 UV 的矩阵乘积结果尽可能地逼近 R 矩阵的非空元素，而 UV 乘积矩阵中的其他元素值就可以当作客户对产品的评分预测值。这是为什么呢？因为在矩阵分解的过程中，U 和 V 两个矩阵的取值是由 R 矩阵中的所有元素共同决定的，换句话说，U 和 V 都是 R 的潜在因素表达。这样，每个客户对每个理财产品的评分数据被分解成多条数据，而每条数据又都包含所有客户和所有理财产品的评分信息。矩阵分解过程如图 3-5 所示。

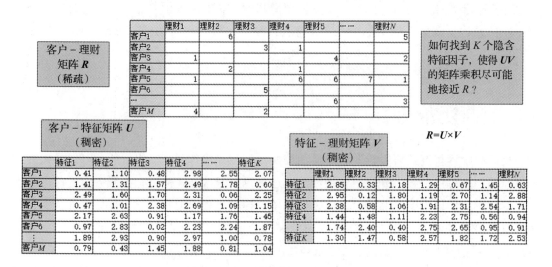

图 3-4　客户 – 理财矩阵分解示意（一）

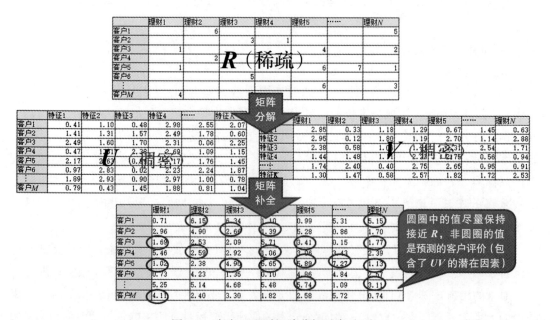

图 3-5　客户 – 理财矩阵分解示意（二）

U 和 V 的矩阵计算采用的算法是交替最小二乘法（Alternating Least Squares，ALS）。在介绍这个算法之前，我们先以线性回归为例介绍最小二乘法。如图 3-6 所示，线性回归的问题在于，如何根据若干观测点拟合出一条直线，使得直线上的每个点与观测点的距离平方和最小。

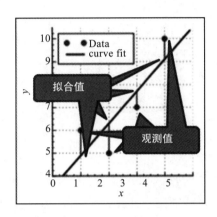

图 3-6　线性回归示意

对于线性回归问题，其损失函数 $= \min \sum (观测值 - 拟合值)^2$，其数学表达为：假设拟合的直线为 $y = bx + a$，求解 b 和 a，使得 $D = \sum_{i=1}^{n} d_i^2 = \sum_{i=1}^{n}(y_i - a - bx_i)^2$ 的取值最小。这是一个函数，数学知识告诉我们，连续函数的最值可由极值求解，而求解极值的方法是令偏导数等于 0，于是对 a 和 b 分别求导，解方程得到 a 和 b 的取值。

$$\frac{\partial D}{\partial a} = -2\left(\sum_{i=1}^{n} y_i - \sum_{i=1}^{n} a - b\sum_{i=1}^{n} x_i\right) = 0 => a = \bar{y} - b\bar{x}$$

$$\frac{\partial D}{\partial b} = -2\left(\sum_{i=1}^{n} x_i y_i - na\bar{x} - b\sum_{i=1}^{n} x_i^2\right) = 0 => b = \frac{\sum_{i=1}^{n}(x_i - \bar{x})(y_i - \bar{y})}{\sum_{i=1}^{n}(x_i - \bar{x})^2}$$

从空间的角度看，损失函数最小化问题就转化为求解 Y 到平面的最短距离问题。最小二乘法的几何意义就是求解观测向量 $Y = (y1, y2, y3, \cdots, yn)$ 到 $X = (x1, x2, x3, \cdots, xn)$ 和 $l = (l, l, l, \cdots, l)$ 两个向量构成的子空间（超平面）的法向量的模的平方，如图 3-7 所示。

现在回到矩阵分解问题，我们采用均方根误差来计算 U、V 两个矩阵对 R 的损失，其数学表达式为：

$$\text{RMSE} = \sqrt{\frac{1}{n}\sum_{u,v}|(p_{u,v} - r_{u,v})^2|}$$

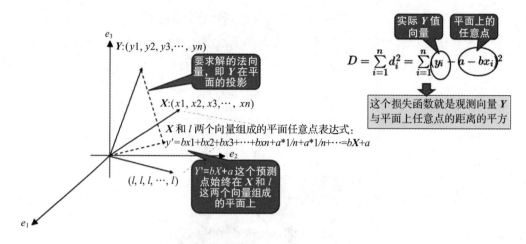

图 3-7 最小二乘法的几何意义

其中，$p_{U,V}$ 是 U 对 V 评分的预测值，$r_{U,V}$ 是 U 对 V 评分的观察值。值得注意的是，$p_{i,j}=<u_i, v_j>$ 使用训练中的隐含特征因子计算，$r_{i,j}=<u_i, v_j>$ 使用客户－理财矩阵的实际值，其中 u_i、v_j 分别表示 U 矩阵和 V 矩阵中的每个元素。

于是，矩阵分解问题转化为求解 K 个隐含特征因子，使得 $(u_i, v_j) = \min\limits_{u,v} \sum\limits_{(u,v) \in K} (p_{U,V} - r_{U,V})^2$ 取值最小。为避免过拟合问题，通常需要增加正则化参数 λ，于是可以将模型表达为：

$$(u_i, v_j) = \min\limits_{u,v} \sum\limits_{(i,j) \in K} (p_{i,j} - r_{i,j})^2 + \lambda(\|u_i\|^2 + \|v_j\|^2)$$

理解了这些内容，就可以介绍交替最小二乘法了。首先随机生成"客户－特征矩阵 U"和"特征－理财矩阵 V"，然后先固定 U 矩阵，用最小二乘法求解 V，然后再固定 V 矩阵用最小二乘法求解 U，这样重复交替迭代，直到误差值达到一定的阈值条件或达到迭代次数上限，过程结束。具体迭代步骤如下：

（1）初始化矩阵 U 和 V；

（2）固定 V，使用最小二乘法求解 U；

（3）固定步骤 2 中的 U，使用最小二乘法求解 V；

（4）重复步骤 2、3，直到 U 和 V 收敛。

3.2.2 PersonalRank 图推荐算法

为什么要使用图这种数据结构来做推荐呢？因为用户和产品的交互信息往往是非常稀疏的。通常情况下，银行销售的理财产品有成百上千种，然而与一个用户产生交互的产品可能只有几种或十几种。协同过滤算法最大的弊端在于，它是利用非常稀疏的矩阵来进行预测的，用少量的观测数据来预测大量的未知信息，如遇到关联产品非常少的用户就没法产生准确的推荐结果。为解决这一问题，PersonalRank 图推荐算法应运而生。PersonalRank 是受 PageRank 算法的启发而诞生的。PersonalRank 和 PageRank 两个算法最初都应用在网页价值评估场景，而网页价值评估和产品价值评估没有本质区别，因此后来 PersonalRank 就被应用到推荐领域了。

假设有 A、B、C、D 四个用户和 a、b、c、d、e 五个理财产品，用无向边表示用户对产品发生过行为。这样，用户和产品之间的关系就可以用一个二部图来表示。在这个图中，顶点分别由用户和产品两个不相交的子集组成，且每条边的两个顶点分别属于这两个子集，如图 3-8 所示。问题是：对于用户 A 来说，c 产品和 e 产品哪个更值得推荐呢？

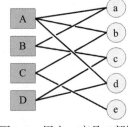

图 3-8　用户 – 产品二部图

首先考查对用户与产品之间的路径数，A-c 分别有 A-a-B-c、A-d-D-c 两条路径连通，A-e 只有 A-b-C-e 一条路径连通。因此从路径数看，A-c 的关联性高于 A-e，我们应该推荐 c。再考查用户与产品之间的路径长度，A-c 的路径都经过 3 个节点，长度都为 3，A-e 的路径长度也为 3。因此从路径长度看，e 和 c 的关联性是相同的。最后考查连通路径上的顶点的出度和，所谓出度是指顶点对外连接边的数目。A-a-B-c 这条路径上，A 出度是 3，a 出度是 2，B 出度是 2，c 出度是 2，出度和为 9。A-d-D-c 这条路径上，A 出度是 3，d 出度是 2，D 出度是 2，c 出度是 2，出度和为 9。A-b-C-e 这条路径上，A 出度是 3，b 出度是 2，C 出度是 2，e 出度是 1，出度和为 8。因此从出度和看，A-e 的关联性高于 A-c，我们应该推荐 e。在 PersonalRank 算法中，是按照"路径数、路径长度、出度和"的优先级顺序递减，所以综合下来还是应该推荐 c。

通过上面的例子，我们归纳出 PersonalRank 算法的 3 个原则：

（1）对某个目标用户推荐产品，实际上是从与该用户关联的产品集和用户集中寻找关联度最大的产品；

（2）路径数越多的顶点越重要，总路径长度越短的顶点越重要，路径上的所有顶点出度和越小则越重要；

（3）优先级方面，路径数＞路径长度＞出度和。

在 PersonalRank 看来，为目标用户推荐产品，就是计算目标用户对每个产品的关联度。这是怎么计算的呢？以图 3-8 为例，假设目标用户为 A 节点，初始状态下，将节点 A 的关联度设置为 1，其他节点的关联度设置为 0，即 A 与自身关联，与其他节点都不关联，我们用符号 PR 表示关联度，则初始状态可以表达为：PR(A)=1，PR(B)=PR(C)=PR(D)=PR(a)=PR(b)=PR(c)=PR(d)=PR(e)=0。然后从 A 节点出发，在图上游走，每次都是从 PR 不为 0 的节点开始游走，往前走一步。继续游走的概率是 α，停留在当前节点的概率是 $1-\alpha$。第一次游走，因为 A 节点有 3 条边，所以从 A 节点以各自 33% 的概率走到了 a、b 和 d，这样 a、b 和 c 就分得了 A 的部分重要度，PR(a)=PR(b)=PR(d)=$\alpha \times$ PR(A) $\times$ 0.33，最后 PR(A) 变为 $1-\alpha$。第一次游走结束后 PR 不为 0 的节点有 A、a、b 和 d，它们都是下一次游走的开始节点。第二次游走，分别从节点 A、a、b 和 d 开始，往前走一步。这样节点 a 分得 A 的 $\frac{1}{3}\alpha$ 的重要度，节点 b 分得 A 的 $\frac{1}{3}\alpha$ 的重要度，节点 d 分得 A 的 $\frac{1}{3}\alpha$ 的重要度，节点 A 分得 a 的 $\frac{1}{2}\alpha$ 的重要度，节点 B 分得 a 的 $\frac{1}{2}\alpha$ 的重要度，节点 A 分得 b 的 $\frac{1}{2}\alpha$ 的重要度，节点 C 分得 b 的 $\frac{1}{2}\alpha$ 的重要度，节点 A 分得 d 的 $\frac{1}{2}\alpha$ 的重要度，节点 D 分得 d 的 $\frac{1}{2}\alpha$ 的重要度。最后 PR(A) 要加上 $1-\alpha$。然后不断重复上述过程，每个节点的重要度可以表达为如下公式：

$$PR(j) = \begin{cases} \alpha * \sum_{i \in \text{in}(j)} \frac{PR(i)}{|\text{out}(i)|} & j \neq u \\ (1-\alpha) + \alpha * \sum_{i \in \text{in}(j)} \frac{PR(i)}{|\text{out}(i)|} & j = u \end{cases}$$

式中，u 代表目标用户节点，PR(i) 表示物品 i 的重要度，out(i) 表示物品节点 i 的出度。α 决定继续访问的概率。数学上可以证明，按上述公式重复迭代后，每个节点的重要度将收敛到一个常数。仔细思考一下，按照上述公式，路径数越多的顶点越能获得更多的其他顶点向其分配值，因此它的重要度就越大；每条路径上的所有顶点都能分配到该路径前面所有顶点的重要度，而路径越长的顶点获得的信息衰减越大，分配的重要度比例就越少；路径上的出度和越多的顶点，其信息衰减越大，分配的重要度比例就越少。因此这个公式就是对前述 PersonalRank 三个原则的数学表达。最终，我们按每个节点的收敛重要度排序，就得到推荐产品列表。

3.2.3　文本卷积神经网络

为什么要介绍文本卷积神经网络呢？因为无论是银行的产品，还是银行的营销活动，其名称在很大程度上反映了其内容，即名称相似的业务，其内容往往也是相似的。举个例子，某银行开展"信用卡激活送 30 元优惠券"和"信用卡首刷有礼"两个营销活动，名称的相似就反映了活动内容的相似。在本例中使用文本卷积神经网络来处理推荐物名称，能有效提取文本的嵌入向量，能在语义上计算任意文本的相似程度。这就能从语义上寻找出与关联推荐物名称相近的其他推荐物，大概率其内容也相近。这样就能提高推荐的有效性，从而使得推荐物被客户接受。举个例子，我们要提取一个名称为"新客月月增利稳健购"的理财产品的嵌入向量，搭建一个文本卷积神经网络，其结构如图3-9所示。

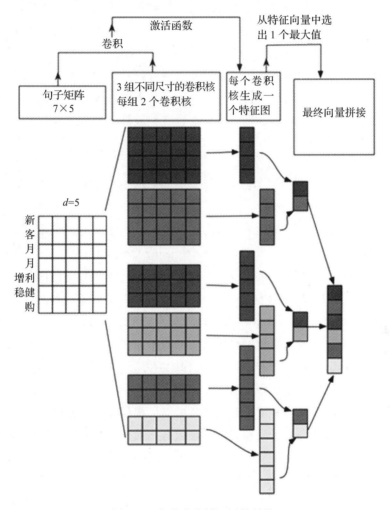

图3-9 文本卷积神经网络结构

在图3-9的网络中，产品名称被分词后，每个单词的词向量用一个形状为1×5的行向量来表示，然后这7个单词的词向量以垂直方式堆积成一个二维矩阵。该二维矩阵的行数为7，列数为5，被送进输入层，作为网络的输入数据。在卷积层中，分别使用3种不同尺寸的卷积核，分别为2个4×5卷积核、2个3×5卷积核和2个2×5卷积核。在文本卷积神经网络中，卷积核的宽度与词向量的维度相等，做卷积运算的时候，卷积核只在高度维度上进行平移，这与图像卷积在高度和宽度两个方向平移是不同的。每个卷积核与输入数据进行卷积运算，各自得到一个特征向量输出，分别为2个1×4向量、2个1×5向量和2个1×6向量。这里采用的卷积方式是VALID，并没有进行填充。卷积层的输出被作为池化层的输入，进行最大池化，即在每个输出向量中取一个最大值来代表这个向量。这样做的好处是，如果我们之前没有对输入文本进行填充操作，那么文本长度是不同的，卷积后得到的列向量的维度也是不同的，池化就可以将维度不同的列向量转化为一个值，从而对不同长度的文本得到长度相同的向量输出。然后将每个向量的池化结果也以垂直方式堆积，即将池化结果拼接成一个向量。这个向量就是"新客月月增利稳健购"这个产品名称的嵌入向量，它代表了产品名称的中文语义，可以被送入下游各项任务中作为输入。与图像卷积网络相比，文本卷积网络除了在网络结构上存在差异外，其他的操作基本一致，包括卷积运算、池化运算、前向传播与反向传播等。

3.2.4 双塔模型

近年来，基于深度学习的推荐系统取得长足发展。2013年，微软发布论文"Learning Deep Structured Semantic Models for Web Search using Clickthrough Dara"，双塔模型问世。后来，谷歌、Facebook、百度等众多一线大厂纷纷加入这项技术研究，推出了各自的模型并应用在各自的生态中。2019年，谷歌在ACM主办的推荐系统RecSys会议上发表论文"Sampling-Bias-Corrected Neural Modeling for Large Corpus Item Recommendations"，介绍了在大规模推荐系统中使用双塔模型来做召回的成果，在工业界引起高度关注。经过近年来技术的不断进步，双塔模型最终成为经典的深度学习召回模型。

双塔模型，又称深度语义匹配模型（Deep Structured Semantic Model，DSSM），这项技术最早被应用于自然语言处理领域中计算文章的语义相似度，其原理是：获取搜索引擎中的用户搜索查询和记录的海量曝光和点击日志数据，训练阶段分别用神经网络构建查询侧特征的嵌入向量和记录侧特征的嵌入向量，线上推理时通过计算两个语义向量的余弦相似度来表示语义距离。其模型结构如图3-10所示。

在微软的这篇论文中，输入DSSM的是一系列高维向量，经过若干层神经网络，输出一系列低维向量，分别用来表示用户的查询侧嵌入向量和记录侧嵌入向量，最后通过余弦相似度计算查询侧和记录侧的相似度，通过Softmax激活函数对不同的记录进行排序，得到最佳匹配这就是最初的DSSM。因为语义匹配本身是一个排序问题，与推荐场景不谋而合，所以DSSM模型被自然地引入推荐领域中。我们把记录换成物品，DSSM就变成了一个推荐模型。DSSM模型使用两个独立的复杂网络来分别构建用户的嵌入向量和物品的嵌入向量，所以又被称为双塔模型。

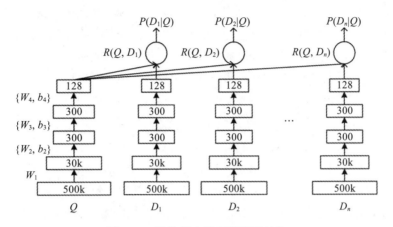

图 3-10　微软提出的双塔模型结构

一个典型的双塔推荐模型由"用户塔"和"产品塔"两个相对独立的神经网络构成，具有输入层、表示层、匹配层三重结构，如图 3-11 所示。

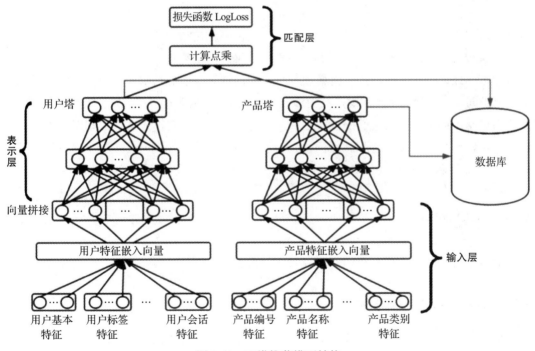

图 3-11　双塔推荐模型结构

为什么说是"典型"结构呢？因为这项技术在发展演变中出现了多个变种，我们选择一种比较常见的结构来介绍。"用户塔"和"产品塔"分别接收用户的原始特征和产品的原始特征，经过两个网络的前向传播后分别产生用户嵌入向量和产品嵌入向量。在输入层，每个特征都被独立编码为各自的嵌入向量（方法有神经网络、onehot 编码等），比如用户属性、用户关联历史产品列表、产品名称、产品属性等，这些特征的嵌入向量被拼接成一个新的向量送入表示层。在表示层，用户特征和广告特征经过各自的两个全连接层后转化成了固定长度的向量，这里得到了维度相同的用户嵌入向量和产品嵌入向量。用户塔和产品塔内部的网络层数和维度可以不同，但是输出的嵌入向量维度必须是一样的，这样才能在匹配层进行运算。图 3-11 中表示层的结构是比较简单的实现方式，只使用了两层全连接网络来作为特征抽取器，实际使用中有很多变种，比如 CNN、LSTM、Transformer 等。将表示层输出的用户特征嵌入向量和产品特征嵌入向量存储到 Redis 这一类内存数据库中，计算两个嵌入向量的点乘，并与真实标签计算损失，损失函数采用 LogLoss。训练阶段，重复迭代前向传播和反向传播，网络会以用户与产品的真实关联标签来拟合数据集，最终得到用户塔和产品塔的网络权重数据。在向某个目标用户推荐产品的时候，只需要计算该目标用户的嵌入向量与所有产品的嵌入向量的乘积并产生评分，按评分降序排列，选择排名靠前的几个产品即可。训练是离线的，推荐是实时在内存中完成的，这样既兼顾了推荐性能，又兼顾了推荐速度。

本案例的双塔模型结构与图 3-11 基本一致，不同之处在于：损失函数采用了 MSE（Mean-Square Error, 均方误差），因为本案例希望网络的最终输出与用户对理财产品的评分尽可能地一致，因此将用户嵌入向量和产品嵌入向量的乘积值回归到用户对理财产品的已知评分。同一个用户对不同理财产品的评分（即关联度）是不同的，而计算值与评分值的取值范围也是不同的，建立它们的关联是一个好办法。另外，在输入层提取理财产品名称的嵌入向量时，采用了文本卷积神经网络，为避免过拟合采用了 Dropout 层。本案例模型结构如图 3-12 所示。

3.3 开发框架

本节介绍本案例采用的开发框架，包括 PySpark、Pkuseg、TensorFlow 与 Keras。

3.3.1 计算框架 PySpark

Apache Spark 是一个大规模高速数据处理的分布式集群计算引擎，是大数据领域的主流计算框架。它是 Apache 基金会的顶级项目，拥有顶级域名 https://spark.apache.org/ 和一个非常有影响力的开源社区。与 Hadoop 相比，Spark 的性能和运算速度高于 MapReduce，并且容错性更高，通用性更强，并且提供了机器学习开发库，用户可以很方便地调用。

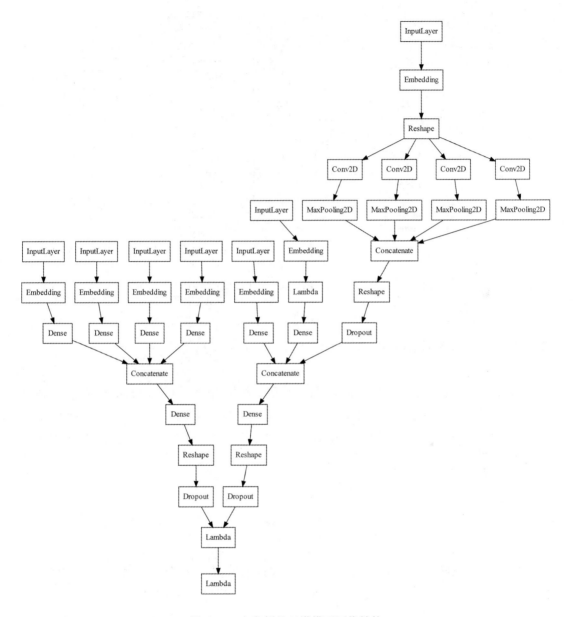

图 3-12 本案例的双塔模型网络结构

PySpark 是 Spark 的 Python 外壳,类似 Shell 与 UNIX 内核的关系,对外提供 Python 封装的 API,通过集成的 Py4J 进行交互,实现 Python 编写 Spark 应用程序。其整体架构如图 3-13 所示。

本案例使用 PySpark 提供的机器学习功能来实现协同过滤推荐。

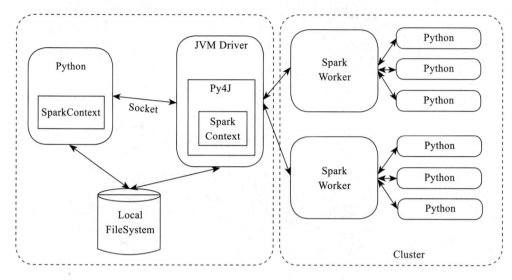

图 3-13　PySpark 的工作架构

3.3.2　分词框架 Pkuseg

Pkuseg 是由北京大学语言计算与机器学习研究组推出的一款中文分词框架。与老牌的 Jieba 分词相比，Pkuseg 具有分词准确率更高、支持更多的专业领域词汇、支持用户自定义模型训练等优势。值得一提的是，Pkuseg 的使用非常简便，仅需三行便能近乎完美地完成分词任务：

```
import pkuseg
seg = pkuseg.pkuseg()                    # 以默认配置加载模型
text = seg.cut('天天利新客理财')          # 进行分词
```

输出结果为 ['天天', '利', '新客', '理财']。

本案例的数据预处理阶段使用 Pkuseg 来分词理财产品中文名称，为后续计算词嵌入提供条件。

3.3.3　深度学习框架 TensorFlow 与 Keras

TensorFlow 是谷歌推出的深度学习框架，由于谷歌在工业界的影响力，该框架在工业界一直占据主导地位。TensorFlow 有 1.x 和 2.x 两个大版本。与在学术界占据主导地位的深度学习框架 PyTorch 相比，TensorFlow 1.x 存在不支持动态图、在代码可读性、易用性等方面有瑕疵等问题。目前，TensorFlow 2.x 解决了这些问题。

Keras 是一个主要由 Python 语言开发的开源神经网络计算库，最初由 François Chollet 编写，它采用了较多的封装技术，可以快速、高效地完成神经网络各项工作。Keras 可使用 TensorFlow、Theano、CNTK 等其他框架来完成后端的梯度计算等工作，而前端则使用 Keras 提供的 API 来完成网络层搭建等工作。在 TensorFlow 2.x 中，Keras 作为 TensorFlow 高层 API 的唯一接口，取代了 TensorFlow 1.x 中自带的 tf.layers 接口。也就是说，现在只能使用 Keras 接口来搭建神经网络层。

本案例使用 TensorFlow 2.3.1 和 Keras 2.4.3 来搭建双塔模型的神经网络。

3.4 案例实战

本节介绍本案例实现的全部过程，包括数据准备、环境准备、建模代码编写及运行评估等内容。

3.4.1 数据准备

本节不采用真实的产品数据，仅通过编号进行区别，这不影响展示项目的过程。本案例的协同过滤算法和 PersonalRank 算法需要的数据很简单，仅为 3 个字段，即客户号、在售理财产品名称、客户－产品关联度评分。其中，客户－产品关联度评分的数据提取口径应结合业务需要来定义。我们在实际工作中对客户自主重复购买理财产品、客户首次自主购买理财产品、客户通过电子渠道咨询理财产品、客户点击浏览理财产品等不同事件赋予不同的权重系数，将各种事件次数与对应权重系数进行乘积后求和，最终得到客户－产品关联度评分，它反映了客户对理财产品的感兴趣程度。数据集为 data/data.csv 文件，其数据格式如下（示例）：

```
userId, title, rating
70614, 1号理财产品,5
265054, 2号理财产品,5
265054, 3号理财产品,5
265054, 4号理财产品,4
264349, 5号理财产品,4
```

本案例的双塔模型的数据源有 3 个文件，分别是客户特征文件 data/users_data.txt、理财产品特征文件 data/products_data.txt、客户－理财评分文件 data/ratings_data.txt。其中，users_data 文件有 4 列数据，分别是客户编号、性别、年龄段编码、职业编号（根据银行数据自定义编码）。年龄段编码字段的业务含义如表 3-1 所示。

表 3-1 年龄段编码表

年龄段编码	业务含义	年龄段编码	业务含义
1	18 岁以下	45	45～49 岁
18	18～24 岁	50	50～55 岁
25	25～34 岁	56	56 岁以上
35	35～44 岁		

users_data 文件示例数据如下：

```
1, F, 1, 10
2, M, 56, 16
3, M, 25, 15
4, M, 45, 7
```

products_data 文件有 3 列数据，分别是理财产品编号、理财产品名称、理财产品属性。其中，理财产品属性为变长字段，即一个理财产品可以有多个数量不确定的属性，用竖线分隔，示例数据如下：

```
1,1号理财产品,浮动收益|稳健型|额度充足
2,2号理财产品,滚动投资|稳健型|随时赎回
3,3号理财产品,额度充足|固定收益
4,4号理财产品,额度充足|无手续费
5,5号理财产品,额度充足
6,6号理财产品,一万起购|额度紧张|支取灵活
```

ratings_data 文件有 3 列数据，分别是客户编号、理财产品编号、客户－理财评分，示例数据如下：

```
1835, 1676, 4
3669, 1783, 3
1146, 2367, 3
3612, 1641, 2
```

3.4.2 环境准备

在 Windows 环境下，参考 1.3.1 节安装 Anaconda。执行 conda create –n tf21 python=3.6.7 创建虚拟环境，执行 conda activate tf21 激活虚拟环境，执行 pip install tensorflow-gpu pandas scikit-learn tqdm pkuseg matplotlib py4j pyspark==3.0.1 安装依赖包。

将 spark-3.0.1-bin-hadoop2.7.tgz 解压到 E:\spark 目录下，将 HADOOP_HOME 环境变量设置为 E:\spark\spark-3.0.1-bin-hadoop2.7，将 E:\spark\spark-3.0.1-bin-hadoop2.7\bin 加入环境变量 PATH。安装 JDK 1.8.0_301 版，设置 JAVA_HOME 和 PATH 环境变量。将

spark 所在目录下（笔者的目录为 E:\spark\spark-3.0.1-bin-hadoop2.7\python）的 pyspark 文件夹复制到 conda 环境下的 python 文件夹下（笔者的目录为 C:\Anaconda\envs\tf21\Lib\site-packages）。至此，环境搭建完成。

3.4.3　代码实战

1. 协同过滤代码实战

首先使用 SparkSession 创建一个 App 实例：

```
from pyspark.sql import SparkSession
spark = SparkSession.builder.appName('Collaborative_Filtering').getOrCreate()
```

读取数据源，得到一个 DataFrame（即表格类型的数据，由若干行和列组成）：

```
df = spark.read.csv('./data/data.csv',inferSchema=True,header=True)
```

由于数据里的理财产品名称是中文，无法直接被计算，因此我们需要将中文转化为数字，这里直接使用索引编号来代表中文名称。StringIndexer() 方法定义中文转数字的输入字段和输出字段；fit() 方法学习这些中文数据的模式并返回 StringIndexerModel 对象；transform() 方法使用返回的 StringIndexerModel 对象来生成转换后的 DataFrame：

```
stringIndexer = StringIndexer(inputCol="title", outputCol="title_new")
model = stringIndexer.fit(df)
indexed = model.transform(df)
```

接下来，我们按 3∶1 的比例将数据划分为训练集和测试集：

```
train,test=indexed.randomSplit([0.75,0.25])
```

由于协同过滤模型中有隐含因子数量和正则化两个超参数，它们的取值将决定不同的模型性能。因此我们需要在给定数据集的条件下，找到最合适的超参数。思路是通过穷举法遍历不同的超参数，计算在不同超参数条件下的 RMSE 误差，取误差最小的超参数即可。PySpark 提供了一个名为 ML 的机器学习模块，为 Machine Learning 的简写，其中有一个名为 recommendation 的推荐算法模块，该模块封装了交替最小二乘法 ALS 算法，可以直接使用。实现代码如下：

```
from pyspark.ml.recommendation import ALS
params1 = [10,20,30,40]                              #定义隐含因子数量的取值范围
params2 = [0.01, 0.05, 0.08, 0.11, 0.15, 0.2, 0.3]   #定义正则化参数的取值范围
for p1 in params1:
    for p2 in params2:
        rec=ALS(maxIter=10,rank=p1,regParam=p2,userCol='userId',itemCol='title_
            new', ratingCol='rating',nonnegative=True,coldStartStrategy="drop")
```

```
# 在训练集上执行 ALS 模型
rec_model=rec.fit(train)
# 得到预测评分
predicted_ratings=rec_model.transform(test)
predicted_ratings.orderBy(rand()).show(10)
# 为评价模型性能，建立 RMSE 均方根误差评估模型
evaluator=RegressionEvaluator(metricName='rmse',predictionCol='prediction',
    labelCol='rating')
# 在预测评分上执行 RMSE 误差计算
rmse=evaluator.evaluate(predicted_ratings)
```

生成不同超参数条件下的 RMSE 误差可视化图，横轴代表正则化参数取值，纵轴代表 RMSE 误差，4 条曲线分别对应不同的隐含因子数量。实现代码如下：

```
plt.plot(x, y1, label=str(params1[0]), color='r')
plt.plot(x, y2, label=str(params1[1]), color='g')
plt.plot(x, y3, label=str(params1[2]), color='b')
plt.plot(x, y4, label=str(params1[3]), color='y')
plt.xlabel(' 正则化参数 ', fontproperties="LiSu")          # 隶书
plt.ylabel('RMSE 误差 ', fontproperties="LiSu")           # 隶书
plt.title('ALS 参数选择图 ', fontproperties="SimHei")     # 黑体
plt.legend()
plt.show()
```

执行后，得到如图 3-14 所示的可视化结果。

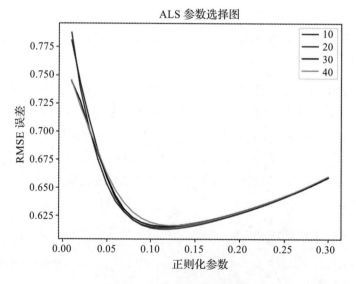

图 3-14　协同过滤超参数搜索

可以看到，隐含因子的数量越大，其曲线的最小 RMSE 误差越大，说明使用稀疏矩阵

计算的数据量越大，其泛化误差就越大。图 3-14 显示，当隐含因子数量为 10、正则化参数为 0.11 时的误差值最小，于是我们使用这两个超参数来建模。

```
rec=ALS(maxIter=10,rank=10,regParam=0.11,userCol='userId',itemCol='title_new',ra
    tingCol='rating',nonnegative=True,coldStartStrategy="drop")
rec_model=rec.fit(train)
# 得到预测评分
predicted_ratings=rec_model.transform(test)
predicted_ratings.orderBy(rand()).show(10)
# 为评价模型性能，建立 RMSE 均方根误差评估模型
evaluator=RegressionEvaluator(metricName='rmse',predictionCol='prediction',label
    Col='rating')
# 在预测评分上执行 RMSE 误差计算
rmse=evaluator.evaluate(predicted_ratings)
```

我们得到的 RMSE 误差约为 0.6，这样就完成了建模。下面要用这个模型来向某个用户号推荐理财产品，用户号通过命令行参数 sys.argv[1] 指定。首先获取所有产品列表：

```
unique_product=indexed.select('title_new').distinct()
product = unique_product.alias('product')
```

获取待推荐目标用户编号：

```
user_id = int(sys.argv[1])
```

获取目标用户已评分的理财产品列表：

```
buy_product = indexed.filter(indexed['userId'] == user_id).select('title_new').
    distinct()
b = buy_product.alias('b')
```

获取可以向目标用户推荐的理财产品列表，即未发生评分行为的产品列表。思路是将所有产品列表与已评分产品列表横向拼接，获取评分列为空的理财产品。

```
total_product = product.join(b, product.title_new == b.title_new,how='left')
remaining_product=total_product.where(col("b.title_new").isNull()).
    select(product.title_new).distinct()
```

向推荐 DataFrame 数据中添加一列，用来存储目标用户号：

```
remaining_product = remaining_product.withColumn("userId",lit(int(user_id)))
```

PySpark 会为每个推荐的理财产品计算一个预测评分，将这个评分按降序排列，得到推荐清单：

```
recommendations=rec_model.transform(remaining_product).orderBy('prediction',asce
    nding=False)
```

最后，将推荐产品编号翻译成对应的中文名称，数据存放在新增列 title 中，取前 10 个

推荐产品作为最终推荐清单：

```
product_title=IndexToString(inputCol="title_new",outputCol="title",labels=model.
    labels)
final_recommendations = product_title.transform(recommendations)
df = final_recommendations.limit(10)
```

本节代码详见下载文件 Collaborative_Filtering.py。执行 python Collaborative_Filtering.py 265054，向 265054 号用户进行推荐，得到结果如图 3-15 所示。

图 3-15　协同过滤推荐结果

2. PersonalRank 代码实战

首先，我们根据 ratings_data 文件来构造一个二部图，该图以字典形式表述，其格式为 {User A:{itemb:1,itemc:1},itemb:{UserA:1}}。这个字典分为两部分，第一部分描述用户节点与产品节点的边，第二部分描述产品节点与用户节点的边。实现代码如下：

```
def build_graph(input_file):
    if not os.path.exists(input_file):
        return {}
    graph={}
    linenum =0
    # 评分高于 score_thr 才算有效关系
    score_thr=2.0
    fp = open(input_file, encoding='utf-8')
    for line in fp:
        if linenum ==0:
            linenum +=1
```

```python
            continue
        item = line.strip().split(",")
        if len(item)<3:
            continue
        userid,itemid,rating =item[0],"item_"+item[1],item[2]
        if float(rating)<score_thr:
            continue
        if userid not in graph:
            graph[userid] ={}
        graph[userid][itemid]=1
        if itemid not in graph:
            graph[itemid]={}
        graph[itemid][userid] = 1
    fp.close()
    return graph
```

下面按照 3.2.2 节的计算公式来迭代每个顶点的重要度。在每次迭代中,我们分别用两个字典来记录迭代前和迭代后,每个理财产品顶点的重要度,其格式为 {产品编号:顶点重要度},如果迭代前后的两个字典完全一致,表示算法已经收敛,则结束迭代,按顶点重要度排降序,取靠前的产品作为推荐结果。我们编写一个 PersonalRank 算法,输入用户 – 产品图和要推荐的用户,以 α 的概率随机游走,指定迭代轮次和推荐的产品数量,返回一个推荐的产品结果字典,其格式为:{ key:产品编号 value:重要度 }。实现代码如下:

```python
def personal_rank(graph,root,alpha,iter_num,recom_num=10):
    rank = {}
    rank = {point:0 for point in graph}
    # 除了 root 顶点外,其他所有顶点初始化为 0,自动去重
    rank[root] = 1                              #root 顶点初始化成 1
    recom_result = {}
    for iter_index in range(iter_num):
        tmp_rank = {}
        tmp_rank = {point:0 for point in graph} # 存储其他顶点与 root 顶点的重要度值
        for out_point,out_dict in graph.items():
            for inner_point,value in graph[out_point].items():
                tmp_rank[inner_point] +=round(alpha*rank[out_point]/len(out_
                    dict),4)
                if inner_point == root:
                    tmp_rank[inner_point] +=round(1-alpha,4)
        if tmp_rank ==rank:
            print(' 迭代 '+str(iter_index)+' 次后收敛 ')      # 查看是否提前结束迭代
            break
        rank = tmp_rank
    right_num = 0                                          # 定义一个计数器
    for zuhe in sorted(rank.items(),key=operator.itemgetter(1),reverse=True):
        point,pr_score =zuhe[0],zuhe[1]
```

```
            if 'item_' not in point:        # 如果不是item顶点就过滤掉
                continue
            if point in graph[root]:
                continue
            recom_result[point] = pr_score  # 将结果装载进数据集
            right_num += 1
            if right_num >= recom_num:
                break
    return recom_result
```

执行以下主代码，完成二部图构建并获得对某个目标客户的推荐结果：

```
user = "265054"    # 待推荐的目标用户编号
alpha = 0.8
graph = build_graph("./data/data.csv")
iter_num = 100
recom_result=personal_rank(graph,user,alpha,iter_num,recom_num=5)
# 输出分析结果
print('目标用户持有：')
for itemid in graph[user]:
    print(itemid, graph[user][itemid])
print('向目标用户推荐：')
for itemid in recom_result:
    print(itemid, recom_result[itemid])
```

本节代码详见下载文件 personalRank.py。执行 python personalRank.py，我们得到向 265054 号用户的推荐结果，显示推荐理财产品名称和重要度，如图 3-16 所示。

```
目标用户持有：
item_2号理财产品 1
item_3号理财产品 1
item_4号理财产品 1
向目标用户推荐：
item_1号理财产品 0.05950000000000012
item_5号理财产品 0.02349999999999998
item_52号理财产品 0.019899999999999997
item_84号理财产品 0.01679999999999999
item_51号理财产品 0.008100000000000001
```

图 3-16　PersonalRank 推荐结果

3. 双塔推荐模型代码实战

首先，导入关联包（略），分别读取 3 个数据文件：

```
# 读取用户数据
users_name = ['UserID', 'Gender', 'Age', 'JobID']
users = pd.read_csv('./data/users_data.txt', header=None, names=users_name)
```

```
users.head()
# 读取产品数据
products_name = ['ProductID', 'ProductName', 'Attrib']
products = pd.read_csv('./data/products_data.txt', header=None, names=products_
    name)
products.head()
# 读取评分数据
ratings_name = ['UserID','ProductID', 'Rating']
ratings = pd.read_csv('./data/ratings_data.txt', header=None, names=ratings_name)
ratings.head()
```

数据预处理阶段，我们对原始数据的处理过程是：性别字段，将 'F' 和 'M' 转换成 0 和 1；年龄段字段，按类别转换为 7 个数字，即 0～6；理财产品名称字段和产品属性字段，先分词，再创建文本到数字的字典，然后转成数字列表，并按最大字段长度进行补齐，这样对每条数据都得到长度统一的向量，方便后续网络计算。空白部分用 '<PAD>' 对应的数字填充，最后将 3 张表拼接成一个特征宽表并划分特征矩阵，将评分值作为目标向量，它将作为神经网络的监督数据。关键代码如下：

```
def data_Pretreatment():
    ……
    age_map = {val:ii for ii,val in enumerate(set(users['Age']))}
    users['Age'] = users['Age'].map(age_map)
    ……
    # 产品类型转数字字典
    attrib_set = set()
    for val in products['Attrib'].str.split('|'):
        attrib_set.update(val)
    attrib_set.add('<PAD>')
    attrib2int = {val:ii for ii, val in enumerate(attrib_set)}
    ……
    # 产品 ProductName 转数字字典
    name_set = set()
    seg = pkuseg.pkuseg()    # 使用北大 Pkuseg 来实现中文分词
    max_words_len = 0
    ……
    name_set.add('<PAD>')
    name2int = {val:ii for ii, val in enumerate(name_set)}

    ……
    # 合并 3 个表
    data = pd.merge(pd.merge(ratings, users), products)
```

下面按照图 3-12 的描述来定义网络结构。首先构建输入层结构，输入层包括用户特征和产品特征两部分。用户特征包括 id 编号、性别、年龄段、职业编号，产品特征包括 id 编号、产品类别属性、产品名称,每个字段都作为独立的向量被输入。使用 tf.keras.layers. Input() 方法来定义输入层,指定输入数据的形状、类型和网络层名称即可。代码实现如下:

```python
def input_layers():
    uid = tf.keras.layers.Input(shape=(1,), dtype='int32', name='uid')
    user_gender = tf.keras.layers.Input(shape=(1,), dtype='int32', name='user_
        gender')
    user_age = tf.keras.layers.Input(shape=(1,), dtype='int32', name='user_age')
    user_job = tf.keras.layers.Input(shape=(1,), dtype='int32', name='user_job')

    product_id = tf.keras.layers.Input(shape=(1,), dtype='int32', name='product_
        id')
    product_categories = tf.keras.layers.Input(shape=(18,), dtype='int32',
        name='product_categories')
    product_names = tf.keras.layers.Input(shape=(name_count,), dtype='int32',
        name='product_names')
    return uid, user_gender, user_age, user_job, product_id, product_categories,
        product_names
```

在输入层基础上,定义一个嵌入层。在 TensorFlow 2.x 版本中,提供了 tf.keras.layers. Embedding() 方法来将特征重新编码,从而转化为一个稠密向量,以便作为后面网络层的输入。值得注意的是,Embedding() 方法只能构建网络的第一层,指定与它对接的输入层名称即可。实现代码如下:

```python
# 定义用户塔的嵌入层
def user_Embedding_layers(uid, user_gender, user_age, user_job):
    uid_embed_layer = tf.keras.layers.Embedding(uid_max, embed_dim, input_
        length=1, name='uid_embed_layer')(uid)
    gender_embed_layer = tf.keras.layers.Embedding(gender_max, embed_dim // 2,
        input_length=1, name='gender_embed_layer')(user_gender)
    age_embed_layer = tf.keras.layers.Embedding(age_max, embed_dim // 2, input_
        length=1, name='age_embed_layer')(user_age)
    job_embed_layer = tf.keras.layers.Embedding(job_max, embed_dim // 2, input_
        length=1, name='job_embed_layer')(user_job)
    return uid_embed_layer, gender_embed_layer, age_embed_layer, job_embed_layer
# 定义产品 id 的嵌入层
def product_id_embed_layers(product_id):
    product_id_embed_layer = tf.keras.layers.Embedding(product_id_max, embed_dim,
        input_length=1, name='product_id_embed_layer')(product_id)
    return product_id_embed_layer
# 定义产品属性的嵌入层
def product_categories_layers(product_categories):
    product_categories_embed_layer = tf.keras.layers.Embedding(product_
        categories_max, embed_dim, input_length=18, name='product_categories_
        embed_layer')(product_categories)
```

```python
        product_categories_embed_layer = tf.keras.layers.Lambda(lambda layer:
            tf.reduce_sum(layer, axis=1, keepdims=True))(product_categories_embed_
            layer)
    return product_categories_embed_layer
```

下面定义产品名称的文本卷积神经网络。该网络接收经过分词、转数字处理后的输入，转化为嵌入向量后，使用4种不同的卷积核来提取文本特征，经过最大池化后将结果拼接成一个长向量。在训练过程中随机删除一定比例的神经元来避免过拟合（即增加一个dropout层），最终产生长度为32的输出。实现代码如下：

```python
def product_cnn_layer(product_names):
    # 从嵌入矩阵中得到产品名称对应的各个单词的嵌入向量
    product_name_embed_layer = tf.keras.layers.Embedding(product_name_max, embed_
        dim, input_length=name_count, name='product_name_embed_layer')(product_
        names)
    sp=product_name_embed_layer.shape
    product_name_embed_layer_expand = tf.keras.layers.Reshape([sp[1], sp[2], 1])
        (product_name_embed_layer)
    # 对文本嵌入层使用不同的卷积核进行卷积运算，最大池化方式输出结果
    pool_layer_lst = []
    for window_size in window_sizes:
        conv_layer = tf.keras.layers.Conv2D(filter_num, (window_size, embed_dim),
            1, activation='relu')(product_name_embed_layer_expand)
        maxpool_layer = tf.keras.layers.MaxPooling2D(pool_size=(sentences_size -
            window_size + 1 ,1), strides=1)(conv_layer)
        pool_layer_lst.append(maxpool_layer)
    pool_layer = tf.keras.layers.concatenate(pool_layer_lst, 3, name ="pool_
        layer")
    max_num = len(window_sizes) * filter_num
    pool_layer_flat = tf.keras.layers.Reshape([1, max_num], name = "pool_layer_
        flat")(pool_layer)
    # 增加一个dropout层
    dropout_layer = tf.keras.layers.Dropout(dropout_rate, name = "dropout_layer")
        (pool_layer_flat)
    return dropout_layer
```

下面分别定义用户塔和产品塔的全连接层。通过调用tf.keras.layers.Dense()方法来构建一个全连接层，指定嵌入维度、网络层名称、激活函数和与之对接的嵌入层名称即可。实现代码如下：

```python
# 定义用户塔的全连接层
def user_feature_layers(uid_embed_layer, gender_embed_layer, age_embed_layer,
    job_embed_layer):
    # 第一层全连接
    uid_fc_layer = tf.keras.layers.Dense(embed_dim, name="uid_fc_layer",
```

```
        activation='relu')(uid_embed_layer)
    gender_fc_layer = tf.keras.layers.Dense(embed_dim, name="gender_fc_layer",
        activation='relu')(gender_embed_layer)
    age_fc_layer = tf.keras.layers.Dense(embed_dim, name="age_fc_layer",
        activation='relu')(age_embed_layer)
    job_fc_layer = tf.keras.layers.Dense(embed_dim, name="job_fc_layer",
        activation='relu')(job_embed_layer)
    # 第二层全连接
    user_combine_layer = tf.keras.layers.concatenate([uid_fc_layer, gender_fc_
        layer, age_fc_layer, job_fc_layer], 2)  #(?, 1, 128)
    user_combine_layer = tf.keras.layers.Dense(200, activation='tanh')(user_
        combine_layer)  #(?, 1, 200)
    user_combine_layer_flat = tf.keras.layers.Reshape([200], name="user_combine_
        layer_flat")(user_combine_layer)
    user_combine_layer_flat_drop = tf.keras.layers.Dropout(dropout_rate, name =
        "user_combine_layer_flat_drop")(user_combine_layer_flat)
    return user_combine_layer_flat_drop
# 定义产品塔的全连接层
def product_feature_layers(product_id_embed_layer, product_categories_embed_
    layer, dropout_layer):
    # 第一层全连接
    product_id_fc_layer = tf.keras.layers.Dense(embed_dim, name="product_id_fc_
        layer", activation='relu')(product_id_embed_layer)
    product_categories_fc_layer = tf.keras.layers.Dense(embed_dim, name="product_
        categories_fc_layer", activation='relu')(product_categories_embed_layer)
    # 第二层全连接
    product_combine_layer = tf.keras.layers.concatenate([product_id_fc_layer,
        product_categories_fc_layer, dropout_layer], 2)
    product_combine_layer = tf.keras.layers.Dense(200, activation='tanh')(product_
        combine_layer)
    product_combine_layer_flat = tf.keras.layers.Reshape([200], name="product_
        combine_layer_flat")(product_combine_layer)
    product_combine_layer_flat_drop = tf.keras.layers.Dropout(dropout_rate, name =
        "product_combine_layer_flat_drop")(product_combine_layer_flat)
    return product_combine_layer_flat_drop
```

完成了网络结构定义后，就可以将它们连接起来，形成完整的双塔网络。我们定义一个 dssm_network 类，在该类的初始化函数 __init__() 中，定义前面各个网络层之间的层级关系和数据传递的对应关系，并使用 plot_model() 接口绘制网络结构图，定义损失函数和存储参数。实现代码如下：

```
    def __init__(self, batch_size=256):
        self.batch_size = batch_size
        self.best_loss = 9999
        self.losses = {'train': [], 'test': []}
```

```
# 获取输入占位符
uid, user_gender, user_age, user_job, product_id, product_categories,
    product_names = input_layers()
# 获取用户的 4 个嵌入向量
uid_embed_layer, gender_embed_layer, age_embed_layer, job_embed_layer =
    user_Embedding_layers(uid, user_gender, user_age, user_job)
# 得到用户特征
user_combine_layer_flat = user_feature_layers(uid_embed_layer, gender_
    embed_layer, age_embed_layer, job_embed_layer)
# 获取产品 ID 的嵌入向量
product_id_embed_layer = product_id_embed_layers(product_id)
# 获取产品类型的嵌入向量
product_categories_embed_layer = product_categories_layers(product_
    categories)
# 获取产品名的特征向量
dropout_layer = product_cnn_layer(product_names)
# 得到产品特征
product_combine_layer_flat = product_feature_layers(product_id_embed_
    layer, product_categories_embed_layer, dropout_layer)
# 将用户特征和产品特征做矩阵乘法得到预测评分
inference = tf.keras.layers.Lambda(lambda layer: tf.reduce_sum(layer[0]
    * layer[1], axis=1), name="inference")((user_combine_layer_flat,
    product_combine_layer_flat))
inference = tf.keras.layers.Lambda(lambda layer: tf.expand_dims(layer,
    axis=1))(inference)
self.model = tf.keras.Model(inputs=[uid, user_gender, user_age, user_job,
    product_id, product_categories, product_names], outputs=[inference])
self.model.summary()
self.optimizer = tf.keras.optimizers.Adam(learning_rate)
# 均方误差损失函数
self.ComputeLoss = tf.keras.losses.MeanSquaredError()
# 平均绝对误差
self.ComputeMetrics = tf.keras.metrics.MeanAbsoluteError()
```

在 dssm_network 类中,定义网络前向传播和梯度计算:

```
def train_step(self, x, y):
    with tf.GradientTape() as tape:
        logits = self.model([x[0], x[1], x[2], x[3], x[4], x[5], x[6]],
            training=True)
        loss = self.ComputeLoss(y, logits)
        self.ComputeMetrics(y, logits)
    grads = tape.gradient(loss, self.model.trainable_variables)
    self.optimizer.apply_gradients(zip(grads, self.model.trainable_
        variables))
    return loss, logits
```

在网络训练阶段,分别向用户塔和产品塔送入一批训练样本数据,经过前向传播后计算得到各自的嵌入向量,定义模型训练的评价指标。关键代码如下:

```
avg_loss = tf.keras.metrics.Mean('loss', dtype=tf.float32)
acc_meter = tf.keras.metrics.Accuracy('accuracy', dtype=tf.float32)

for batch_i in range(batch_num):
    x, y = next(train_batches)
    ……
    loss, logits = self.train_step(……)
    avg_loss(loss)
    acc_meter.update_state(np.reshape(y, [self.batch_size, 1]).astype(np.float32),
        np.reshape(logits_around, [self.batch_size, 1]).astype(np.float32))
```

然后实例化 dssm_network 类,并将拼接后的特征和监督向量传入网络,指定 epochs 参数(如果训练的迭代次数等于数据集中的数据条数,称为 1epoch,本例中该参数为 100 则表示训练的迭代次数为数据集中数据条数的 100 倍),然后启动训练:

```
dssm_net = dssm_network()
dssm_net.training(features, targets_values, epochs=100)
```

将看到如图 3-17 所示的训练过程。

```
epoch #1 训练时间: 24.679104804992676 累计Step: 343026
测试集loss: 0.7404 测试集mae: 0.6745 测试集acc: 0.4533
测试集最佳loss = 0.7403948903083801
Step #343200    Epoch   1 样本Batch  173/2006  训练集loss: 0.7079 训练集mae: 0.6709 训练集acc: 0.4616 (103.0 steps/sec)
Step #343400    Epoch   1 样本Batch  373/2006  训练集loss: 0.6207 训练集mae: 0.6597 训练集acc: 0.4587 (88.0 steps/sec)
Step #343600    Epoch   1 样本Batch  573/2006  训练集loss: 0.6739 训练集mae: 0.6558 训练集acc: 0.4632 (90.0 steps/sec)
Step #343800    Epoch   1 样本Batch  773/2006  训练集loss: 0.6712 训练集mae: 0.6568 训练集acc: 0.4608 (88.0 steps/sec)
Step #344000    Epoch   1 样本Batch  973/2006  训练集loss: 0.7339 训练集mae: 0.6602 训练集acc: 0.4607 (90.0 steps/sec)
Step #344200    Epoch   1 样本Batch 1173/2006  训练集loss: 0.7425 训练集mae: 0.6595 训练集acc: 0.4609 (87.0 steps/sec)
Step #344400    Epoch   1 样本Batch 1373/2006  训练集loss: 0.7363 训练集mae: 0.6584 训练集acc: 0.4626 (88.0 steps/sec)
Step #344600    Epoch   1 样本Batch 1573/2006  训练集loss: 0.6472 训练集mae: 0.6659 训练集acc: 0.4567 (89.0 steps/sec)
Step #344800    Epoch   1 样本Batch 1773/2006  训练集loss: 0.6764 训练集mae: 0.6616 训练集acc: 0.4578 (90.0 steps/sec)
Step #345000    Epoch   1 样本Batch 1973/2006  训练集loss: 0.6793 训练集mae: 0.6607 训练集acc: 0.4619 (89.0 steps/sec)
```

图 3-17 双塔模型训练过程

模型训练结束后,就可以使用训练得到的网络来进行推荐了。我们可以预测某个用户对某个理财产品的评分,只需要将经过预处理的用户特征和产品特征输入网络,进行一次正向传播即可。实现代码如下:

```
# 将某个用户特征和某个产品特征输入网络,正向传播得到评分
def rating_product(dssm_net, user_id_val, product_id_val):
    categories = np.zeros([1, 18])
    categories[0] = products.values[productid2idx[product_id_val]][2]
    
    names = np.zeros([1, sentences_size])
    names[0] = products.values[productid2idx[product_id_val]][1]
```

```
        inference_val = dssm_net.model(……)
        return (inference_val.numpy())
```

为了方便实时推荐，我们可以将训练得到的用户嵌入向量和产品嵌入向量分别保存到二进制文件。以后在做推荐任务的时候只需从文件中加载到内存即可得到嵌入向量，直接计算两个嵌入向量的乘积即可得到预测评分，而不需要训练网络了。实现代码如下：

```
# 生成产品特征矩阵，保存到本地
product_layer_model = keras.models.Model(inputs=[dssm_net.model.input[4], dssm_
    net.model.input[5], dssm_net.model.input[6]],
outputs=dssm_net.model.get_layer("product_combine_layer_flat").output)
product_matrics = []
for item in products.values:
    categories = np.zeros([1, 18])
    categories[0] = item.take(2)
    names = np.zeros([1, sentences_size])
    names[0] = item.take(1)
    product_combine_layer_flat_val = product_layer_model([np.reshape(item.take(0),
        [1, 1]), categories, names])
    product_matrics.append(product_combine_layer_flat_val)
pickle.dump((np.array(product_matrics).reshape(-1, 200)), open('product_matrics.p',
    'wb'))
# 生成用户特征矩阵，保存到本地
user_layer_model = keras.models.Model(inputs=[dssm_net.model.input[0], dssm_net.
    model.input[1], dssm_net.model.input[2], dssm_net.model.input[3]],
outputs=dssm_net.model.get_layer("user_combine_layer_flat").output)
users_matrics = []
for item in users.values:
    user_combine_layer_flat_val = user_layer_model(……)
    users_matrics.append(user_combine_layer_flat_val)
pickle.dump((np.array(users_matrics).reshape(-1, 200)), open('users_matrics.p',
    'wb'))
```

有了产品嵌入向量，我们可以很方便地在语义层面找到与某个指定产品相似的其他产品，只需要计算该产品特征向量与整个产品特征矩阵的乘积，将乘积结果从高到低排序，取前 top_k 个值即可得到最相似的 top_k 个产品。在实际工作中，加入一定的随机因素，以使得每次的推荐有所不同。实现代码如下：

```
def recommend_similar_product(product_id_val, top_k = 5):
    norm_product_matrics = tf.sqrt(tf.reduce_sum(tf.square(product_matrics), 1,
        keepdims=True))
    normalized_product_matrics = product_matrics / norm_product_matrics
    # 推荐同类型的产品
    probs_Embeddings = (product_matrics[productid2idx[product_id_val]]).
        reshape([1, 200])
```

```
        probs_similarity = tf.matmul(probs_Embeddings, tf.transpose(normalized_
            product_matrics))
        sim = (probs_similarity.numpy())
        print("你看的产品是: {}".format(products_orig[productid2idx[product_id_val]]))
        print("类似的产品有: ")
        p = np.squeeze(sim)
        p[np.argsort(p)[:-top_k]] = 0
        p = p / np.sum(p)
        results = set()
        while len(results) != top_k:
            c = np.random.choice(2179, 1, p=p)[0]
            results.add(c)
        for val in (results):
            print(products_orig[val])
        return results
```

为某个用户推荐理财产品也很简单,只需直接查表,计算该用户嵌入向量与所有产品嵌入向量组成的矩阵的乘积,将乘积结果从高到低排序,取前 top_k 个值即可得到最值得推荐的 top_k 个产品。计算开销为一次矩阵乘法,同样可加入一定的随机因子。实现代码如下:

```
    def recommend_user_product(user_id_val, top_k = 5):
        probs_Embeddings = (users_matrics[user_id_val-1]).reshape([1, 200])
        probs_similarity = tf.matmul(probs_Embeddings, tf.transpose(product_matrics))
        sim = (probs_similarity.numpy())
        print("以下是给你的推荐: ")
        p = np.squeeze(sim)
        p[np.argsort(p)[:-top_k]] = 0
        p = p / np.sum(p)
        results = set()
        while len(results) != top_k:
            c = np.random.choice(2179, 1, p=p)[0]
            results.add(c)
        for val in (results):
            print(products_orig[val])
        return results
```

要预测喜欢这个理财产品的用户还喜欢哪些其他产品,可以先将这个产品的嵌入向量与全部用户嵌入向量组成的矩阵相乘,将乘积结果从高到低排序,取前 top_k 个值即可得到最喜欢这个产品的 top_k 个人,再计算这 top_k 个人对所有产品的评分,取每个人评分最高的产品作为推荐,同样可加入随机选择因子。实现代码如下:

```
    def recommend_other_user_product(product_id_val, top_k = 5):
        probs_product_Embeddings = (product_matrics[productid2idx[product_id_val]]).
            reshape([1, 200])
```

```python
        probs_user_favorite_similarity = tf.matmul(probs_product_Embeddings,
            tf.transpose(users_matrics))
    favorite_user_id = np.argsort(probs_user_favorite_similarity.numpy())[0][-top_k:]
    print("目标产品是: {}".format(products_orig[productid2idx[product_id_val]]))
    print("喜欢目标产品的人是: {}".format(users_orig[favorite_user_id-1]))
    probs_users_Embeddings = (users_matrics[favorite_user_id-1]).reshape([-1,
        200])
    probs_similarity = tf.matmul(probs_users_Embeddings, tf.transpose(product_
        matrics))
    sim = (probs_similarity.numpy())
    p = np.argmax(sim, 1)
    print("喜欢目标产品的人还喜欢: ")
    if len(set(p)) < top_k:
        results = set(p)
    else:
        results = set()
        while len(results) != top_k:
            c = p[random.randrange(top_k)]
            results.add(c)
    for val in (results):
        print(products_orig[val])
    return results
```

得到的预测结果如图 3-18 所示。

```
8号客户对1387号产品的预测评分为: [[4.266861]]
获取1387号产品的类似产品:
您看的产品是: [1401 '1302号新客理财产品-X银行' '无手续费']
类似的产品有:
[1406 '1305号新客理财产品-X银行' '无手续费']
[233 '227号新客理财产品-X银行' '无手续费']
[1401 '1302号新客理财产品-X银行' '无手续费']
向8号用户推荐5个产品:
以下是给您的推荐:
[318 '310号新客理财产品-X银行' '无手续费']
[922 '862号新客理财产品-X银行' '债券型']
[2019 '1840号新客理财产品-X银行' '一万起购|无手续费']
喜欢1387产品的人还喜欢:
目标产品是: [1387 '1289号新客理财产品-X银行' '一万起购|自营理财']
喜欢目标产品的人是: [[3031 'M' 18 4]
 [5861 'F' 50 1]]
喜欢目标产品的人还喜欢:
[318 '310号新客理财产品-X银行' '无手续费']
[2019 '1840号新客理财产品-X银行' '一万起购|无手续费']
```

图 3-18 双塔模型预测结果

可以看到，在完成模型训练后，我们将用户塔和产品塔的嵌入向量输出保存到文件（也可使用内存数据库），推荐阶段直接加载到内存进行矩阵计算，只需要很小的计算开销便可快速获得推荐结果。代码详见下载文件 dssm.py。

3.5 案例总结

协同过滤、PersonalRank、双塔模型三种推荐算法都可以为指定客群输出合适的理财产品集合。在实际工作中，将三种方法的输出结果取交集，得到营销优先集最高的产品清单 P1，再取并集减交集，得到营销优先级较低的产品清单 P2。我们将客户特征相近的两个客群分成 A、B 两组，每组 2 万人，A 组按 P1 先营销、P2 后营销的策略执行，B 组按随机产品营销策略执行。经过 AB 测试发现，A 组的营销成功率是 B 组的 6 倍，说明推荐系统对促进营销有积极作用。

在银行业务互联网化的趋势下，银行对推荐系统的需求逐渐提升。本案例展示了推荐系统的实现方法和过程，重在讨论技术实现。我们如果把理财产品的数据更换为线上营销活动、增值服务或广告，就可以变成这些领域的智能推荐系统。如果这些推荐系统与银行的线上渠道合作结合起来，就有基础布局一个线上生态圈。可以想象，推荐系统对银行打造互联网生态有重要意义。读者可以参考本章介绍的内容，打造自己领域内的专用推荐系统。

第 4 章

银行线上营销推文价值评估——强化学习技术

在互联网"去中心化"经营思维指导下,"开放银行""生态融合"成为频繁出现的关键词。一方面,银行的产品对外无缝嵌入到其他产业的生态场景;另一方面,其他行业的产品委托银行进行代销,不仅包括第三方金融机构的基金、保险、信托等金融产品,还包括响应国家政策而代销的乡村振兴及制造业产品等。由于线上销售具有很多优势,比如客户覆盖面广、24小时销售、便于数据统计、能根据客户需求持续营销等,因此很多第三方机构都指定了线上代销模式。银行自身网点的到店客户越来越少,越来越多的银行选择在线上展示和销售产品。

在互联网上销售产品,推文宣传就是重要的营销手段。银行通常会聘请一些内容广告公司来撰写推文,然后通过客服中心、短信、微信公众号、小程序、App等渠道向目标客群发送产品推文。大多数客户都是通过阅读推文来了解产品的,然后从推文中的地址链接跳转到交易页面完成线上购买。因此,好的推文能带来好的销量,推文的质量在很大程度上影响着互联网产品的曝光量和销量。然而在实际工作中,我们发现银行往往都是简单统计推文带来的总销量,而忽略了营销过程中的策略价值提升。事实上,推文的价值不能完全用销量统计来简单表达,因为营销过程中很多有价值的信息被忽略了。长期以来,银行基于"经验"和"直觉"投放的互联网营销推文不一定是目标客群喜欢看的。换句话说,营销推文的内容是否适合营销需要更科学的评估方法。

本章分享一种基于强化学习的推文价值评估方法,使用基于单智能体 Q-Learning 算法来解决问题。其科学性体现在:评估推文的内容或价值并不从推文本身入手,而是从目标客群的反馈信息中建立学习系统，以目标客群在不同状态下对不同推文的正向反馈价值预期来评估推文的价值。这是一种新的问题分析视角，即不关心问题本身，而关心问题所在的环境反馈。在很多场景下，这种方法更直接、更有效，因为环境反馈数据往往比问题本身数据更客观、更全面。通过这种方法来寻找最佳价值推文，对提升成交量有积极意义。

4.1 强化学习简介

本节介绍强化学习的基本概念、发展背景及设计思想。

4.1.1 人工智能发展与强化学习

人工智能早期是指模拟、延伸和扩展人类智能的技术科学，强调"机器向人学习"，即"机器模拟的人类智能"，重在仿真模拟。人类神经网络先天具备对外部隐含信息建模的能力，即"先验知识"。比如教会小孩认识某个人，当这个小孩看到其他人的时候就会知道其他人也是"人"。由于人类神经网络十分复杂，计算机完全模拟存在很大困难。于是，研究者们转变了人工智能的发展方向，朝着更适应机器自身计算特点的智能化算法发展，即从"生物智能"向"算法智能"转变。人类神经网络是通过树突接受刺激、产生兴奋，并传导到细胞体，通过轴突将脉冲信号传导到临近的神经元，如果临近神经元也产生兴奋，就会继续传播，如果不产生兴奋，就抑制传播，如图4-1所示。

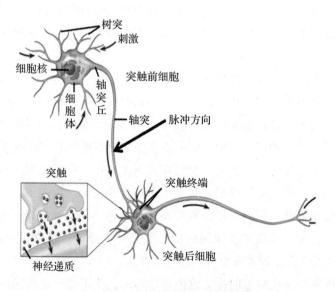

图 4-1　人类神经网络工作机制

计算机意义的神经网络通过堆叠的神经元和激活函数来接收数据并产生正向传播，通过损失函数来反向传播，从而调整各层神经元的参数取值，如图4-2所示。正向传播类似生物神经，而反向传播却是生物神经不具备的。尽管生物大脑拥有误差反馈的学习机制，但其原理与反向传播截然不同且更复杂。人工智能技术的灵感来源于生物机制，却又不同于生物机制，形成适应计算机的信息提取、信息传导和信息计算的独立体系，这就是"算法智能"。

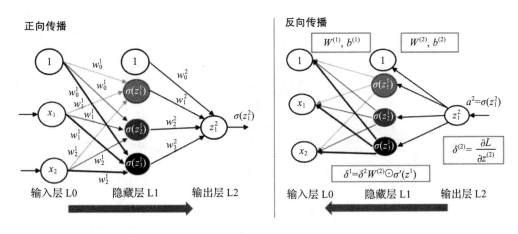

图 4-2　计算机神经网络工作机制

信息技术正在从互联网技术向算法智能技术转变。互联网技术的特点是流程化、自动化、中心化和反个性化，基本任务是计算、存储和信息检索；算法智能技术的特点是智能化、交互化、去中心化和个性化，基本任务是感知、认知和决策。算法智能的发展经历了符号主义、联结主义和行为主义三个阶段。在早期的符号主义阶段，人们习惯于延续IT阶段的思维，认为"智能就是知识的表达"，于是如何表达知识就成为工作重点，主要表现形式是符号逻辑、专家系统和知识图谱。在给定条件下，结果往往是确定的。因此符号主义是一种规则驱动的确定性智能。随着大数据的兴起，当数据量、算法和算力都不是问题的时候，人们逐渐认识到数据对决策的重要性，提出"数据智能"概念，认为"智能就是数据的表达"，于是如何从数据中提炼有价值的信息就成为工作重点，主要表现形式是机器学习和深度学习。它们的一端联结了数据，另一端联结了决策，算法智能进入联结主义阶段。在给定数据条件下，结果往往存在一定的随机性，并且数据的扰动会直接影响决策，因此联结主义是数据驱动的不确定智能。2016年，AlphaGo击败李世石，成为人工智能领域标志性事件，让世界认识了强化学习的巨大价值。而AlphaZero战胜柯洁事件则将自我博弈的强化学习技术推到前台。以强化学习为代表的行为主义就成为算法智能发展的第三个阶段，这个阶段认为"智能就是适应环境并达成目标"。比如小孩学跌倒了，他会爬起来继续走。走路的能力是从"适应环境且达成目标"过程中获得的,而不是从数据(书本)中获得的。后来,人们观察蚁群、羊群、鸟群发现,动物群体智能水平往往高于单一的个体,而他们的学习能力是从适应环境中获得的。基于群体智能的社会化强化学习,就构成复杂自适应系统博弈。在行为主义阶段,因为机器的计算能力远超人类,使得它对环境细微变化的感知能力和反应决策的敏捷程度都更强,所以这个阶段的算法智能大概率会超越人类智能,而在符号主义和联结主义两个阶段中,都是人类给机器灌输知识,因此机器是很难超越人类的。算法智能的发展阶段如图 4-3 所示。

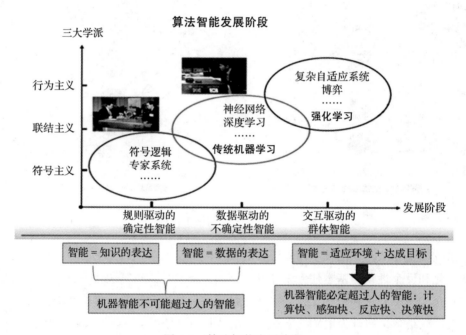

图 4-3　算法智能发展阶段

这三个阶段在银行业的应用具体为:符号主义层面,知识图谱和符号规则主要应用在客户识别、风险管控、产品推荐等多个场景;联结主义层面,基于神经网络的机器学习主要应用在数据建模、图像处理、语音处理等领域,业务场景包括客户挖掘、业务预测、人脸识别、理财双录审查、智能客服等;行为主义层面,基于强化学习的算法智能主要应用在对冲基金、交易决策、智能投顾等场景。

4.1.2　强化学习的基本概念

强化学习(Reinforcement Learning, RL),又称再励学习、评价学习或增强学习,用于解决智能体在与环境的交互过程中通过策略学习来实现最大化奖励目标的问题。强化学习主要由智能体（Agent）、环境（Environment）、状态（State）、动作（Action）、奖励（Reward）、策略（Policy）、累计奖励（Return）、动作价值函数（Action Value Function）、状态价值函数（State Value Function）组成。

（1）智能体：一般指强化学习算法。比如本案例中的 Q-Learning 算法。

（2）环境：智能体的数据来源，由状态集合组成。本案例以目标客群作为环境。

（3）状态：一个表示环境的数据。本案例以目标客群对推文的反应的交互阶段为状态，即沉默、进入推文页面、阅读推文（20s 以上）、阅读后转发或评论、从推文链接进入交易页面、在交易页面下单并成交，共计 6 个状态。

（4）动作：智能体可以做出的动作。本案例中的动作为：向目标客群发送 6 篇推文，共 6 个动作。

（5）奖励：智能体在执行一个动作后，从环境中获得的正/负反馈信号。本案例中，正向奖励为目标客群中成交的人数比例。

（6）策略：从状态到动作的单向映射成为策略，即智能体如何选择动作的思考过程。本案例中，用 Q 矩阵来表示策略映射，即选择 Q（State, Action）的最大值对应的 Action 作为策略。

（7）累计奖励：考虑到未来步骤的奖励没有当前步骤的奖励有价值，因此设置一个衰减系数 γ 来折扣未来奖励，累计奖励可以写成：$U_t = R_t + \gamma R_{t+1} + \gamma^2 R_{t+2} + \cdots$，其中 R_t 代表第 t 步奖励。本案例中的累计奖励是 Q 矩阵中的 Q（State, Action）值。值得注意的是，奖励是即时的，而累计奖励则是统计概念。

（8）动作价值函数：评估动作的价值，它等于该动作所能到达的后续状态的价值。其数学表达为：$Q_\pi(s_t, a_t) = E[U_t | S_t = s_t, A_t = a_t]$，即在 t 步状态和动作条件下，累计奖励的条件数学期望。本案例中，动作价值函数用来指导 Q 矩阵的更新。

（9）状态价值函数：评估状态的价值，它等于该状态下所有动作的价值。其数学表达为：$V_\pi = E_A[Q_\pi(S_t, A)]$，即对指定状态下的所有动作价值求数学期望。

强化学习的一般过程是：智能体执行了某个动作后，环境将会转换到一个新状态，在新状态下反馈奖励信号，智能体根据奖励信号来评估目标价值，并根据策略来执行新的动作，从而影响环境状态，不断重复，最终达到最大化累计奖励的目标。如果用 S 表示状态，A 表示动作，R 表示奖励，则学习过程表现为以下序列数据：

$$S_0 \to A_0 \to R_0 \to S_1 \to A_1 \to R_1 \to S_2 \to A_2 \to R_2 \to \cdots \to S_n$$

上式中的下标表示所在步骤。智能体与环境循环发生状态、动作、奖励的交互，智能体的上一个动作将持续影响后续的环境、状态、动作及奖励。智能体通过策略，可以知道自己在什么状态下，应该采取什么动作使得自身获得最大奖励，而奖励信号是对产生动作的好坏作出评价（通常为标量数据），因此强化学习是从自身经历中进行学习建模的，它在动作-奖励的环境中获得知识，不断改进行动策略以适应环境，同时又达成目标（最大化累计奖励），如图4-4所示。

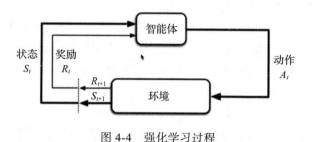

图 4-4　强化学习过程

4.1.3　Q-Learning 算法

Q-Learning 又称 Q 学习，是一种常见的、基于价值的强化学习算法，其核心是 **Q** 矩阵（又称 **Q**-Table、**Q** 表）。在 **Q** 矩阵中，列编号代表动作，行编号代表状态，数据单元的值称为 **Q** 值。**Q** 值表示不同状态下，采取不同动作产生的预期奖励，预期奖励包括即时奖励和未来奖励。因为 **Q** 矩阵将状态和动作映射为对应的期望价值，所以我们查询它每行的最大值，就可以知道指定状态下采取哪个动作最有价值。表 4-1 展示了一个基本的 **Q** 矩阵。

表 4-1　**Q** 矩阵的映射关系

所有可能状态	所有可能动作		
	a_1	a_2	a_3
s_1	$Q(s_1, a_1)$	$Q(s_1, a_2)$	$Q(s_1, a_3)$
s_2	$Q(s_2, a_1)$	…	…
s_3	$Q(s_3, a_1)$	…	…
s_4	$Q(s_4, a_1)$	…	…

Q-Learning 的推理流程如图 4-5 所示。求解出 **Q** 矩阵是构建强化学习系统的关键步骤。

图 4-5　Q-Learning 的推理流程

求解 **Q** 矩阵的前提是明确每个状态和动作条件下的即时奖励。我们用矩阵 **R** 来表示这个即时奖励，如表 4-2 所示。

表 4-2　R 矩阵即时奖励

所有可能状态	所有可能动作		
	a_1	a_2	a_3
s_1	$R(s_1, a_1)$	$R(s_1, a_2)$	$R(s_1, a_3)$
s_2	$R(s_2, a_1)$	…	…
s_3	$R(s_3, a_1)$	…	…
s_4	$R(s_4, a_1)$	…	…

有了 Q 矩阵和 R 矩阵，我们就可以迭代更新 Q 矩阵。假设在每个状态下，采取任何一个动作都会转移到一个确定的新状态 s'，Q-Learning 算法使用贝尔曼方程来更新 Q 矩阵：

$$Q(s, a) = R(s, a) + \gamma(\max(Q(s', a')))$$

式中，$Q(s, a)$ 表示在当前状态 s 下采取动作 a 的价值期望；s' 表示采取动作 a 后到达新的状态；a' 表示在新状态下可以采取的动作，$\max(Q(s', a'))$ 表示新状态下的最大期望价值，它代表未来价值估计；$R(s, a)$ 表示在当前状态 s 下采取 a 动作后得到的即时奖励；γ 是衰减系数，表示在多大程度上平衡即时奖励和未来预期奖励。在很多情况下，采取某个动作后可能会跳转到多个不同的状态，这时只需要在更新 $Q(s, a)$ 的时候将每个新状态的转移概率乘以对应新状态的价值预期即可，贝尔曼方程可以写成：

$$Q^*_{k+1}(s, a) \leftarrow \sum_{s'} P(s'|s, a)(R(s, a, s') + \gamma \max_{a'} Q^*_k(s', a'))$$

式中，$P(s'|s, a)$ 表示对当前状态 s 采取 a 动作后，跳转到新状态 s' 的条件概率，而右边括号内的内容表示转移到新状态的价值预期。

4.2　案例实战

在本案例中，我们把目标客群对同一种产品的不同营销阶段视作状态，把向客户发送不同推文视作策略，把目标客群视作环境，把客户的行为反馈（成交或观望）视作奖励，算法一边适应环境（即从客群反馈中学习），一边达成目标（即最大化累计奖励），从而获得不同状态下的最佳价值推文策略。本案例有 6 种推文（也可以是其他数量），它们都营销同一种产品。因为我们要跟踪客户的各种反馈，所以必须事先在推文页面上完成数据埋点工作，以便对多个坑位上的客户行为做出统计分析。我们获取一批目标客群，他们已经参与以前的营销活动，并获取了他们对以前推文（非本案例的 6 种推文）存在的"沉默、进入推文页面、阅读推文（20s 以上）、阅读后转发或评论、从推文链接进入交易页面、在交易页面下单并成交" 6 种状态，则 Q 矩阵定义如下，如表 4-3 所示。

表 4-3　本案例的 Q 矩阵

所有可能状态	所有可能动作					
	发送 1 号推文	发送 2 号推文	发送 3 号推文	发送 4 号推文	发送 5 号推文	发送 6 号推文
沉默	$Q(s_1, a_1)$	$Q(s_1, a_2)$	$Q(s_1, a_3)$	$Q(s_1, a_4)$	$Q(s_1, a_5)$	$Q(s_1, a_6)$
进入推文页面	$Q(s_2, a_1)$	…	…	…	…	…
阅读推文（20s 以上）	$Q(s_3, a_1)$					
阅读后转发或评论	$Q(s_4, a_1)$					
从推文链接进入交易页面	$Q(s_5, a_1)$					
在交易页面下单并成交	$Q(s_6, a_1)$					

事实上，一个产品长期推广的情况在银行是比较常见的。比如赎回资金实时到账的理财产品、同类型的基金保险产品等，它们的营销周期长，很容易找到不同状态的目标客群。我们在目标客群中随机抽样，形成 6 个实验客群（示例），每个实验客群的总人数相等，并且每个状态的人数也相等。然后，对每个实验客群发送不同的推文，即 1 号实验客群发送 1 号推文，2 号实验客群发送 2 号推文，以此类推。由于客户反馈具有一定的滞后性，经过一段营销观察期后，我们就能得到每个实验客群的反馈信息。比如，每个实验客群中原先沉默的客户中有多少人成交了产品，多少人继续保持沉默；每个实验客群中原先阅读了推文的客户中有多少人成交了产品，多少人继续保持沉默，等等。这样，我们就能获取每个实验客群的每种状态的成交比例，取成交比例作为即时奖励来构建 R 矩阵。笔者统计的 R 矩阵如表 4-4 所示。

表 4-4　本案例的 R 矩阵

所有可能状态	所有可能动作					
	发送 1 号推文	发送 2 号推文	发送 3 号推文	发送 4 号推文	发送 5 号推文	发送 6 号推文
沉默	0.01	0.01	0.02	0.05	0.03	0.01
进入推文页面	0.12	0.03	0.02	0.01	0.02	0.02
阅读推文（20s 以上）	0.08	0.02	0.03	0.07	0.09	0.01
阅读后转发或评论	0.06	0.03	0.07	0.02	0.04	0.01
从推文链接进入交易页面	0.01	0	0.02	0.01	0	0
在交易页面下单并成交	0.03	0.01	0	0	0.05	0

我们对某种状态的客户采取一个动作后，可能导致他向多个其他状态迁移。比如，客户阅读推文后，可能沉默，可能直接成交，也可能转发而不成交，还可能进入交易页面后

不成交（犹豫期）。因此，对于 Q 矩阵中的每个值，我们都要定义状态转移向量，由6个概率值构成，它们分别对应6种状态的转移概率。我们向每个实验客群采取不同动作，在营销观察期结束后，统计每个客群的状态转移概率，形成一个形状为 6×6×6 的状态转移矩阵 T。T 矩阵的值是我们在实际营销工作中，根据客群的动作反馈统计出来的，示例如表 4-5 所示。

表 4-5 本案例的状态转移矩阵 T

所有可能状态	所有可能动作					
	发送1号推文	发送2号推文	发送3号推文	发送4号推文	发送5号推文	发送6号推文
沉默	[t111, t112, t113, t114, t115, t116]	[t121, t122, t123, t124, t125, t126]	[t131, t132, t133, t134, t135, t136]	[t141, t142, t143, t144, t145, t146]	[t151, t152, t153, t154, t155, t156]	[t161, t162, t163, t164, t165, t166]
进入推文页面	[t211, t212, t213, t214, t215, t216]	...	...	...	...	...
阅读推文（20s 以上）	[t311, t312, t313, t314, t315, t316]	...	...	...	...	...
阅读后转发或评论	[t411, t412, t413, t414, t415, t416]	...	...	...	...	...
从推文链接进入交易页面	[t511, t512, t513, t514, t515, t516]	...	...	...	...	...
在交易页面下单并成交	[t611, t612, t613, t614, t615, t616]	...	...	...	...	...

接下来进入代码编写环节。我们使用 Python 来原生地实现案例，首先导入相关库包：

```
import numpy as np
import random
```

在初始状态下，Q 矩阵为 6×6 的全零矩阵：

```
Q = np.zeros((6, 6))
Q = np.matrix(Q)
```

根据前述统计值，定义即时奖励矩阵 R 和状态转移矩阵 T：

```
R = np.matrix([[0.01,0.01,0.02,0.05,0.03,0.01],[0.12,0.03,0.02,0.01,0.02,0.02],
    [0.08,0.02,0.03,0.07,0.09,0.01],[0.06,0.03,0.07,0.02,0.04,0.01],[0.01,0,0.02,
    0.01,0,0],[0.03,0.01,0,0,0.05,0]])
T = np.array([[[0.8,0.05,0.03,0.08,0.02,0.02],[0.7,0.03,0.05,0.03,0.04,0.15],
    [0.75,0.05,0.01,0.01,0.1,0.06],[0.92,0.02,0.03,0.01,0.01,0.01],[0.82,0.03,0.05,
    0.07,0.01,0.02],[0.88,0.03,0.01,0.02,0.03,0.03]],
```

```
[[0,0.77,0.06,0.05,0.08,0.04], [0,0.9,0.03,0.02,0.03,0.02], [0,0.85,0.03,0.07,0.3,
    0.02], [0,0.88,0.02,0.04,0.03,0.03], [0,0.93,0.03,0.02,0.01,0.01], [0,0.87,
    0.06,0.03,0.03,0.01]],
[[0,0.73,0.08,0.09,0.1], [0,0,0.78,0.04,0.07,0.11], [0,0,0.82,0.06,0.5,0.07],
    [0,0,0.76,0.1,0.07,0.07], [0,0,0.85,0.07,0.06,0.02], [0,0,0.92,0.05,0.02,
    0.01]],
[[0,0,0.84,0.06,0.1], [0,0,0,0.89,0.03,0.08], [0,0,0,0.72,0.16,0.12], [0,0,0,0.64,
    0.16,0.2], [0,0,0,0.7,0.13,0.17], [0,0,0,0.8,0.09,0.11]],
[[0,0,0,0.77,0.23], [0,0,0,0,0.86,0.14], [0,0,0,0,0.78,0.22], [0,0,0,0,0.91,0.09],
    [0,0,0,0.81,0.19], [0,0,0,0,0.92,0.08]],
[[0,0,0,0,0,1], [0,0,0,0,0,1], [0,0,0,0,0,1], [0,0,0,0,0,1], [0,0,0,0,0,1], [0,0,0,0,
    0,1]]])
```

衰减参数决定了在多大程度上采纳未来价值估计。本案例设置为0.8：

γ = 0.8

下面进入 **Q** 矩阵的迭代环节，即对每一个状态的每一个动作按贝尔曼方程更新其值：

```
for j in range(1000):                    # 迭代 1000 轮
    for state in range(6):               # 遍历 6 种状态
        r_pos_action = [0,1,2,3,4,5]     # 6 种动作
        # 随机选择 6 种动作中的一种进行迭代
        action = r_pos_action[random.randint(0, len(r_pos_action) - 1)]
        # 获取对应位置的状态转移向量
        probability = T[state, action]
        p_Q = 0
        # 计算未来价值预期
        for i in range(len(probability)):
            p_Q += probability[i] * γ *(Q[i]).max()
        # 按贝尔曼方程更新 Q 矩阵
        Q[state, action] = R[state, action] + p_Q
```

最终得到更新后的 **Q** 矩阵：

```
print(Q)
```

值得注意的是，在迭代次数达到一定程度时，**Q** 矩阵将收敛到一个固定值，继续迭代已不能更改 **Q** 矩阵的值。本案例在迭代 1000 轮后，**Q** 矩阵已经收敛，得到结果如图 4-6 所示。

```
[[0.23337923 0.22846    0.23029909 0.27019923 0.25305268 0.22807604]
 [0.43603222 0.36520735 0.38545534 0.34166359 0.36094872 0.35373695]
 [0.34410237 0.28932316 0.36599197 0.33855801 0.36707146 0.29581132]
 [0.27168206 0.24452027 0.2730831  0.22160578 0.24462866 0.2190285 ]
 [0.16085106 0.14510638 0.17021277 0.15191489 0.14829787 0.1412766 ]
 [0.23       0.21       0.2        0.2        0.25       0.2       ]]
```

图 4-6 本案例得到的收敛 **Q** 矩阵

此时，我们查询 Q 矩阵即可得到最佳推文。比如，对于沉默类客户的最佳推文是 4 号推文（0.27019923），对于进入推文页面的客户的最佳推文是 1 号推文（0.43603222）。我们可以向不同状态的客户优先推送最佳推文，从而获得更高的成交率。发送推文后，如果客户状态发生了迁移且没有成交，则发送新状态下的最佳价值推文；如果客户状态没有改变，我们可以按 Q 矩阵值从高到低依次发送推文（在客户的容忍范围内），然后等待一个营销观察期，从而获取新的反馈结果来更新 R 矩阵和 T 矩阵，然后重新计算 Q 矩阵。这样不断迭代，不断地从现实中学习知识，直到 Q 矩阵趋于稳定。代码详见下载文件 QL.py。

4.3 案例总结

本案例在实际工作中进行了 AB 测试，将各种状态的用户随机划分为数量相等的 A 组和 B 组，A 组运用强化学习营销策略，B 组随机发送营销推文，结果 A 组的实际成交量高于 B 组 30%，这已是不小的提升。

本案例运用强化学习技术，展示了金融产品线上营销场景下的推文价值评估方法，对提升成交量有促进作用。由于金融产品的重复营销和同类营销比较多，因此比较适合该方法。本书侧重于讨论人工智能在银行场景中的应用，算法方面不是重点。本章展示的 6 种客群状态和 6 种营销动作，仅是示例，读者可根据实际需要设计。本章抛砖引玉，介绍的 Q-Learning 是比较简单的强化学习算法，局限于有限状态和有限动作，读者可尝试使用深度 Q 网络（Deep Q Network，DQN）来处理更复杂的情况。不管怎样，本案例至少说明了一个问题，那就是人工智能算法一旦深入某个行业的经营细节方面，就能在那个细节上起到改善作用。本案例建立了银行网上营销推文的评价标准，方法是从目标客群的反馈信息中来学习知识。这是对长期以来银行缺乏数字化内容营销评估手段的一次改进尝试，得益于强化学习"要评估什么，就与评估者博弈"这一直接思想。

由于强化学习是一种序列数据学习方法，同时兼顾了一些博弈思想（智能体与环境之间的相互行为影响），而银行在经营过程中会产生大量的序列博弈数据，因此强化学习在银行经营场景有较广泛的应用。比如智能投资顾问领域对于股票、基金、债券等产品的买卖博弈；从金融市场行情和客户需求出发的存贷款最优价格博弈，促进银行收益最大化等。当前，强化学习不仅在游戏、机器人控制、计算机视觉、自然语言处理和推荐系统等技术领域广泛应用，未来还将进一步在各行业的日常经营中产生更大的价值！

第 5 章

关联还款二元因果效应模型——因果推断技术

零售银行的长尾客户是数量庞大且单个价值不高的客群。这是一个潜力巨大的宝库，然而挖掘这个宝库需要凭借科技力量，不能仅靠人力经营。提高长尾客户黏度就是提高人们对一家银行的依赖程度，是减少客户流失，提升资产管理规模（AUM）和月活跃客户数（MAU）的重要手段。所谓双卡客户，就是同时持有信用卡和借记卡的零售客户。通常情况下，银行希望有价值的客户将自己名下的信用卡和借记卡进行绑定，在信用卡还款日委托系统自动从借记卡活期账户上扣除资金来完成信用卡还款。这样做的意义在于：对银行来说，客户需要将还款资金留存在借记卡活期账户上形成存款，会促进存款和借记卡的使用率，引导客户将闲散资金归集到指定银行，提升 AUM 和 MAU 的同时还避免了信用卡的不经意逾期风险，而且还提升了客户黏度；对客户来说，如果不进行绑定，那就要么从其他银行转账还款，要么通过支付宝和微信进行还款，都需要支付额外的手续费，而且容易忘记还款形成逾期利息，是不划算的。

本案例希望通过某种技术手段来精准获取最值得营销的客户清单。按照传统机器学习的方法，对这类预测问题通常的做法是建立一个监督学习模型，将客户特征集合映射到事先准备的 Y 值标签集合上，然后用这个模型来对测试集作出预测。这种方法基于数据拟合，能最大程度地在未绑定客群中找到具有绑定客户特征的高价值客群，但不能回答营销本身对银行能贡献多大的价值。具体来说，精准营销需要回答个体异质性问题，即对同一类特征相近的不同客户完成同一个营销动作，获得的实际营销效果是存在差异的，正如医生对同一类患者使用同一种药物获得的疗效是存在差异的，这取决于不同患者的基因状况和精神状态等因素。因此，传统机器学习方法在找到具有营销可能性的客户群体后就算完成工作了，没考虑到营销的个体异质性差异问题，我们在精准营销实践中还需要更进一步地计算对每个不同客户的营销效应预测。

因果推断就是解决营销个体异质性问题的突破性技术。它是基于某一时间发生的条件得出因果联系结论的过程，通过数学、统计、概率等方法来分析当原因改变时结果变量的响应，是复杂系统因果科学的一个分支。笔者将这个技术应用在双卡客户绑定关联还款场景的数据建模方面，取得了良好的应用效果。因果推断是因果科学的一个分支，在介绍因果推断之前，先简要介绍一下因果科学的背景知识。

5.1 因果科学简介

我们先来看看统计学泰斗对因果概念的态度。高尔顿说"科学的世界没有因果"，费希尔则提倡"统计学是数据的约化"，罗素批判因果是"过时的哲学观念"。可见，从统计学诞生的时候开始，就一直排斥因果概念。这是因为科学家们认为，科学研究的对象必须是客观存在的实体，而因果概念却不是客观存在的，它只是存在于人类大脑中的概念，所以不是科学研究的对象。长期以来，因果科学研究一直未被重视。

我们再来回顾一下人工智能（AI）的现状。机器学习和深度学习是用函数曲线来拟合数据，这仅仅停留在发现数据之间关联性的层次，并没有达到理解数据的层次。要真正理解数据，就要让算法挖掘出数据背后的原因。简单说，就是算法必须具备理解数据现象"是什么"和"为什么"的能力。虽然因果关系是人类大脑的概念，但它却是认识世界的视角和工具，我们可以从观测数据中归纳出原因变量、结果变量及其关联强弱的数学表达，从而为大数据 AI 建模提供极具前景的新方法。另外，因果科学对 AI 的最大改变在于为算法提供了可解释性。我们知道，神经网络是非常重要的 AI 技术，但这个技术的一大缺陷是可解释性差。比如，每个神经元代表什么意义是不稳定的，网络结构和超参数没有明确的业务解释。可解释性差导致的后果是一个表现良好的模型可能在某些场景突然失效，或者改变输入数据的某个特征值，就可能出现完全不同的模型预测结果。可解释性差的模型具有不确定性与不稳定性。因果科学与神经网络结合起来，将事件之间的因果解释注入模型，从而提升模型的可解释性，增加模型的确定性与稳定性。这就是因果科学产生的深刻意义。

因果科学是连接统计学、概率论、高等数学、机器学习、社会学、心理学等多学科的新兴科学，包括因果结构学习、因果表示学习、因果涌现等领域。因果结构学习从观测数据中推导出原因变量和结果变量，并形成因果系统的结构图（即因果图），这个过程也被称为因果发现；因果表示学习将因果推理与机器学习相结合，使用特征表示学习的方法对因果关系强弱、因果变量假设等进行推理；因果涌现将因果和复杂系统中的涌现概念结合起来，研究微观、介观、宏观三个层面的因果关联，刻画了宏观系统和微观状态之间的联系和区别。因果推断是识别变量之间的因果关系，并利用这些因果关系进行推理的科学，它既包含因果结构学习，也包含因果表示学习。因果效应估计是因果推断的一种，它是对变量之间的因果关联强度（即因果效应）进行建模的方法。随着近年来的快速发展，因果科学与传统人工智能技术相结合，产生出因果强化学习、因果机器视觉、因果自然语言理解、因果迁移学习、复杂系统因果涌现等新兴领域。本案例是因果推断领域中因果效应估计的具体实现。

图灵奖得主、贝叶斯网络之父、美国国家科学院院士、《因果论：模型、推理与推断》《为什么》作者 Judea Pearl 教授认为，第一次科学革命是以数据为中心的革命，它导致了大数据时代的到来，而第二次科学革命则是以因果科学为中心的革命，它让数据走向了政策、解释、机制泛化。在 Judea Pearl 看来，人类之所以成为地球的主宰，关键在于思考"为什么"，理解了事情背后的原因才建立了正确的认识论和世界观，这是处理一切问题的根本，也是人与机器的根本差别。而一旦机器能自己找原因了，那么人类的领先优势就丧失了。所以，因果科学是人工智能技术从 1.0 版本发展到 2.0 版本的重要转折点。Judea Pearl 认为，世界充满了不确定和因果联系，最能反映现实世界实体关系的数学模型才是最有前途的。因此，能处理不确定性、能进行因果推理的概率方法，将成为未来人工智能发展的重要方向。Judea Pearl 撰写的学术著作《为什么》，使得因果科学被世界重新认识，成为一门新兴的热门科学。

Judea Pearl 在《为什么》一书中提出一个三层结构的"因果之梯"框架作为整个因果科学的理论基础，如图 5-1 所示。

简单介绍下因果之梯的三层结构。第一层是关联层（看），分析观测数据之间的关联性，机器学习、深度学习都在这一层，是被 Pearl 批判为"曲线拟合"的层次。用数学语言表达，这类方法是学习出一个函数来拟合条件概率分布 $p(y|x)$，即在观测到 x 变量的条件下 y 的概率分布。第二层是干预层（做），简单说即干了什么，会发生什么。基本方法是在其他条件变量保持不变的情况下，对干预变量（即可能的原因变量）进行一个数据扰动，来比较干预和不干预的结果概率分布的异同，从而判断干预是否成为结果的原因。Pearl 引入了 do-calculus（do 算子）概念，用 $p(y|do(x))$ 符号来表示在人为干预条件下（$X=x$）y 的分布。比如 $p($日出$|do($鸡叫$))$ 表示在人为控制鸡叫的条件下的日出的概率，这个概率显然不等于 $p($日出$|$鸡叫$)$，即观察到鸡叫时日出的概率。因为无论鸡叫不叫，都无法影响日出，比如在夜晚，$p($日出$|do($鸡叫$))=0$，而自然条件下观测到的 $p($日出$|$鸡叫$)$ 是一个强相关分布，这就表示鸡叫不是日出的原因。反之，吃药则是病情减轻的原因。第二个层是从原因向结果的推理思维，是前向传递的，代表方法是 Causal DAG 模型（因果有向无环图），本案例

属于第二个层。第三层是反事实层（想），即假设以前没干什么，会发生什么。如果 A 推出 B，且"没有 A 推出没有 B"，则 A 是 B 的原因。这是从结果推导原因的思维，是后向传递的，代表方法是结构因果模型。因果之梯三层结构的提出，为人工智能的发展指明了方向，标志着因果科学成为囊括当前人工智能发展成果的大型理论和方法体系，具有里程碑式的重大意义。

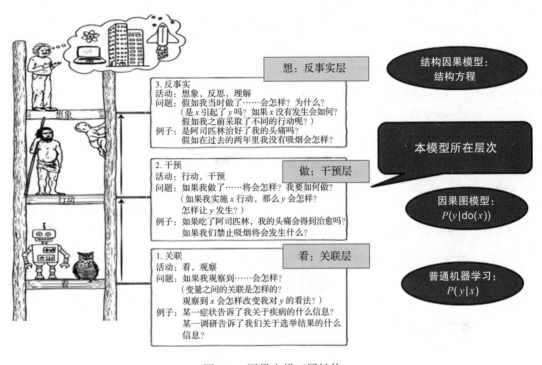

图 5-1 因果之梯三层结构

5.2 因果森林算法简介

要做到精准营销，我们需要知道营销动作对营销收益在个体层面产生多大影响，即评估营销动作对不同客户个体的异质性回报，而不是预测营销客群的整体回报。这就是个体异质性处理效应的量化计算问题。除了营销领域，医疗领域也需要个体异质性的治疗方案。即便患者的病史、年龄、免疫水平等因素相同，也会对同一治疗方案产生不同后果。因此医生在采取治疗措施前，必须评估治疗方案对不同个体的后果，这是对不同个体的差异化评估，而不是对患者群体的后果估计统计。所谓因果效应问题，就是在样本层面计算原因对结果产生多大增益，在量化营销、量化管理等领域有广泛应用。

在传统机器学习语境中，我们通常需要模型来拟合在给定条件下的事件概率。以 X、y、t 分别表示客户特征、营销收益、是否实施营销动作三个随机变量，传统机器学习的目标函数为：给定 X 和 t 条件下 y 的概率分布，即 $P($收益 $y|$ 特征 X,动作 $t)$，式中的竖线读作 Seen，表示 X 和 t 为自然状态下观察到的数据。在因果学习语境中，我们则需要模型来拟合干预状态下的事件概率。注意干预状态不是自然状态，它是在自然状态下叠加某种强制条件。比如我们在自然营销过程中，强制对某个客户实施营销动作，在此条件下计算营销收益，即 $P($收益 $y|$ 特征 X, do$($动作 $t))$，式中的 do 算子读作 Given Do，表示对 t 变量进行强制干预，而得到的概率分布是对 t 进行数据扰动的效应。因此，传统机器学习侧重于计算随机变量之间的关联性，而因果学习侧重于计算强制干预带来的增益，即计算因果效应。在本案例中，只存在一种干预方式，产生"营销"和"不营销"两种结果，称为"二元因果效应模型"。如果存在多种干预方式，产生多种结果，则称"多元因果效应模型"。

按照营销的有效性，我们将客户划分为 4 个象限客群，分别为"营销敏感人群""自然转化人群""无动于衷人群"和"反作用人群"，如图 5-2 所示。

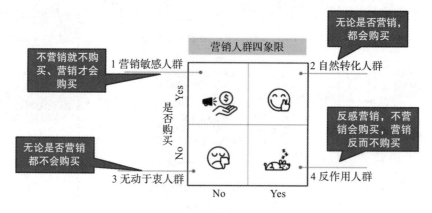

图 5-2　营销有效性人群分类

我们要解决的问题是：如何尽可能多地将营销资源投放到敏感人群（即完成借记卡绑定信用卡还款则赠送礼品），从而避免资源浪费？如果每个客户样本，对他投放营销资源后，将他对银行的收益贡献记为 $y1$，而不对他投放营销资源，将他对银行的收益贡献记为 $y0$，则称 $y1-y0$ 为营销的因果效应，也称提升分数（Uplift Score）。很显然，营销敏感人群的 Uplift Score 为正数，自然转化人群和无动于衷人群的 Uplift Score 趋近于 0，反作用人群的 Uplift Score 为负数。现在问题来了：对于某个客户来说，我们不可能在同一时刻同时观测到 $y1$ 和 $y0$，因为营销和不营销是互斥的状态。在观测数据集中，对于每个客户，要么只有 $y1$，要么只有 $y0$，而计算 Uplift Score 是同时需要 $y1$ 和 $y0$ 的。至此，算法需要解决的问题是：对于每个客户样本，如何尽可能地逼近无法观测的那个值。

分类回归树（Classification and Regression Tree，CART）是常见的决策树算法，该算法既可用于分类，也可用于回归。其中，分类树的输出是样本的类别，回归树的输出是连续实数。图 5-3 展示了该算法的大致过程：遍历数据集的所有特征和切分点，依次进行特征分裂，在达到预设条件后，将所有样本分配到叶子节点，同时使得均方误差 MSE 最小化，其计算公式为：

$$\mathrm{MSE} = \frac{1}{N}\sum_j\sum_i(y_i - c_j)^2$$

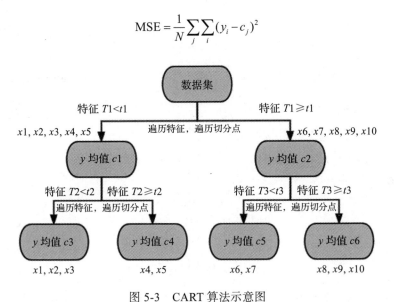

图 5-3　CART 算法示意图

因果树（Causal Tree）是使用 CART 来计算 Uplift Score 的算法。它将数据集送入一棵 CART 来进行特征分裂，同时最小化均方误差，从而将所有相似样本尽可能地划分到一个叶子节点上，其优点是没有维度诅咒、适合处理多协变量的因果预测问题、可解释性强。该算法是 Athey 和 Imbens 在 2015 年提出的，其思想是：两个相似的客户，对他们进行营销所获得的增益也是相似的，于是可以根据相似客户的观测值来近似地评估每个客户的营销增益。具体做法是：建立 CART 来找到特征向量 X 相近的客群分类，在每类客群中，$y1$ 和 $y0$ 都能被部分样本观测到，然后用每类客群的 $y1$ 均值与 $y0$ 均值的差作为该类客群的整体 Uplift Score，也作为该客群中每个客户的 Uplift Score。

因果森林（Causal Forest）算法是 Wager 和 Athey 提出的，它在因果树的基础上叠加随机森林装袋（Bagging）操作，即在样本和特征两个维度上进行随机采样，建立 B 棵因果树，得到 B 个预测结果 Uplift Score，然后装袋所有因果树的预测结果作为最终的 Uplift Score。因果森林算法采用无放回随机采样得到训练集来构建 B 棵因果树，以特征变量 X 和结果变量 y 基于递归分区方式来训练所有因果树，即从根节点开始自顶向下对样本空间进行特征分裂，分裂原则为异质性最大化，即同一节点的样本因果效应尽可能一致，不同节点的样本因果效应差异最大化。分裂过程中维护因果效应的稳定性，即各叶子节点的样本因果效应与组内平均因果效应的均方误差最小化，直到所有样本都落在叶子节点为止。某个叶子节点样本个体因果效应为：

$$\hat{\tau}_i(x) = \frac{1}{|i:W_i=1, X_i \in L|} \sum_{|i:W_i=1, X_i \in L|} Y_i - \frac{1}{|i:W_i=0, X_i \in L|} \sum_{|i:W_i=0, X_i \in L|} Y_i(i \in E)$$

式中，$\frac{1}{|i:W_i=1, X_i \in L|} \sum_{|i:W_i=1, X_i \in L|} Y_i$ 表示该叶子节点所有营销客户（即实施营销动作的样本）的收益观察值 y1 的均值，$\frac{1}{|i:W_i=0, X_i \in L|} \sum_{|i:W_i=0, X_i \in L|} Y_i(i \in E)$ 表示该叶子节点所有未营销客户的收益观察值 y0 的均值。值得注意的是，没有营销的客户并不意味着没有收益，他们会自然增长或自然流失，这个收益是可观测的。

最后取 B 棵因果树的预测均值作为个体因果效应的最终估计值：

$$\hat{\tau}_i(x) = \frac{1}{B} \sum_{b=1}^{n} \hat{\tau}_{i,b}(x)$$

5.3 开发库

本案例是一个典型的营销提升模型（Uplift Modeling）。Pylift 是构建提升模型的 Python 库包。Pylift 在 Sklearn 的基础上针对提升模型做了一系列优化，同时集成了一套评价指标体系。所以 Pylift 内核还是 Sklearn，在 Sklearn 外面封装了一套 API，使用非常方便。Pylift 的代码托管库为 https://github.com/wayfair/pylift，遵循 BSD-2-Clause 许可协议，本案例使用 Pylift 库来计算模型对于营销动作产生的因果效应的相关评估指标。

CForest 是因果森林的一个 Python 算法封装库，该库可用于估计潜在结果框架中的异质性干预效果。在 CForest 中实现的算法在很大程度上复现了 Athey 和 Imbens（2016）、Athey 和 Wager（2019）中提出的因果树和因果森林算法。CForest 库提供了 CausalForest 类来实现因果森林的所有算法方法同样功能的 R 库参见（https://github.com/grf-labs/grf）。CForest 的代码托管库为 https://github.com/timmens/causal-forest，在 MIT 许可证下发布，本案例使用该库建立因果森林模型。

5.4 案例实战

本节从数据准备、环境搭建、代码编写及模型评估等方面阐述项目开发过程。

5.4.1 数据准备

本案例的任务是寻找信用卡客户绑定借记卡自动还款营销 Uplift Score 为正数的营销敏感客群，并按 Uplift Score 从高到低排序形成客户营销清单，因此在客户特征的选择方面，应该尽量考虑与营销强相关的业务解释变量。如果客户同时持有信用卡和借记卡，但没有绑定关联还款，那么他必须在还款日前手工操作还款，这样容易忘记还款而导致短期逾期，如果绑定微信或支付宝还款，那么必须承担一定的还款手续费，并且该手续费与微信或支付宝还款金额成正比。无论是忘记还款或是支出手续费，对客户而言都是负担。因此，如果客户有这两方面的特征，绑定还款营销就容易成功。另外，我们还须考虑到，客户使用信用卡的意愿越大，且与银行的产品黏度越高（用零售金融产品持有及使用情况来反映），营销的成功率就越高。考虑到一般的营销规律，客户的基础特征对营销成功率也有一定的影响。综上所述，我们提取截至营销日的以下数据标签作为入模的客户特征矩阵 X：

（1）信用卡使用意愿类：最近 6 个月信用卡交易笔数、最近 6 个月信用卡最大单笔透支金额。

（2）还款手续费类：最近 6 个月微信还款金额、最近 6 个月支付宝还款金额、最近 6 个月微信还款笔数、最近 6 个月支付宝还款笔数。

（3）与银行产品黏度类：持有产品数、最近 6 个月电子支付交易次数、最近 6 个月借记卡交易笔数、信用卡持卡天数、借记卡九项资产、手机银行最近登录距今天数、最近 6 个月借记卡交易金额、最近 6 个月电子支付交易金额。

（4）客户基础特征类：信用卡授信额度、性别、性别、年龄。

提取营销日后一个观察周期之后，绑定还款客户的资产评级作为营销收益观察值，它是以下三个变量的乘积：$y=$ 是否在营销日后一个观察周期内绑定自动还款 × 是否绑定我行自动还款 × 观察日客户资产评级。其中"是否绑定我行自动还款"变量，未绑定取值 0，绑定我行取值 1，绑定他行则认为客户流失，取值 -1。

提取营销日向客户实施营销动作的客户清单作为干预变量 t，实施营销取值 1，未实施营销取值 0。

模型要完成的任务是对每个客户计算个性化营销收益：

$y1 = P\ (\text{收益 } y\ |\ \text{特征 } X, \text{do}\ (\text{营销 } t = \text{True}))$

$y0 = P\ (\text{收益 } y\ |\ \text{特征 } X, \text{do}\ (\text{营销 } t = \text{False}))$

Uplift Score $= y1 - y0$

5.4.2 环境搭建

在 Conda 环境下，命令行执行 conda install -c timmens cforest 安装因果森林算法包，执行 pip install pylift 安装 Uplift 模型计算包，执行 pip install matplotlib pandas numpy 安装依赖包。

5.4.3 代码实战

首先导入库包：

```
from cforest.forest import CausalForest
from pylift import TransformedOutcome
```

接下来，加载准备好的数据。值得注意的是，特征数值的取值范围并不能代表特征的重要性，因此我们需要将所有特征列缩放到 [0, 1] 范围内。用 numpy 数组来表示 X、y、t。

```
df = pd.read_csv('./data/data.csv', encoding='gb2312')
df = df[(df['0424是否绑定我行卡自动还款（0否1我行-1他行）']==0) | df['是否4.1之后绑定自动还款']==1]
df = df.reset_index()
print(df)

df2 = pd.DataFrame()
df2['最近6个月信用卡交易笔数'] = df['最近6个月信用卡交易笔数']*100/max(df['最近6个月信用卡交易笔数'])
df2['最近6个月单笔最大单笔透支金额'] = df['最近6个月单笔最大单笔透支金额']*100/max(df['最近6个月单笔最大单笔透支金额'])
df2['还款手续费'] = (df['最近6个月微信还款金额']+df['最近6个月支付宝还款金额'])*100/max(df['最近6个月微信还款金额']+df['最近6个月支付宝还款金额'])
#df2['1-29日逾期次数'] = df['1-29日逾期次数']*100/max(df['1-29日逾期次数'])
df2['0424持有产品数'] = df['0424持有产品数']*100/max(df['0424持有产品数'])
df2['最近6个月电子支付交易次数'] = df['最近6个月电子支付交易次数']*100/max(df['最近6个月电子支付交易次数'])
df2['最近6个月借记卡交易笔数'] = df['最近6个月借记卡交易笔数']*100/max(df['最近6个月借记卡交易笔数'])
#df2['年龄'] = df['年龄']*100/max(df['年龄'])
df2['信用卡持卡天数'] = df['信用卡持卡天数']*100/max(df['信用卡持卡天数'])
df2['借记卡九资'] = df['借记卡九资']*100/max(df['借记卡九资'])
df2['学历'] = df['学历']*100/max(df['学历'])
df2['授信额度'] = df['授信额度']*100/max(df['授信额度'])
df2['性别'] = df['性别']*100/max(df['性别'])
df2['手机银行最近登录距今天数'] = df['手机银行最近登录距今天数']*100/max(df['手机银行最近登录距今天数'])
df2['最近6个月借记卡交易金额'] = df['最近6个月借记卡交易金额']*100/max(df['最近6个
```

```
                            借记卡交易金额'])
df2['最近6个月电子支付交易金额'] = df['最近6个月电子支付交易金额']*100/max(df['最近6
    个月电子支付交易金额'])
X = df2.values
df['y'] = df['是否4.1之后绑定自动还款'] * df['0424是否绑定我行卡自动还款(0否1我行-1
    他行)'] * df['0424客户资产评级']
y = df['y'].values
t = (df['客户是否营销授权'].values==1)
```

然后，我们使用CForest封装的CausalForest类来构造一个具有10棵因果树的因果森林。当然，可以根据机器算力和项目需要指定更多的因果树来拟合数据。CausalForest类的使用非常简单，只需要定义因果森林的参数即可。

```
cfparams = {
    'num_trees': 10,            #10棵因果树
    'split_ratio': 1,           # 特征分裂策略
    'num_workers': 10,          # 并发核心数
    'min_leaf': 5,              # 最小叶子数
    'max_depth': 10,            # 最大树深
    'seed_counter': 1,
}
cf = CausalForest(**cfparams)   # 以指定参数构建因果森林
```

下面调用CausalForest类的fit方法来将数据传给模型，算法将自动训练因果森林并决定每棵因果树的特征分裂策略，将合适的样本放到合适的叶子节点中完成数据拟合工作。

```
cf = cf.fit(X, t, y)            # 用观测数据拟合模型
```

接下来，使用训练的模型在测试集上进行预测，得到每个客户的Uplift Score，保存在result中。

```
result = cf.predict(X_test, num_workers=10)    #10个并发预测
df_result = pd.DataFrame({'result':result})
df_result['custid'] = df['客户号']
```

我们将Uplift Score从高到低排序，找到大于0的客户部分，可按此清单进行营销。

```
df_result = df_result.sort_values(by='result',ascending=False)
df_result.to_csv('预测.csv', index=False)
```

使用plot_predicted_treatment_effect函数绘制因果效应3D可视化结果，该函数将绘制两两组合的X特征列对Uplift Score的关联程度。

```
plot_predicted_treatment_effect(cf, figsize=(14, 10), npoints=75, num_workers=10)
plt.show()
```

可以看到，X特征的每个子列对Uplift Score都呈现阶梯状影响，如图5-4所示。

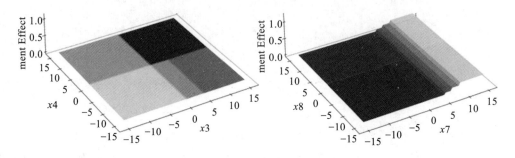

图 5-4　子特征列对 Uplift Score 的可视化（举例）

保存因果森林模型参数到 model.csv 文件。

cf.save(filename="model.csv", overwrite=True)

model.csv 文件保存的模型参数如表 5-1 所示。

表 5-1　本案例模型参数表

因果树编号	树节点编号	左子树	右子树	节点层级	分裂特征	分裂值	因果效应
0	0	1	2	0	7	0.244539	
0	1	3	4	1	5	0.052896	
0	2	101	102	1	5	0.581857	
0	3	5	6	2	6	2.749351	
0	4	55	56	2	1	0	
0	5			3			0.290323
0	6	7	8	3	4	0.245499	
……	……	……	……	……	……	……	……

至此，我们成功构建了一个因果森林的模型。接下来的问题是，如何评价这个模型的性能表现呢？通常情况下，评价因果效应模型的方法有在线评估和离线评估两种。在线评估是根据模型预测出的客户清单进行营销，再将营销结果与随机采样的对照组营销结果进行效果对比，从而得到模型的实际性能。离线评估是根据观测到的数据，通过一定的数学运算来计算出预测组与对照组的指标，从而评估模型的预测性能。下面介绍离线评估方法。

将模型预测的 Uplift Score 按从大到小排序，定义截止前 t 个样本的 Uplift Curve 函数：

$$f(t) = \left(\frac{Y_t^T}{N_t^T} - \frac{Y_t^C}{N_t^C} \right)(N_t^T + N_t^C)$$

式中，Y_t^T 表示前 t 个样本中实施组（即发生营销）的正例（Uplift Score 为正值）数量；Y_t^C 表示前 t 个样本中对照组（未发生营销）的正例（Uplift Score 为正值）数量；N_t^T 表示前

t 个样本中实施组的样本数量；N_t^C 表示前 t 个样本中对照组的样本数量。由此可知，$f(t)$ 反映了模型在前 t 个客户样本获得的 Uplift Score 正例的提升总量。

如图 5-5 所示，将 Uplift Curve 函数可视化，x 轴为样本位序，y 轴为累积因果效应。上方的每条曲线表示按照 Uplift Score 降序排列后累积的因果效应；底部的直线表示随机选择样本执行营销干预的因果效应；每条曲线终点相交，表示全量样本营销干预后的因果效应。在曲线中，越高拱的模型效果越好，表示模型能挖掘更多的因果效应提升，即曲线下的面积越大越好，这与二分类评估中的 AURC（Area Under ROC Curve）类似，称为 AUUC（Area Under Uplift Curv）。

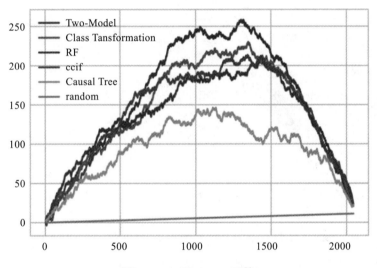

图 5-5　Uplift Curve 函数

上述 Uplift Curve 存在一个问题，即当干预组和对照组样本不一致时，其表达的增量存在偏差。因此对上式做一个缩放修改，相当于以干预组的样本量为准，将对照组做一个缩放，累积绘制的曲线称为 Qini 曲线。令 $g(t) = Y_t^T - \dfrac{Y_t^C N_t^T}{N_t^C}$，它反映了将对照组进行缩放后，前 t 个客户样本的 Uplift Score 正例增量，则 Qini 曲线表达式为 $f(t) = g(t) \dfrac{N_t^T + N_t^C}{N_t^T}$，它反映了前 t 个客户样本的正例提升度。将 Qini 表达式可视化，x 轴为样本位序，y 轴为 $f(t)$，得到 Qini 曲线。本模型使用 Pylift 模块绘制 Qini 曲线：

```
up = TransformedOutcome(df, col_treatment='t', col_outcome='y', stratify=df['t'])
up.randomized_search(n_iter=20, n_jobs=10, random_state=1)
up.fit(**up.rand_search_.best_params_)
up.shuffle_fit(params=up.rand_search_.best_params_, nthread=30, iterations=5);
```

```
up.noise_fit()
up.plot(plot_type='aqini',
        show_shuffle_fits=True,
        show_random_selection=True,
        shuffle_band_kwargs={'color':[0.7,0.7,0.3], 'alpha':0.3},
        shuffle_lines_kwargs={'color':[0.3,0.3,0.3], 'alpha':0.2},
        shuffle_avg_line_kwargs={'color':[1,0,0]}
        )
```

运行上述代码，将得到如图 5-6 所示的 Qini 曲线。

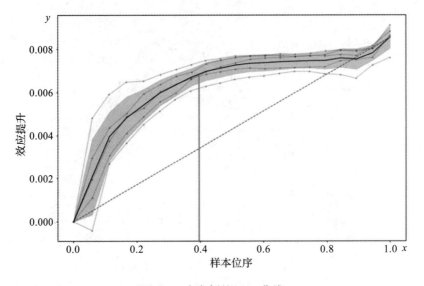

图 5-6　本案例的 Qini 曲线

浅灰色线区域表示不同策略下的表现，深色曲线为本模型的 Qini 曲线，直虚线为随机采样获得的因果效应。可以看到，当 x 轴取 0.4 时，深色曲线离直虚线最远，表示在营销资源有限的情况下，我们可以取本模型输出的因果效应值从大到小前 40% 的样本进行营销，获得的营销收益最大。

5.5　案例总结

本案例是因果推断在零售银行营销领域的探索，展示了从数据准备、建模到模型评估的全套方法，旨在抛砖引玉，引发读者对新技术建模的思考。本案例在作者实际工作中取得了比较明显的效果：我们按照 Uplift Score 得分从高到低开展营销工作，通过与随机抽选的客户样本进行 AB 测试，发现模型预测的前 20% 客户样本的营销收益接近随机样本的 3

倍，前 40% 也达到了 2 倍的水平，这表示模型发现了营销敏感人群，将有限的营销资源投入最能拉动营销考核指标的客群。本案例的 X 特征可以采用衍生变量，还可根据 Qini 曲线对前 t 个客户样本进行分组，计算每个分组的因果效应提升率，后续工作留待读者自行丰富、完善。

因果推断是解释世界的工具，也是大数据智能建模的思维框架，它非常适合前后关联的事件解释和分析场景，银行经营中就有很多这样的场景。除了营销场景，还有反欺诈识别-控制-评估、客户质量评估-贷款定价调整-风险收益管理等场景。因此，因果推断技术在提升银行经营质量和效果方面有积极意义，它不仅能量化评估干预带来的增益（因果效应模型），还能在复杂系统的多个看似不相干的变量中找到潜在的因果关系（因果发现模型）。另外，因果推断在自然语言处理、图像视频处理、多模态处理等任务方面能进一步提升 AI 的实际工作效能，提升模型的可解释性，将 AI 从"数据拟合"提高到"数据理解"的层次上来，占领未来 AI 发展的制高点。

智能风控篇

商业银行是经营风险的企业，风险管控能力是其核心竞争力，在很大程度上决定了业务发展的边界。从近几年的实践来看，"信息""系统""智能"成为商业银行风险管理的关键，而"数据""算法""模型"则是支撑。这些要素成为商业银行风控能力的竞争焦点。商业银行风险管理必将迎来"智能化"时代，只有大力发展智能化的风险管理，才能适应数字化社会的需要。本篇从反电信诈骗、贷款智能化催收、动产抵押品看守、个人贷款逾期预测几个场景来阐述如何在风险管理领域进行人工智能模型的开发和搭建，为读者还原真实的实现路径。

Chapter 6 第6章
电信欺诈洗钱账户识别案例——多项机器学习技术

随着信息社会的快速发展,犯罪结构发生了深刻变化,传统接触式犯罪持续下降,以电信网络诈骗为代表的新型犯罪持续高发,已成为上升最快、群众反映最强烈的突出犯罪,呈现案件持续高发多发、网络诈骗迅猛增长、诈骗窝点快速转移、作案群体逐步泛化、黑灰产业日益泛滥等特点。近几年来,此类案件的"从业人员"和案件数均呈爆发式增长。公安部报告指出,在疫情、经济、就业压力等多种因素影响下,生产生活加速向网上转移,导致资金短缺的网民被贷款诈骗,找不到工作的网民被兼职刷单诈骗,经常网购的网民被冒充客服和虚假购物诈骗,有投资意愿的网民被引诱参与虚假投资理财和网络赌博,还有冒充公检法实施的诈骗案件,诈骗金额高,危害巨大。根据公安部公布的数据,2020 年全国公安机关共破获电信网络诈骗案件 32.2 万起,抓获犯罪嫌疑人 36.1 万名,阻断诈骗电话 7.3 亿次,拦截诈骗短信 1.5 亿条,挽回直接经济损失 1876 亿元。

电信诈骗一般由诈骗、洗钱、技术三部分组成。在诈骗环节,有网络兼职、外汇欺诈、网络黄赌毒、贷款诈骗、投资理财、非法集资、刷单诈骗、冒充客服诈骗、杀猪盘等作案手段;在洗钱环节,有地下钱庄、虚拟资产、跑分平台、雇佣大额取现等作案手段;在技术环节,有暗网交易、伪基站、短信链接植入木马、人工智能伪造声音视频影像、网络身份伪造等作案手段。近几年出现境外众多诈骗公司和专业的跑分洗钱平台,形成作案设备制造销售、作案技术买卖、分工明确的大规模社会化产业链条,使得电信诈骗呈现隐蔽性强、境内外合作、团伙化、专业化、匿名化、形式多样化、技术平台化、场景复杂化等特点,再加上弱势群体自我保护意识淡薄,发现及处置不及时,造成案件防控难度大、损失挽回难度大。电信诈骗给国家和社会带来了巨大伤害：一是损害国家形象，在国际社会留下不良印象，影响商业投资环境和国家发展；二是涉案资金多流向境外，给人民币国际化造成一定压力，影响国家战略；三是损害社会诚信，影响社会稳定，增加社会管理成本。

目前，治理电信诈骗问题已经上升到国家层面，多部委联合行动、齐抓共管：2016年初，"长城行动"打击境外冒充公检法的诈骗窝点；2017年2月，在北京成立了国家反诈中心；2019年10月，最高人民法院、最高人民检察院联合发布《关于办理非法利用信息网络、帮助信息网络犯罪活动等刑事案件适用法律若干问题的解释》；2019年10月，国家对缅北诈骗活动严重区域的QQ、微信、支付宝等支付账号采取封停措施，同时启动打击背包客（背现金过境）行动；2020年10月，国务院召开打击治理电信网络新型违法犯罪工作部际联席会，决定自10月10日起，在全国范围内开展"断卡"行动；2021年5月，工业和信息化部在京召开信息通信行业防范治理电信网络诈骗工作电视电话会议；2021年6月，工业和信息化部、公安部发布通告，部署依法清理整治涉诈电话卡、物联网卡以及关联互联网账号工作。各家商业银行成立了专项工作小组，采取积极措施切实保障市民合法权益，遏制电信网络诈骗案件多发态势。目前，反电信诈骗已成为社会焦点，电信诈骗涉案账户识别与治理已成为体现商业银行"政治性""人民性"的重要工作。

6.1 案例痛点：银行业反电信诈骗风控规则的局限性

长期以来，银行业在电信诈骗案件识别方面存在以下三大局限。

（1）风控规则难以实时动态调整，导致漏查。一旦出现新的作案手段，旧的风控规则难以识别，造成漏查。风控规则往往都是专家组根据已知的典型案件归纳出的经验知识，是对过去规律的总结。随着打击力度不断加强，新的作案手段不断涌现，对案件防控来说，风控规则总是滞后的，很难做到实时调整。比如，以前的案件集中在新开卡场景，于是风控规则是针对新卡客户的。但消除了新卡风险，存量卡作案必然凸显，于是专家组必须重新制定新的风控规则，这些工作通常都是滞后的，不存在实时动态改变的风控规则。

（2）风控规则不客观全面，导致漏查错查。通常情况下，风控规则具有较强的主观性，不能客观全面地描述所有案件特征。由于风控规则是人工总结形成的，因此它并不是对全量案件特征进行拟合后作出的客观、全面的判断。通常情况下，风控规则只会考虑"所见即所得"的显式特征描述，未考虑案件数据集深层次的隐性特征。我们应该构建多维度特征组合的综合评判机制，而这种综合评判机制应该建立在全量样本特征拟合的机器学习方法上。比如，风控规则集中在对账户和交易自身特征的识别，而忽略了交易对手特征的关联性。另外，风控规则往往只关注涉案逻辑，并不关注数据集的衍生特征和隐语义特征，因此并不客观、全面。

（3）模糊风控规则表述不清，导致漏查错查。人工总结的风控规则，其语言描述往往是模糊的，比如"频繁交易""大额交易"。同一个概念，不同地区、不同的管理者有不同的认知，这就导致同一个模糊规则有不同的触发阈值，同一案件有不同的排查结果，案件排查工作无法标准化。比如，对于"大额交易"这个模糊规则，过去的大多数案件涉案账户金额通常在 10 万元以上，于是风控阈值设置为 10 万元，现在作案人员的反侦查能力提升了，作案金额降低到 5 万元以下，如果阈值不及时调整，就会造成漏查和错查。

本案例针对以上三大局限，将涉案账户的识别过程用一系列清晰的数学模型来表示，再转化为计算机代码，以便高效、准确地完成排查工作。

6.2 建模技术与场景分析

面对电信诈骗不断出现的技术升级和传统方法的局限性，银行业反电信诈骗必须研究出效果更好的技术创新手段。为了解决"风控规则不科学"和"模拟人工排查"两大问题，本案例采取了"连续实数深度特征合成""无监督对抗机器学习""模糊数学控制"三项措施，大幅度提升了涉诈账户识别率，大幅度缩小了人工排查范围，大幅度提升了风控效率。需要特别说明的是，鉴于反电信诈骗工作的特殊性和数据实战的有效性，本案例仅在研究和试验层面提出一种新型解决方案，不代表本案例是最佳选择。

6.2.1 "风控规则难以实时动态调整"的解决方案：连续实数深度特征合成技术

本案例场景具有"侦查-反侦查"特点。站在全局数据视野来看，无论涉案样本的交易行为如何变化，在统计层面上，总会有若干维度的特征或其衍生特征与其他正常样本是不一致的。解决此类问题的常见算法是异常值检测。由于本案例后续采用了机器学习方法，希望在特征工程阶段找到变化数据集中的黑样本统计特征，于是设计了一套"连续实数深度特征合成"算法来解决问题。这个算法的核心思想是：所有维度的特征均采用连续实数来表达，并且将任意两个连续实数特征进行多种数学运算，得到新的衍生特征，通过计算衍生特征对预测 y 值的贡献度，来决定需要入模的重要特征。

本案例在"交易""账户""行为"等多个维度采集特征，其中每个维度包含多个下级特征。对于序列数据特征，用这个序列数据的方差、均值、中位数、众数、数据倾斜、最值、变点值等连续实数指标来表示这个序列本身，用序列的一阶差分序列（即后面的值减去前面的值得到的新序列）的方差、均值、中位数、众数、数据倾斜、最值、变点值等连续实数指标来表示这个序列的变化程度。这样就把序列特征转化成了以连续实数表示的数值特征。深度特征合成（Deep Feature Synthesis，DFS）方法就是把这些连续实数特征进行两两运算，包括加减乘除，得到新的衍生特征。比如身高和体重两个特征，都不与健康强相关，但它们的比值却是与健康强相关的。通过把新的衍生特征与案例已知的黑样本标签数据（y 值）进行相关性计算，就能得到强相关的衍生特征，这些特征将成为最终的入模特征。值得注意的是：原始特征必须覆盖交易行为、客户属性等涉及作案的所有方面。连续实数深度特征合成的优点在于：所有特征都是从全量数据集中自动演算的，没有人为因素，排除了不完善的专家经验，当作案人员采取反侦查手段改变作案行为时，因为入模特征的全面覆盖性质，所以算法总是能在统计层面上找出当前数据集中区分涉案和非涉案的特征，从而实现"你变我也变"的风控效果。

在特征工程中，使用原始数据进行特征学习得到的新特征称为衍生特征。深度特征合成是一种衍生特征生成方法，它使用"聚合"（Aggregation）和"转换"（Transformation）两种方式来生成。其中，"聚合"类似关系型数据库的多表关联来进行变量聚合计算。举个例子，交易表（transactions）通过 product_id 字段与产品表（products）关联，通过 session_id 字段与会话表（sessions）关联，会话表通过 customer_id 字段与客户表（customers）关联，那么原始特征仅有 8 个，分别是：交易时间（transaction_time）、交易金额（amount）、品牌（brand）、设备（device）、会话时间（session_start）、业务办理日期（join_date）、生日（date_of_birth）、邮政编码（zip_code）。在 Featuretools 中，表被称作实体（entity），多张表以及它们之间的关联关系被称作实体集（entityset），如图 6-1 所示。

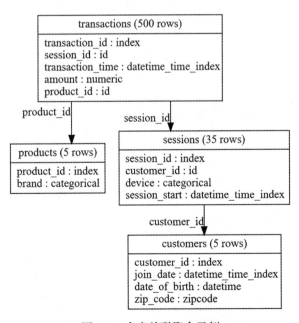

图 6-1 多表关联聚合示例

Featuretools 是深度特征合成的开源框架，由美国初创公司 Feature Labs 推出，该公司已被数据分析提供商 Alteryx 公司收购，目前 Feature Labs 的技术已集成到一站式数据统计分析平台 Alteryx 中，官网地址为 https://www.alteryx.com/open-source。Featuretools 框架自带上述数据集，我们可以很方便地使用以下代码加载它：

```
import featuretools as ft
es = ft.demo.load_mock_customer(return_entityset=True)
```

输出实体集信息，可以看到这个实体集被命名为 transactions，其中每个实体的数据形状（行列字段数）及其关联字段如图 6-2 所示。

```
print(es)
```

```
Entityset: transactions
  Entities:
    transactions [Rows: 500, Columns: 5]
    products [Rows: 5, Columns: 2]
    sessions [Rows: 35, Columns: 4]
    customers [Rows: 5, Columns: 4]
  Relationships:
    transactions.product_id -> products.product_id
    transactions.session_id -> sessions.session_id
    sessions.customer_id -> customers.customer_id
```

图 6-2　Featuretools 实体集

Featuretools 使用 dfs() 函数执行深度特征合成，只需传入实体集和目标实体即可，框架会遍历实体集中的每条关联路径，通过各种聚合操作（包括求和、平均、计数等）生成衍生特征。执行以下语句，得到一个 5 行 77 列的特征矩阵，如图 6-3 所示。

```
feature_matrix, features_defs = ft.dfs(entityset=es, target_entity="customers")
print(feature_matrix.head(5))
```

```
             zip_code  COUNT(sessions)  ...  MODE(transactions.sessions.device)  MODE(transactions.sessions.customer_id)
customer_id
5              60091         6         ...                              mobile                                        5
4              60091         8         ...                              mobile                                        4
1              60091         8         ...                              mobile                                        1
3              13244         6         ...                             desktop                                        3
2              13244         7         ...                             desktop                                        2

[5 rows x 77 columns]
```

图 6-3　Featuretools 特征矩阵（一）

本例中，由于目标实体为客户表，因此算法会根据客户表的唯一索引（customer_id）来聚合所有的字段，即分别与会话表、交易表、产品表进行关联，统计出每个 customer_id 的衍生特征，如会话计数 COUNT（sessions）、会话表设备的众数 MODE（transactions.sessions.device）、会话表客户号的众数 MODE（transactions.sessions.customer_id）等。这样就从 8

个原始特征计算得到 77 个衍生特征。值得注意的是，这是一个深度操作，算法可以遍历更深层的特征。在深度特征合成概念中，所谓的"深度"指的是实体表的几度关联，比如 A 和 B 关联，B 和 C 关联，A 和 C 不关联，这时候 A 和 B 的聚合深度为 1，A 和 C 的聚合深度为 2，依次类推。

除了聚合方式，Featuretools 还提供转换方式来生成衍生特征。聚合与转换的区别在于，前者需要从一组数据中进行统计，后者只对一个数据进行加工。执行以下代码：

```
feature_matrix, feature_defs = ft.dfs(entityset=es,
                                      target_entity="customers",
                                      agg_primitives=["count","mode"],
                                      trans_primitives=["month"],
                                      max_depth=1)
```

其中，agg_primitives 参数指定聚合原语，trans_primitives 参数指定转换原语，它们分别设置聚合方法和转换方法，max_depth 参数指定深度。当深度指定为 1 时，算法只计算目标实体表和其直接关联的会话表字段。由于转换方法为 month，意为取原特征的月份，因此只对日期格式字段生效，非日期格式字段将被忽略。dfs() 函数返回衍生特征矩阵和衍生特征名称，最终得到如图 6-4 所示的结果。

```
print(feature_matrix)
print(feature_defs)
```

```
            zip_code  COUNT(sessions) MODE(sessions.device) MONTH(date_of_birth)  MONTH(join_date)
customer_id
5              60091                6               mobile                     7                 7
4              60091                8               mobile                     8                 4
1              60091                8               mobile                     7                 4
3              13244                6              desktop                    11                 8
2              13244                7              desktop                     8                 4
[<Feature: zip_code>, <Feature: COUNT(sessions)>, <Feature: MODE(sessions.device)>, <Feature: MONTH(date_of_birth)>
, <Feature: MONTH(join_date)>]
```

图 6-4　Featuretools 特征矩阵（二）

在 Featuretools 中，聚合与转换的数学操作被称为特征基元（Feature Primitives），算法通过不断堆叠基元来实现变量计算，部分特征基元说明如图 6-5 所示。

Featuretools 最大的优点是其可靠性和处理信息泄露的能力。另外，这个框架也可以对时间序列数据进行处理。由于本案例不涉及这部分内容，有兴趣的读者可以参考 Featuretools 的官方文档 https://featuretools.alteryx.com/en/stable/。Featuretools 的代码托管库为 https://github.com/alteryx/featuretools，目前最高版本为 1.3.0，遵循 BSD-3-Clause 许可协议。

值得注意的是，深度特征合成这个技术是受到一些学者质疑的，主要体现在两个方面：一是生成的衍生特征不具备可解释性，把毫不相干的几个特征进行数据运算得到的新特征，如果与预测标签产生较高的数据关联度，也仅仅只是"毫无意义"的数据拟合，用这样的特征来训练模型，无法判断模型学习到的信息是不是我们需要的信息；二是对任意特征组合的特征基元操作，其计算量非常大，又会产生数量非常庞大的新特征，效率低且资源消耗大。我们认为，任何新方法都是饱受争议的，本案例的研究重点在于模型的实际应用效果，即涉案账户的查准率和查全率，况且案例本身也具有探索性质，任何新方法都可以尝试。

name	type	description
num_true	aggregation	Finds the number of 'True' values in a boolean.
percent_true	aggregation	Finds the percent of 'True' values in a boolean feature.
time_since_last	aggregation	Time since last related instance.
num_unique	aggregation	Returns the number of unique categorical variables.
avg_time_between	aggregation	Computes the average time between consecutive events.
all	aggregation	Test if all values are 'True'.
min	aggregation	Finds the minimum non-null value of a numeric feature.
mean	aggregation	Computes the average value of a numeric feature.
seconds	transform	Transform a Timedelta feature into the number of seconds.
second	transform	Transform a Datetime feature into the second.
and	transform	For two boolean values, determine if both values are 'True'.
month	transform	Transform a Datetime feature into the month.
cum_sum	transform	Calculates the sum of previous values of an instance for each value in a time-dependent entity.
percentile	transform	For each value of the base feature, determines the percentile in relation
time_since_previous	transform	Compute the time since the previous instance.
cum_min	transform	Calculates the min of previous values of an instance for each value in a time-dependent entity.

图 6-5　部分特征基元

6.2.2 "风控规则不客观全面"的解决方案：无监督对抗机器学习技术

为了让读者加深理解，在介绍技术方案之前，我们先来学习一些预备知识。先来看 BP 神经网络是如何工作的。BP 神经网络是指基于 Back Propagation 反向传播算法的神经网络。如图 6-6 所示，Layer1 层是神经网络的第一层，又称输入层，它接收输入向量 X，X 在每个维度的分量分别与 Layer1 层的每个神经元的权重相乘，加上偏置 b 后，再经过激活函数进行非线性变换，将得到的值输出给 Layer2 层；Layer2 层是中间层，又称隐藏层，它将 Layer1 层的输出与本层每个神经元权重值相乘后，加上本层偏置 b，再经过激活函数进行非线性变换，输出给 Layer3 层；Layer3 层是最后一层，又称输出层，将 Layer2 层的输出与本层各神经元的权重相乘后，经过激活函数，取较大值作为整个网络的输出。以上就是 BP

神经网络的前向传播过程。

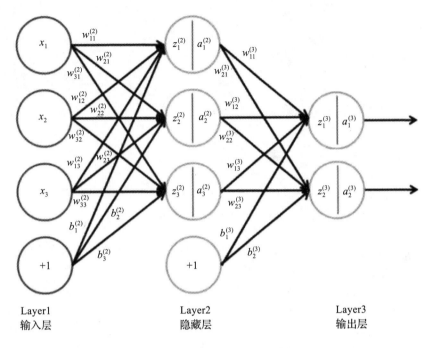

图 6-6 BP 神经网络的正向传播过程

图 6-7 表达了激活函数的使用。在正向传播中，每层对应一个激活函数，每个神经元是逐个激活的。

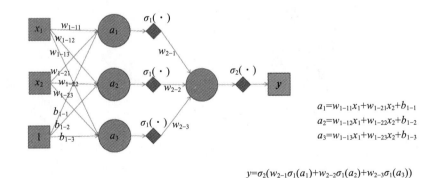

$a_1 = w_{1-11}x_1 + w_{1-21}x_2 + b_{1-1}$
$a_2 = w_{1-12}x_1 + w_{1-22}x_2 + b_{1-2}$
$a_3 = w_{1-13}x_1 + w_{1-23}x_2 + b_{1-3}$

$y = \sigma_2(w_{2-1}\sigma_1(a_1) + w_{2-2}\sigma_1(a_2) + w_{2-3}\sigma_1(a_3))$

图 6-7 正向传播中的激活函数

如果没有激活函数，那么网络在数据集中拟合的函数只能是线性的，只能用直线或超平面切分数据集，如图 6-8 所示。

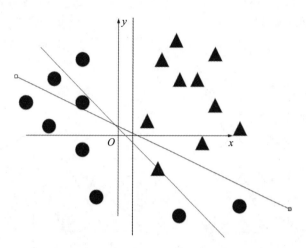

图 6-8　没有激活函数的神经网络数据拟合

在增加了激活函数之后，网络在数据集中拟合的函数可以是非线性的，可以用曲线或超曲面切分数据集，如图 6-9 所示。

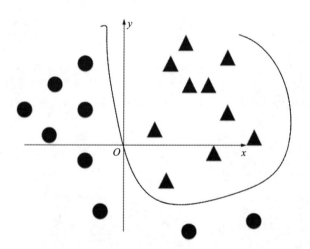

图 6-9　有激活函数的神经网络数据拟合

常见的激活函数如图 6-10 所示。限于篇幅，具体含义读者可自行了解。

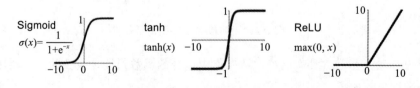

图 6-10　常见的激活函数

BP 神经网络的正向传播是从输入向量 X 开始经过各个网络层后，得到网络的预测值 y。但这个 y 与 X 对应的真实值 y' 存在差异，反向传播就是通过损失函数计算损失值，利用这个损失值来调整各层的权重值，使得下一次的预测值更接近于 y'，反复迭代，这个过程称为网络优化、训练、拟合或学习。优化的核心内容是最小化损失函数。因此，损失函数决定了网络的优化方向。BP 神经网络的工作原理详见图 6-11。

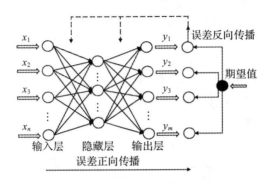

图 6-11　BP 神经网络的正向与反向传播

对于不同的任务，可选择不同的损失函数。常见的损失函数如图 6-12 所示。限于篇幅，具体含义读者可自行了解。

$$\text{均方误差} \qquad \text{交叉熵} \qquad \text{绝对值误差}$$
$$\text{MSE} = \frac{1}{N}\sum_{i=1}^{N}(y_i - Y_i)^2 \qquad \text{cost} = -\frac{1}{N}\sum_{i=1}^{N}[y_i \ln a_i + (1-y_i)\ln(1-a_i)] \qquad \text{Loss} = \frac{1}{m}\sum_{i=1}^{m}|\hat{y}_i - y_i|^2$$

图 6-12　常见的损失函数

值得注意的是，正向传播和反向传播都是逐层传递的。反向传播的逐层传递称为"链式法则"，如图 6-13 所示。

在反向传播中，不同的优化器对应不同的优化算法。通常情况下，反向传播传导的是损失值对某个权重值的梯度信息。其中，梯度的定义是偏导数组成的向量。由于等式 $\dfrac{\partial L}{\partial x} = \dfrac{\partial L}{\partial z}\dfrac{\partial z}{\partial x}$ 成立，即 L 对 x 的偏导数等于 L 对 z 的偏导数乘以 z 对 x 的偏导数，类似约分操作，而 $\dfrac{\partial L}{\partial z}$ 可以看作损失值 Loss 对反向第一层权重的梯度，$\dfrac{\partial z}{\partial x}$ 可以看作反向第一层权重对反向第二层权重的梯度。这样，通过层层梯度传导，使得每层权重的调整容易计算。在 BP 神经网络的训练过程中，通过不断变更输入数据 X 和正反向传播的循环迭代，网络权重不断优化。如果特征数据集 X 和标签向量 y 之间存在一定的关联关系，则网络权重最终将收敛到逼近这个关联度的水平，这时损失值的降低非常微弱，就可以用学习到的网络权重保存为模型文件，来对新的输入数据 X' 进行预测操作。

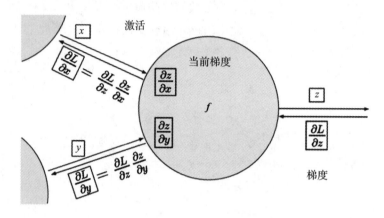

图 6-13　基于链式法则的反向传播

现在来看看自编码器（AutoEncoder，AE）。自编码器也被称为 Diabolo 网络或 Autoassociator，最初是在 20 世纪 80 年代由 Hinton 和 PDP 小组提出的。自编码器也使用 BP 反向传播算法进行学习，与 BP 神经网络不同，自编码器的目标是重构一样的输入。自编码器的网络结构如图 6-14 所示。

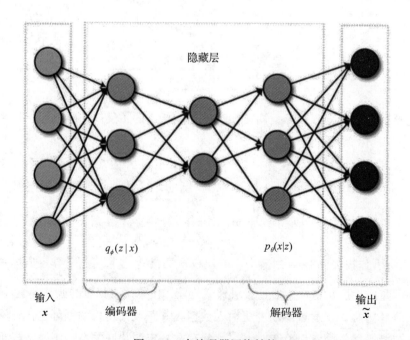

图 6-14　自编码器网络结构

可以将自编码器看作由两个级联的 BP 神经网络组成,第一个 BP 网络是编码器(Encode),它负责接收输入向量 x,将其变换为更低维度的隐性表示代码信号,这相当于非线性降维。第二个 BP 网络是解码器(Decode),它将编码器输出的代码信号作为其输入,得到维度和 x 一致的重构信号 $\tilde{x}$,这相当于非线性升维。定义误差 e 为原始输入 x 与重构信号 $\tilde{x}$ 之差,$e=\|x-\tilde{x}\|$。误差被反向传播到各个隐藏层,编码器和解码器两个网络将沿着最小化误差的方向被同时优化。在不断的反复迭代下,网络输出的 $\tilde{x}$ 最终将与 x 尽可能地一致。从这里可以看出,自编码器的本质是:网络权重反映了输入数据 x 的概率分布。由于自编码器将 x 降维后再升维,并且能从低维代码重新变换回 x,那就表示低维代码是高维 x 的信息压缩,并且其空间结构与 x 空间一致。

再来看看生成对抗网络(Generative Adversarial Networks,GAN),它是近年来深度学习领域非常热门的技术。生成对抗网络由两个神经网络组成:一个叫生成器,负责将噪声数据重生成数据;另一个叫鉴别器,负责从真实数据中学习特征,同时鉴别生成器的数据是真实的还是生成的。数据可以是图像,也可以是一组向量,其网络结构如图 6-15 所示。

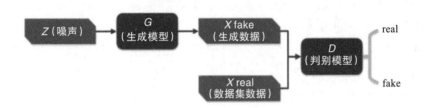

图 6-15 生成对抗网络结构

鉴别器执行二分类任务,模型的优化方向是:尽可能地将假数据判别为假,真数据判别为真,通过损失函数优化迭代来实现;生成器通过鉴别器的反馈来建立损失函数,试图让生成的假数据被鉴别为真,模型朝"以假乱真"的方向不断优化。生成对抗网络最终学习到真实数据与生成数据的差别,当生成器和鉴别器达到纳什均衡状态时,完成学习,此时生成的数据足以以假乱真。

在有了以上初步认识后,回到本案例。本案例的特点是:黑样本是报案账户或银行确认的诈骗账户,导致黑样本数量很少,而白样本(即正常账户样本)数量非常庞大,数据集严重不均衡。通常情况下,监督学习可以使用 Smote 算法来进行欠采样(舍弃一些白样本)或过采样(在已知黑样本特征分布边界内生成一些虚拟黑样本)来达到数据集的均衡,但监督学习的本质是学习输入特征矩阵 X 和标签向量 y 之间的关联度,因此它始终只能在标签样本的特征分布边界内学习样本特征。在监督学习任务中,黑白样本数量严重不均衡带来的问题是:模型几乎只能学习到白样本(多数类)的特征,因此预测结果严重偏向白样本,造成漏查。本案例恰好属于这种情况。这个时候就需要无监督学习上场了。无监督学习的

输入数据只有 X（组合特征矩阵）没有 y（标签向量），它在全量数据集中对所有样本的特征空间进行结构分析，从而将所有样本进行聚类。与监督学习相比，无监督学习更具有完备性，其本质是学习数据集的空间结构，从而形成新的数据视图（如降维后形成的新空间和聚类形成的簇），典型做法是降维、聚类、受限玻尔兹曼机等。另外，监督学习通常都是使用一个模型来拟合所有标签样本的多维特征，这不利于揭示众多标签样本的多种特征倾向。而无监督学习的聚类方法则可以对众多标签样本的多种特征倾向进行子集细分。所以深度学习之父 Hiton 说，无监督学习是下一代人工智能的方向。鉴于无监督学习的上述优势，本案例采取这种方法进行建模。

如何解决"风控规则不客观全面"的问题呢？其实，解决这个问题的关键点在于：设计一套算法，找到全量数据集中合适的隐语义特征表达，来形成新的、客观的、全面的、动态的风控规则。本案例只追求风控规则的有效性（即预测结果的准确性），无须关注算法生成的风控规则的解释性（因为机器学习过程的解释性不强）。技术方案采用"对抗自编码器+高斯混合聚类"的无监督算法。总体思路是在前述连续实数深度特征合成方法的基础上，把每个白样本（正常账户）和黑样本（已知涉诈账户）用一个高维（M 维）向量来表示，N 个样本就形成 $N\times M$ 的高维特征矩阵。如果把这个矩阵中的每个向量绘制到 M 维空间中，就得到 N 个样本点，从而形成一个原始样本高维特征空间。使用自编码器计算嵌入表示，将这个原始样本高维特征空间映射到低维嵌入空间，然后利用生成对抗网络将低维嵌入空间向量约束到同一个分布（本案例采用标准正态分布），再使用高斯混合模型进行聚类，就能将隐性特征相近的账户聚为一类。需要注意的是，这里的隐性特征是神经网络在全量数据集上训练推导出来的，它是随着数据集的变化而变化的。因此，在数据集全面覆盖作案特征指标的前提下，一旦出现新的作案手法，得到的低维嵌入空间的样本分布结构就会随之改变，模型输出的可疑样本也随之改变，从而实现"作案特征变化—风控策略同步变化"的动态 AI 模型。低维嵌入空间的本质是归纳出每个原始样本背后的隐性特征，这种隐性特征是神经网络从数据集样本之间的关联性中学习出来的。通常情况下，由于交易目的的一致性，涉诈账户的隐性特征表示比较接近，因此经过高斯混合模型聚类后，已知涉诈账户会被聚类到几个有限数量的簇里。因为同一个簇里的所有样本具有类似的隐性特征，所以我们排查已知黑样本大量聚集的簇里的白样本，就能精准找到可疑样本，从而实现精准的、动态的风险控制。本案例把"在黑白混合样本中发现黑样本"的问题转化成样本之间的空间结构关系问题，通过算法划分新的空间视图。

图 6-16 展示了本案例的模型工作流程，图中深色点代表已知的诈骗账户（黑样本），浅色点代表正常账户（白样本）。在本案例中，原先杂乱的、分布不均匀的原始样本高维特征空间，经过对抗自编码器的非线性降维后，形成新的低维特征空间。

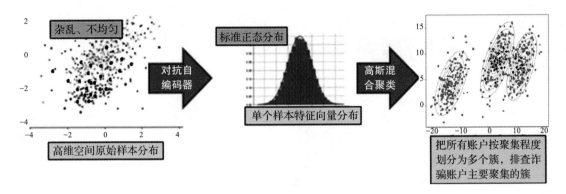

图 6-16　本案例的模型工作流程

自编码器有两个性质：新空间与原始空间的结构保持一致，且相同隐性特征之间的样本聚集得更紧密。在低维空间观察，相同特征的样本比原始空间更能聚拢在一起。在多个特征维度下，涉诈账户群可能存在多个不同特征倾向，于是它们就会聚集成多个簇。这些簇里既有已知的黑样本，也有未知的黑样本（即可疑白样本）。当然，具有相似特征倾向的白样本也会更加聚拢，形成其他簇。由于下游聚类中，通常需要计算样本向量在每个维度上的相似性，因此需要低维空间的样本向量保持相同的分布，使用生成对抗网络确保每个样本向量保持标准正态分布。在完成上述工作后，用多维高斯分布来拟合低维空间，得到每个样本属于每个高斯分布的概率，得到每个簇。

本案例采用的对抗自编码器是在自编码器基础上叠加生成对抗神经网络，其网络结构如图 6-17 所示。

网络工作流程如下。

（1）将连续实数深度特征合成输出的高维特征矩阵 X 送入编码器 Q。

（2）编码器 Q 将高维特征映射到低维特征，生成隐变量空间 X'（即 X 的嵌入表示），X 与 X' 一一对应。通常使用欠完备自编码器，这样可以实现非线性降维，好处是低维空间更好地反映了高维空间的聚合结构，为下游的聚类任务创造条件。

（3）数据生成器 G 生成固定分布的数据，通常采用标准正态分布（机器学习常用的分布）。X' 与生成的标准正态分布数据集一起送到鉴别器 D，由鉴别器 D 判断 X' 是否符合 G 给予的标准正态分布（二分类），鉴别器通过损失函数不断学习迭代，反向传播优化自身，不断提高鉴别能力。

（4）解码器 P 从 X' 解码得到还原后的矩阵 X''，它的优化方向是使 X' 与 X'' 尽可能一致，通过损失函数度量差别，反向传播优化 P 和 Q。

（5）编码器 Q 根据鉴别器 D 的判别输出构建损失函数，优化目标是将自身生成的数据，让鉴别器 D 判别为真（标准正态分布）。

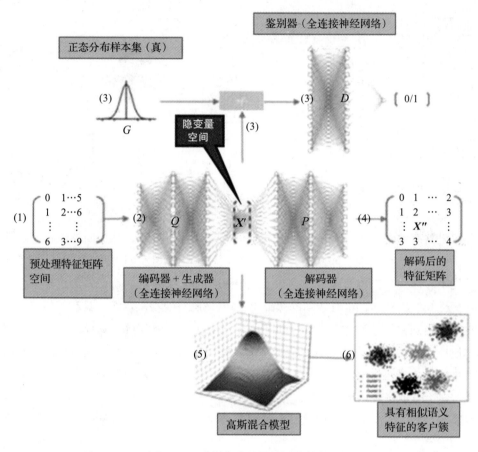

图 6-17 对抗自编码器的网络结构

（6）对于自编码器来说，Q 是编码器；对于生成对抗网络来说，Q 是生成器。因此 Q 既承担了编码器角色，又承担了生成器角色。对每一轮训练来说，Q 这个神经网络具有两个损失函数，同时往两个方向优化自身权重。编码器 Q 经过上述两个方向的优化后，生成具有正态分布的隐变量空间分布 X'。这时 X' 同时具有两个性质：一是在空间结构上与原特征空间 X 保持一致，二是 X' 的每个单独的向量样本都保持正态分布（概率质量函数）。

（7）用高斯混合模型来用多个高斯分布拟合 X'，找到 X' 中的每个嵌入样本属于某个高斯分布的概率，从而在嵌入空间中实现聚类效果。

这里需要注意的是，鉴别器是对 X' 向量逐个鉴别，在每轮训练后，都使得生成器生成的 X' 更具有标准正态分布的倾向。X' 嵌入空间样本保持一致的分布策略，这样做的好处是什么呢？如果不同的 X' 样本具有不同的数据分布，则彼此之间不具备聚类的可比性，因为聚类需要度量样本在各个维度上的邻近程度。所以说，鉴别器的工作为下游聚类任务提供了条件。另外，如前所述，自编码器具有"隐空间结构与原空间结构一致"的性质，且降维后的嵌入空间中，隐性特征相近的样本具有更紧密的联系，这也提高了下游聚类效果。

关于"高维空间样本分布比低维空间稀疏"这一点，可以简单解释如下：如图6-18所示，假设二维空间内，样本分布在圆环内，外圆半径为1，内圆半径为r，样本分布体积为$s=\pi r^2$。如果变成三维空间，则样本分布在三维空间环内部的体积为$s=4/3\pi r^3$。考虑N维空间情况，则样本分布体积为$s=K\pi r^N$，其中K是常系数。由于$r<1$，当N趋于无穷大时，s必然趋于0。如果我们计算样本分布的内圆体积与整个球外圆体积之比，发现当N趋于无穷大时，这个比例也是趋于0的。也就是说，当空间维度不断提高时，原本分布在内圆内部的样本，会逐渐分布到外圆，就是样本会越发稀疏。这就解释了降维操作在保持原空间数据结构的同时，会使得样本分布更紧凑。

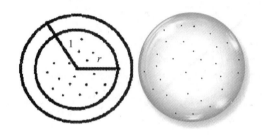

图6-18 高维空间的样本分布发散到边缘

如果X'的样本空间分布是均匀的，那么聚类就没有意义，X'的分布越不均匀，聚类效果才越好。因此在聚类之前应该评估一下X'的聚类可能性。本案例采用了霍普金斯统计量H。通常情况下，$H<0.5$，则表示X'不具有聚类趋势，H值越接近1，则表示X'越具有聚类趋势。本案例计算的H值为0.98。

经过前述步骤，可以进入聚类环节了。机器学习领域有一种普遍做法，就是用多个参数不同的标准函数（分布）去拟合一个非标准函数（分布）。比如傅里叶变换，用多个振幅、相位不同的正弦函数来拟合任意连续函数（狭义指连续周期函数，广义包括连续非周期函数），达到在多个分量上的标准化，如图6-19所示。

本案例使用的高斯混合模型也是这种思路，它是用多个高斯分布（即正态分布）来拟合任意连续函数，在二维空间就是这样的（即x是一维的，y是这个随机变量的概率），比如图6-20a就用三个高斯分布来拟合这个函数曲线（灰线表示等高线），在三维空间（即x是二维的，y是这个随机变量的概率），圆圈代表等高线，如图6-20b所示。

在N维空间，也可以用高维高斯分布来拟合多维矩阵的数据分布。高斯混合模型会给出每个样本属于每个高斯分布的概率，这样可以达到聚类的效果。并且与K-Means聚类算法相比，高斯分布可以按椭圆来拟合数据（即调整高斯分布在各个维度的方差），而K-Means只能按正圆拟合，因此高斯混合模型更能适应不规则数据集，在聚类效果上胜于

K-Means。最终，我们可以将对抗自编码器输出的 X' 隐空间矩阵进行聚类，得到嵌入特征相近的样本簇，如图 6-21 所示。

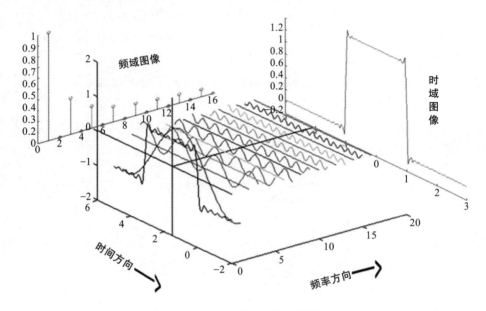

图 6-19 傅里叶变换示意图

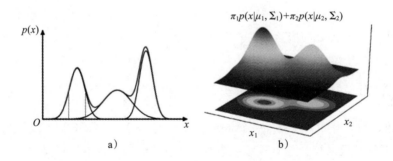

图 6-20 高斯混合模型在二维和三维空间的示意图

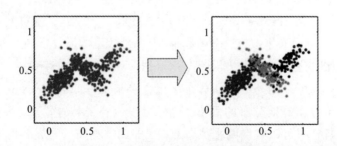

图 6-21 高斯混合模型的聚类效果

应该聚多少个簇呢？本案例使用了 Calinski-Harabaz（CH）指数来搜索最佳聚类簇数。CH 指数的性质是：簇内数据协方差越小且簇间数据协方差越大，CH 指数越高，反之越小。于是，本案例设置了一个簇数区间，对区间内的每个簇数计算 CH 值，取 CH 值最高的簇数作为最终聚类簇数。

本案例统计出已知诈骗账户在每个簇内的数量及占比，如表 6-1 所示。可以看到，已知诈骗账户主要聚集在 36 簇和 94 簇内，我们重点排查这两个簇里的所有账户。

表 6-1 本案例聚类结果

簇序号	已知诈骗账户数量	账户总数量	已知诈骗账户占比
36	703	22 532	3.12%
94	362	36 938	0.98%
82	54	9 642	0.56%
98	42	13 125	0.32%
17	14	10 769	0.13%
67	11	9 166	0.12%
10	15	16 666	0.09%

至此，模型可输出预测的诈骗账户清单。人工排查的重点是已知涉诈账户大量聚集的簇中的白样本账户，因为这部分白样本的特征与已知黑样本特征类似。有了这个结果表，当我们想多排查一些账户时，可以在已知诈骗账户聚集的簇里多选择样本，当我们想追求排查准确率时，可选择占比靠前且距离簇内已知诈骗账户欧氏距离较小的白样本进行排查，这样可以根据需要在"排查量"和"准确率"之间达到平衡。

总结一下，这个方法的优势在于：

（1）无监督算法根本不需要监督标签，适用于没有标签的业务场景；

（2）在全量数据集上推理，无论数据集多大，都有效，而且可以在"精准度"和"覆盖度"之间任意平衡；

（3）具有隐语义表示学习能力，能在大量"显性特征"数据集中计算每个样本的"隐性特征"，这种隐性特征是数据集的整体表达。

6.2.3 "模糊风控规则表述不清"的解决方案：模糊数学控制技术

我们知道，数据模型的本质是"数字化＋数学化"，即通过特征工程将现实世界的实体及其关系数字化，再通过数学语言在数字化特征基础上建立数据模型，通过算法求解数学问题，最后映射回到现实问题从而完成模型应用。因此，数学语言就是数据模型的灵魂。然而，通常情况下，数学语言描述的概念都是精准的、明确的、界限分明的、非此即彼的，正如你不能说一个数字既等于 1 又等于 2 一样。但是在本案例中，很多风控概念都没有明确的边界，而且必须将这些模糊的风控概念相互叠加之后才能得出"账户是否可疑"的最终判断。比如"快速多笔交易"这个风控规则，就无法对"快速"和"多笔"两个概念进行精准定义。因为不同人对快慢、多少等概念的认知是不同的，很难在数学意义上进行边界描述。而我们必须将快慢、多少的概念叠加后才能模拟可疑账户的人工排查过程，于是就有了这样一个矛盾：建模要数学化，需要定义明确的概念边界，而待建模的概念是模糊的，没有明确的概念边界。如何解决这个问题呢？

解决办法是模糊数学。1965 年，美国控制论专家 Lotfi A. Zadeh 教授在 *Information and Control* 杂志上发表了题为"Fuzzy Sets"的论文。从此，模糊数学成为一门新的数学分支理论。该理论用"模糊集"来描述模糊性概念的集合，用"隶属度函数"来描述概念强弱的过渡变化，用"模糊规则"来描述多个模糊概念在不同语言变量下的决策规则。模糊数学突破了经典数学中"等于不等于""属于不属于"的绝对关系，可以描述"一个概念属于 A 模糊集同时又属于 B 模糊集的程度"，后来又形成了模糊控制、模糊推断、模糊聚类、模糊模式识别等子领域，广泛应用在工程控制、机器学习等场景。为方便读者理解，笔者先简要介绍一下这个理论的一些基本概念。

（1）论域：所有特征概念构成的不空集合。比如，如果特征概念是人的年龄，那么论域就是 0～100 的集合。

（2）模糊集：给定一个论域 U，那么从 U 到单位区间 $[0, 1]$ 的一个映射称为 U 上的一个模糊集。比如，在本案例中，"交易笔数"是一个特征概念，"交易稀少""交易适中""交易频繁"是"交易笔数"的三个模糊集，记 max(trade_count) 为所有账户中最大交易笔数，则这三个模糊集中每个元素在论域区间 $[0, \text{max(trade\_count)}]$ 内具有不同的取值。与经典集合一样，两个模糊集可以求交集、并集、补集等操作。但模糊集与经典集合最大的区别是：一个元素可以属于多个模糊集，这是通过隶属度函数来刻画的；而经典集合中，元素只能属于一个集合。

（3）隶属度函数：若对论域（研究的范围）U 中的任一元素 x，都有一个函数 $A(x) \in [0, 1]$ 与之对应，则 $A(x)$ 称为 x 对 A 的隶属度函数。在本案例中，我们以三角形隶属度函数来刻画"交易稀少""交易适中"和"交易频繁"三个模糊集，如图 6-22 所示。

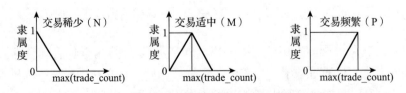

图 6-22　交易笔数隶属度函数、论域与模糊集

（4）模糊规则：对多个模糊概念进行目标判定的规则表。本案例将交易笔数排名和相邻两笔交易的时间间隔（快进快出）排名组成一个模糊规则判定表，如表6-2所示，其中N、M、P分别代表概念的弱、中、强，它们被称为语言变量。查询此表，我们根据交易笔数排名和快进快出排名就可以判定某个账户的诈骗倾向程度（深灰色部分），如表6-2所示。

表6-2 本案例的模糊规则判定表（举例）

		交易笔数排名		
		N	M	P
快进快出排名	N	N	N	M
	M	N	M	M
	P	M	M	P

模糊规则是依靠专家经验制定的。本案例采取迭代方式循环判定 N 个特征概念的组合诈骗倾向，即用特征概念1和特征概念2的模糊计算结果作为新的输入，与特征概念3按模糊规则表计算，计算结果再与特征概念4进行计算，以此类推，具体可见下载文件"模糊规则.xlsx"。值得注意的是，所有语言变量的取值要与最终判定结果的方向保持一致。如果最终结果越接近语言变量 N 的含义，表示涉诈可能性越大，那么所有特征概念叠加的时候都要保持同样的方向。完成上述工作后，我们启动模糊计算框架，将样本的每个特征值输入框架，模型即可输出该样本的涉诈评分。与前述机器学习的方案相比，采用模糊控制的好处是：模型具有较强的可解释性、可理解性，并且根本不需要训练，运行速度快，计算结果具有可比性。

6.3 案例实战

本节介绍本案例的开发运行环境搭建、建模代码实现过程及运行结果。阅读本节后，你将详细了解本案例的具体实现过程。

6.3.1 环境搭建

本案例训练对抗自编码器需要使用一块英伟达公司的GPU，因此首先确认电脑中是否安装了英伟达显卡（即N卡）。笔者的硬件环境为8GB的RTX 2080 Super、内存128GB、CPU为i9-10900K、1T固态硬盘。

接下来，安装机器学习套件Anaconda，安装方法参见1.3.1节。安装完成后，在命令行下创建名为PyTorch的虚拟环境并安装Python 3.6.7版本（读者可根据需要指定虚拟环境名和 Python 版本），执行以下语句：

```
conda create -n pytorch python=3.6.7 -y。
```

激活虚拟环境，执行以下语句：

```
conda activate pytorch。
```

此时，命令行将出现"(pytorch)"提示，表示已进入该虚拟环境。

事实上，CUDA 和 CUDNN 的安装还有更简便的形式。可以在激活虚拟环境后执行命令：conda install cudatoolkit=10.0 cudnn=7.6.4 -y，这将在虚拟环境中安装 CUDA 和 CUDNN 的运行支持。值得注意的是，这种安装方式安装的 CUDA 和 CUDNN 需要激活虚拟环境才有效，并且只安装了运行所需的最小体积版本，没有安装完整版本，而前述下载安装方式安装的 CUDA 和 CUDNN 是全局有效的，并且是完整版本。安装 PyTorch 1.2.0 后，执行命令 conda list|findstr cuda，可以看到虚拟环境中安装的 CUDA 和 CUDNN，如图 6-23 所示。

```
(pytorch) E:\>conda list|findstr cuda
cudatoolkit         10.0.130                    0    defaults
cudnn               7.6.4                cuda10.0_0   defaults
pytorch             1.2.0         py3.6_cuda100_cudnn7_1   pytorch
```

图 6-23 CUDA 安装结果

Featuretools 是一个深度特征合成的开发库，提供自动化衍生特征生成能力。Feature_selector 是一个特征重要度选择库，在多个特征中评估每个特征的相对重要度。本案例使用它们完成特征工程。执行命令 pip install featuretools feature_selector 完成安装。

TensorboardX 是一个深度学习辅助工具，可以实现可视化、跟踪、比较、解释深度学习项目的实验过程。执行命令 pip install tensorboardX 完成安装。

Pandas 是一个著名的数据处理库，提供了 DataFrame 和 Series 两种数据结构。本案例用它来处理样本集的特征数据。执行命令 pip install pandas 完成安装。

Matplotlib 是一个数据可视化库，本案例用它来绘制高斯混合模型聚类的可视化效果，执行命令 pip install matplotlib 完成安装。

Sklearn 是一个高度封装的机器学习库，主要实现频率派的统计机器学习方法，提供分类、聚类、回归、降维、数据预处理等工具。执行命令 pip install scikit-learn 完成安装。

Skfuzzy 是一个模糊数学库，提供模糊聚类、模糊控制、模糊化与去模糊化、模糊滤波、模糊数学、模糊图像等方法封装。本案例用它搭建模糊控制模型。执行命令 pip install scikit-fuzzy 完成安装。至此，运行环境搭建完毕。

6.3.2 代码实战

1. 特征工程实战

在深度特征合成阶段，我们对序列特征和基础特征进行以下加工。

```
# 导入库包
import featuretools as ft
# 加载账户数据集
zhanghs = pd.read_csv('zhangh.csv')
# 新建账户实体集
es = ft.EntitySet(id = 'zhangh')
# 向实体集添加账户实体
es = es.entity_from_dataframe(entity_id = 'zhanghs', dataframe = zhanghs, index = 
    'zhangh')
# 指定衍生特征生成方法为加、减、乘、除
trans_primitives=['add_numeric', 'subtract_numeric', 'multiply_numeric', 'divide_
    numeric']
# 在每个样本的所有输入特征中进行两两运算，从而生成新的衍生特征，max_depth 指定特征合成的深度，为
    1 表示只在原特征上进行运算产生新特征
features, feature_names = ft.dfs(entityset = es, target_entity = 'zhanghs', max_
    depth=1, verbose=1, trans_primitives=trans_primitives)
# 保存生成的衍生特征
writer = pd.ExcelWriter('zhangh.xlsx')
features.to_excel(writer,'Sheet1')
writer.save()
```

将标签数据加入 zhangh.xlsx 后，特征选择阶段的代码如下。

```
from feature_selector import FeatureSelector
# 读取数据
data = pd.read_excel('zhangh.xlsx')
# 指定标签数据列，白样本为 0，黑样本为 1
train_labels = data.flag
# 在特征数据中删除标签列
train_features = data.drop(columns='flag')
# 将特征列和标签列送到特征选择框架中
fs = FeatureSelector(data=train_features, labels=train_labels)
# 先评估零重要性特征，参数分别指定分类任务、评估指标为精度、迭代次数和提前结束标志
fs.identify_zero_importance(task='classification', eval_metric='auc', n_
    iterations=10, early_stopping=True)
# 再评估每个特征的相对重要性。注意，所有特征的相对重要性之和为 1。threshold 参数指定累积重要性，
    plot_n 参数指定显示排名靠前的 N 个重要特征
fs.plot_feature_importances(threshold=0.3, plot_n=20)
```

程序将按相对重要性从高到低输出如下衍生特征，如图 6-24 所示，将此特征送入对抗自编码器模型。

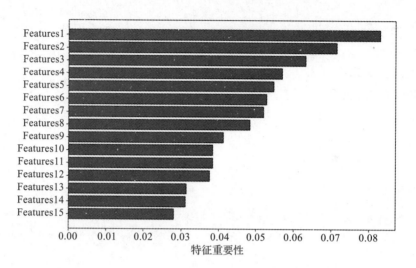

图 6-24　选择的重要衍生特征

由于本案例涉及敏感信息，故业务特征及其数据暂无法公布。本案例的特征数据为涉案相关的所有数据。

2. 无监督对抗学习实战

对抗自编码器的关键代码如下：

```
# 搭建编码器和生成器网络 Q，一个三层全连接 BP 网络
class Q_net(nn.Module):
    def __init__(self,X_dim,N,z_dim):
        super(Q_net, self).__init__()
        self.lin1 = nn.Linear(X_dim, N)
        self.lin2 = nn.Linear(N, N)
        self.lin3_gauss = nn.Linear(N, z_dim)
    def forward(self, x):
        x = F.dropout(self.lin1(x), p=0.25, training=self.training)
        x = F.relu(x)
        x = F.dropout(self.lin2(x), p=0.25, training=self.training)
        x = F.relu(x)
        z_gauss = self.lin3_gauss(x)
        return z_gauss
# 搭建解码器 P，一个三层全连接 BP 网络
class P_net(nn.Module):
    def __init__(self,X_dim,N,z_dim):
        super(P_net, self).__init__()
        self.lin1 = nn.Linear(z_dim, N)
        self.lin2 = nn.Linear(N, N)
        self.lin3 = nn.Linear(N, X_dim)
    def forward(self, x):
```

```python
        x = F.dropout(self.lin1(x), p=0.25, training=self.training)
        x = F.relu(x)
        x = F.dropout(self.lin2(x), p=0.25, training=self.training)
        x = self.lin3(x)
        return F.sigmoid(x)
# 搭建鉴别器 D，一个三层全连接 BP 网络
class D_net_gauss(nn.Module):
    def __init__(self,N,z_dim):
        super(D_net_gauss, self).__init__()
        self.lin1 = nn.Linear(z_dim, N)
        self.lin2 = nn.Linear(N, N)
        self.lin3 = nn.Linear(N, 1)
    def forward(self, x):
        x = F.dropout(self.lin1(x), p=0.2, training=self.training)
        x = F.relu(x)
        x = F.dropout(self.lin2(x), p=0.2, training=self.training)
        x = F.relu(x)
        return F.sigmoid(self.lin3(x))
# 定义数据发生器
class Dataset(torch.utils.data.Dataset):
    def __init__(self, csv_file):
        self.features_frame = pd.read_csv(csv_file, encoding='utf-8')
        ……

    def __len__(self):
        return len(self.features_frame)
    def __getitem__(self, idx):
        try:
            features = [list(next(self.features_it)[1])]
        except:
            self.features_it = iter(self.features_frame.iterrows())
            features = [list(next(self.features_it)[1])]
        return torch.Tensor(features)

# 使用迭代器来加速数据读取。迭代器每次调用 __getitem__() 来读取 batch_size 长度的数据
dataset = Dataset('features.txt')
data_loader = torch.utils.data.DataLoader(dataset=dataset, batch_size=512,
    shuffle=True)
EPS = 1e-15
gen_lr = 0.0001    # 指定 AE 学习率
reg_lr = 0.00005   # 指定 GAN 学习率
z_red_dims = 100   # 指定隐变量的维度
# 初始化编码器/生成器、解码器、鉴别器三个网络。如果训练中断，可从保留的模型文件断点开始继续学习。
#   注意 cuda() 函数将网络模型放到显存中
Q = Q_net(152,200,z_red_dims).cuda()
if Path("./model/Q_encoder_weights.pt").is_file():
```

```python
        print('load model...')
        Q.load_state_dict(torch.load('./model/Q_encoder_weights.pt', map_
            location=lambda storage, loc: storage.cuda(0)))
P = P_net(152,200,z_red_dims).cuda()
if Path("./model/P_decoder_weights.pt").is_file():
        print('load model...')
        P.load_state_dict(torch.load('./model/P_decoder_weights.pt', map_
            location=lambda storage, loc: storage.cuda(0)))
D_gauss = D_net_gauss(200,z_red_dims).cuda()
if Path("./model/D_gauss_weights.pt").is_file():
        print('load model...')
        D_gauss.load_state_dict(torch.load('./model/D_gauss_weights.pt', map_
            location=lambda storage, loc: storage.cuda(0)))
# 指定编码器/解码器在反向传播中使用的优化器。使用Adam优化器可实现自适应学习率,收敛快,可加速
  模型优化过程
optim_P = torch.optim.Adam(P.parameters(), lr=gen_lr)
optim_Q_enc = torch.optim.Adam(Q.parameters(), lr=gen_lr)
# GAN部分优化器
optim_Q_gen = torch.optim.Adam(Q.parameters(), lr=reg_lr)
optim_D = torch.optim.Adam(D_gauss.parameters(), lr=reg_lr)
# 数据迭代器
data_iter = iter(data_loader)
iter_per_epoch = len(data_loader)
print('iter_per_epoch=',iter_per_epoch)
total_step = 30000
writer = SummaryWriter('./Result')
for step in range(total_step):
    if (step+1) % iter_per_epoch == 0:
        data_iter = iter(data_loader)
    if step > 0 and step % 5000 == 0:
        print('save model...')
        torch.save(Q.state_dict(), './model/Q_encoder_weights.pt')
        torch.save(P.state_dict(), './model/P_decoder_weights.pt')
        torch.save(D_gauss.state_dict(), './model/D_gauss_weights.pt')
    features = next(data_iter)
    #features = features.float()
    features = to_var(features)
    # 把这三个模型的累积梯度清空
    P.zero_grad()
    Q.zero_grad()
    D_gauss.zero_grad()
    ############### 自编码器部分 #####################
    z_sample = Q(features)
    X_sample = P(z_sample)
    recon_loss = F.binary_cross_entropy(X_sample + EPS, features + EPS
```

```python
recon_loss.backward()
optim_P.step()
optim_Q_enc.step()
############### GAN 部分 #############################
# 从正态分布中，采样 real gauss(真-高斯分布样本点)
z_real_gauss = V(torch.randn(features.size()[0], z_red_dims) * 5.).cuda()
# 用判别器判别真样本
D_real_gauss = D_gauss(z_real_gauss)
# 用编码器生成假样本
Q.eval()   # 切换到测试形态，Q不参与优化
z_fake_gauss = Q(features)
# 判别器判别假样本
D_fake_gauss = D_gauss(z_fake_gauss)
# 判别器总误差
D_loss = -mean(log(D_real_gauss + EPS) + log(1 - D_fake_gauss + EPS))
# 优化判别器
D_loss.backward()
optim_D.step()
# 编码器充当生成器
Q.train()   # 切换训练形态，Q参与优化
z_fake_gauss = Q(features)
D_fake_gauss = D_gauss(z_fake_gauss)
G_loss = -mean(log(D_fake_gauss + EPS))
G_loss.backward()
# 仅优化Q
optim_Q_gen.step()
print(step, 'recon_loss=', round(recon_loss.item(),2), 'D_loss=', round(D_
    loss.item(),2), 'G_loss=', round(G_loss.item(),2))
if step > 0 and step % 100 == 0:
    writer.add_scalar('recon_loss', recon_loss, step)
    writer.add_scalar('D_loss', D_loss, step)
    writer.add_scalar('G_loss', G_loss, step)
```

对抗自编码器代码详见下载文件"对抗自编码器.py"。对抗自编码器生成的低维隐变量空间，样本是否具有可聚类性（即分布的不均匀性），本案例采用霍普金斯统计量来度量，关键代码如下：

```python
# 输入DataFrame类型的二维数据，输出float类型的霍普金斯统计量
# 默认从数据集中抽样的比例为0.3
def hopkins_statistic(data:pd.DataFrame,sampling_ratio:float = 0.3) -> float:
    # 抽样比例超过0.1到0.5区间任意一端则用端点值代替
    sampling_ratio = min(max(sampling_ratio,0.1),0.5)
    # 抽样数量
    n_samples = int(data.shape[0] * sampling_ratio)
    # 原始数据中抽取的样本数据
    sample_data = data.sample(n_samples)
    # 原始数据抽样后剩余的数据
```

```python
        data = data.drop(index = sample_data.index) #,inplace = True
        # 原始数据中抽取的样本与最近邻的距离之和
        data_dist = cdist(data,sample_data).min(axis = 0).sum()
        # 人工生成的样本点,从平均分布中抽样
        ags_data = pd.DataFrame({col:uniform(data[col].min(),data[col].max(),
                            n_samples)\for col in data})
        # 人工样本与最近邻的距离之和
        ags_dist = cdist(data,ags_data).min(axis = 0).sum()
        # 计算霍普金斯统计量
        H_value = ags_dist / (data_dist + ags_dist)
        return H_value

df = pd.read_csv('dataF.txt')
df = df.sample(frac=0.04,axis=0)
print(hopkins_statistic(df))
```

上述代码详见下载文件"霍普金斯统计量.py"。高斯混合模型聚类阶段,关键代码如下。

```python
X = np.array(x)
df_kehhao = pd.read_csv('features.txt.fx', usecols=['khh','yh_flag'],
           encoding='utf-8')
# 搜索高斯混合的最优聚类数
score_all=[]
list1=range(80,120)
#CH 指数用来选择最佳聚类数目,且运算速度远高于轮廓系数,当簇内协方差越小,簇间协方差越大时,CH 指
    数越高。取 CH 值最高的簇数作为最终的聚类数目,本案例为 110。
for i in range(80,120):
    print('gmm, i=', i)
    gmm = GMM(n_components=i).fit(X)
    y_pred = gmm.predict(X)                 # 得到每个向量数据的分类标签
    # 画出结果的散点图
    #plt.scatter(X[:, 0], X[:, 1], c=y_pred)
    #plt.show()
    score=metrics.calinski_harabasz_score(X, y_pred)
    score_all.append(score)
# 绘制不同 k 值对应的聚类效果
plt.plot(list1,score_all)
plt.show()
# 高斯混合模型聚类,用高维高斯分布来拟合数据集
gmm = GMM(n_components=110).fit(X)          # 指定聚类簇数为 110
labels = gmm.predict(X)                     # 得到每个向量数据的分类标签
# 将聚类出来的多维数据降为三维,绘制在三维坐标上
X_tsne3d = TSNE(n_components=3, random_state=33).fit_transform(X)
from mpl_toolkits.mplot3d import Axes3D
fig = plt.figure()
```

```
ax = Axes3D(fig)
ax = plt.subplot(111, projection='3d')  # 创建一个三维的绘图工程
# 将数据点分成三部分,用不同颜色区分
ax.scatter(X_tsne3d[:,0], X_tsne3d[:,1], X_tsne3d[:,2], c=labels, s=30,
    cmap='coolwarm')  # 绘制数据点
ax.set_zlabel('Z')
ax.set_ylabel('Y')
ax.set_xlabel('X')
plt.show()
```

上述代码详见下载文件"高斯混合聚类.py"。最终,我们得到聚类后的三维可视化数据表达,如图6-25所示。其中,同一颜色的簇代表具有相同语义特征的账户群,颜色深浅不同代表簇间样本的语义特征不同。

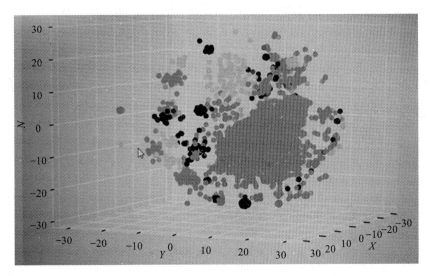

图 6-25 高斯混合模型聚类的三维数据可视化效果

我们发现,已知涉诈账户主要在两个簇聚集,说明这两个簇的其他样本具有与已知涉诈账户相似的语义特征,它们成了重要的人工排查对象,如表6-3所示。

表 6-3 已知涉诈账户的聚集情况

簇序号	诈骗账户数量	诈骗账户占比	簇序号	诈骗账户数量	诈骗账户占比
36	703	3.12%	67	11	0.12%
94	362	0.98%	10	15	0.09%
82	54	0.56%	37	4	0.01%
98	42	0.32%	72	3	0
17	14	0.13%	15	8	0

3. 模糊控制评分实战

模糊控制提供了在模糊规则下的复杂评分机制，其关键代码如下：

```python
import skfuzzy as fuzz
import skfuzzy.control as ctrl
# 模糊控制模型：输入x1和x2的变量值，按模糊规则输出y
x1_max = 1000
x2_max = 1000
y_max = 1000
x1_range = np.arange(0,x1_max,1,np.float32)
x2_range = np.arange(0,x2_max,1,np.float32)
y_range = np.arange(0,y_max,1,np.float32)
def fuzzy_model(x1_value, x2_value):
    # 创建模糊控制变量
    x1 = ctrl.Antecedent(x1_range, 'x1')
    x2 = ctrl.Antecedent(x2_range, 'x2')
    y = ctrl.Consequent(y_range, 'y')
    # 定义模糊集和三角形隶属度函数
    x1['N'] = fuzz.trimf(x1_range,[0,0,int(x1_max/2)])
    x1['M']=fuzz.trimf(x1_range,[0,int(x1_max/2),x1_max])
    x1['P']=fuzz.trimf(x1_range,[int(x1_max/2),x1_max,x1_max])
    x2['N'] = fuzz.trimf(x2_range,[0,0,int(x2_max/2)])
    x2['M']=fuzz.trimf(x2_range,[0,int(x2_max/2),x2_max])
    x2['P']=fuzz.trimf(x2_range,[int(x2_max/2),x2_max,x2_max])
    y['N']=fuzz.trimf(y_range,[0,0,int(y_max/2)])
    y['M']=fuzz.trimf(y_range,[0,int(y_max/2),y_max])
    y['P']=fuzz.trimf(y_range,[int(y_max/2),y_max,y_max])
    # 质心解模糊方式
    y.defuzzify_method='centroid'
    # 输出为N的规则
    rule0 = ctrl.Rule(antecedent=((x1['N'] & x2['N']) |
                                  (x1['M'] & x2['N']) |
                                  (x1['N'] & x2['M']) ),
                      consequent=y['N'], label='rule N')
    # 输出为M的规则
    rule1 = ctrl.Rule(antecedent=((x1['M'] & x2['M']) |
                                  (x1['N'] & x2['P']) |
                                  (x1['M'] & x2['P']) |
                                  (x1['P'] & x2['N']) |
                                  (x1['P'] & x2['M']) ),
                      consequent=y['M'], label='rule M')
    # 输出为P的规则
    rule2 = ctrl.Rule(antecedent=((x1['P'] & x2['P'])),
                      consequent=y['P'], label='rule P')
    # 系统和运行环境初始化
```

```python
    system = ctrl.ControlSystem(rules=[rule0, rule1, rule2])
    sim = ctrl.ControlSystemSimulation(system)
    sim.input['x1'] = x1_value
    sim.input['x2'] = x2_value
    sim.compute()      # 运行系统

    return sim.output['y']
# 子进程代码
def run(j, max_x1, max_x2, max_x3, max_x4, max_x5, max_x6, max_x7, df_zh, df_x1,
    df_x2, df_x3, df_x4, df_x5, df_x6, df_x7):
    f = open('result/result.csv'+str(j-1), "w")
    f.write('zhangh,score\n')
    f.close()
    for i in range(len(df_x1)):
        # 按两两变量依次计算模糊规则,先将变量值缩放到1000
        y = fuzzy_model(df_x1[i]*1000/max_x1, df_x2[i]*1000/max_x2)
        y = fuzzy_model(y, df_x3[i]*1000/max_x3)
        y = fuzzy_model(y, df_x4[i]*1000/max_x4)
        y = fuzzy_model(y, df_x5[i]*1000/max_x5)
        y = fuzzy_model(y, df_x6[i]*1000/max_x6)
        y = fuzzy_model(y, df_x7[i]*1000/max_x7)
        if i%100==0:
            print(j, i, len(df_x1))
        f = open('result/result.csv'+str(j-1), "a")
        f.write(str(df_zh[i])+','+str(round(y,2))+'\n')
        f.close()
if __name__ == '__main__':
    freeze_support()
    df_x1 = pd.DataFrame()
    for i in range(20):
        df = pd.read_csv('out/df2.csv.'+str(i))
        df_x1 = pd.concat([df_x1,df])
    df_x1 = df_x1.reset_index(drop = True)
    # 以下为送入模糊规则的多个特征
    df_x1['rank_trans'] = df_x1['trans'].rank(method='min')
    df_x1['rank_delay'] = df_x1['delay'].rank(method='min')
    df_x1['rank_probe'] = df_x1['probe'].rank(method='min')
    df_x1['rank_ye'] = df_x1['ZHHUYE'].rank(method='min')
    df_x1['rank_hkcs'] = df_x1['hkcs'].rank(method='min')
    df_x1['rank_sus_counts'] = df_x1['sus_counts'].rank(method='min')
    df_x1['rank_ast9'] = df_x1['ast9'].rank(method='min')
    # 为加快计算速度,启动20个进程并行处理
    length = int(len(df_x1)/20)
```

```
for k in range(1,21):
    if k<20:
        endid = k*length
    else:
        endid = len(df_x1)-1
    p = Process(target=run, args=(k, max(df_x1['rank_trans']),
        max(df_x1['rank_delay']), max(df_x1['rank_probe']),
        max(df_x1['rank_ye']), max(df_x1['rank_hkcs']),
        max(df_x1['rank_sus_counts']), max(df_x1['rank_ast9']),
        df_x1['zhangh'][(k-1)*length:endid].reset_index(drop = True),
        df_x1['rank_trans'][(k-1)*length:endid].reset_index(drop = True),
        df_x1['rank_delay'][(k-1)*length:endid].reset_index(drop = True),
        df_x1['rank_probe'][(k-1)*length:endid].reset_index(drop = True),
        df_x1['rank_ye'][(k-1)*length:endid].reset_index(drop = True),
        df_x1['rank_hkcs'][(k-1)*length:endid].reset_index(drop = True),
        df_x1['rank_sus_counts'][(k-1)*length:endid].reset_index(drop = True),
        df_x1['rank_ast9'][(k-1)*length:endid].reset_index(drop = True), ))
    p.start()
```

模糊规则的最终得分见 result 目录下的文件，代码详见下载文件"模糊控制 .py"。

6.4　案例总结

本案例在笔者实际工作中，首次运用预测出 2270 个可疑账户，经人工排查确认 910 户真实诈骗账户，模型的实际平均准确率约为 40%。而传统专家规则方法的实际准确率为 9%～15%，新技术的识别准确率提升了 2～3 倍。由于精准度的提高，使得人工排查工作量减少了一半，发现风险的时间更早，风控效率平均提升 3～5 倍。模型可以每天运行，实现长效排查。

就方法来说，本案例也可以使用变分自编码器来替代对抗自编码器，它们的作用都是将自编码器的隐语义空间约束到指定分布，区别在于变分自编码器使用 KL 散度的泛函方法来实现，对抗自编码器使用鉴别器方法来实现。两种方法都可以达到同样的效果。模糊控制本质上是一种模式识别，它是机器模拟人工排查规则的方法，在输入变量维度很大的时候，它就表现出比人工排查更快、更准确的优势。

总结一下，本案例使用了连续实数深度特征合成、无监督对抗机器学习、模糊控制三项技术，实践效果明显，是大数据人工智能技术价值转化的典型案例，具有一定的可复制性和可推广性，对落实国务院反电信诈骗要求、切实保障消费者合法权益、构建和谐社会、履行金融机构的社会责任有积极的政治意义和现实价值。需要特别说明的是，本案例仅在技术层面进行研究探讨，属于启发性、探索性工作，可能不是最优选择，并且由于案例的特殊性暂不公布原始数据特征，请读者见谅。本案例可作进一步研究，比如在账户的历史交易层面增加行为时间序列异常检测和交易文本特征提取方面的算法，或者基于图谱技术提取异构特征等，有兴趣的读者可关注本书微信公众号参与讨论。

第 7 章
从零开发方言语音电话催收双模机器人——智能语音问答技术

语言构建了世界,世界因为语言而建立沟通、信任和商业。语言是最重要的客户沟通方式。人工智能算法一旦能突破语言屏障,就能产生巨大的商业价值。我们已经看到,智能语音音箱、智能语音汽车、语音家居正在成为一种新的客户经营入口,智能语音问答技术为这些科技公司带来了持续的丰厚利润。例如,智能语音音箱产品,用户只要说出歌曲名字,音箱就能自动在互联网上搜索到这首歌曲并播放,还能根据用户需求进行网上支付和网上社交,并完成语音聊天、备忘提醒等交互工作。200 元的普通音箱,一旦拥有理解语言和交互能力,就能打造全新的客户体验,卖到 800 元,价格直接翻 4 倍。其实产品升值还不是智能语音问答技术的主要价值,关键在于它为科技公司建立了新的商业生态、新的互联网流量入口、新的获客渠道和客户经营阵地。语言领域的人工智能技术一旦成熟,则将重建社会秩序和商业模式,这话一点不夸张。

人工智能行业如此,商业银行也是如此。在业务开展过程中,商业银行要频繁地与客户沟通,对智能语音问答技术的需求很大。智能语音问答技术在商业银行经营中有很多应用场景,比如贷后催收提醒、金融产品外呼营销、客户沟通与服务、语音知识库、理财双录话术检查等,涉及客户营销、内部管理、风险控制等多个方面。这些场景的需求大同小异,基本涉及自动语音识别(Automatic Speech Recognition, ASR)、语言语义理解、自动语音合成等技术。由于贷后催收场景的技术实现比较完整,具有代表性,笔者在实际工作中的研发模型也获得了较好的效果,因此本章着重探讨这些技术在贷后催收场景中的应用。

商业银行贷后催收的传统做法是人工座席外呼,存在坐席场地、人员培训、人员管理、人员成本等问题，并且人工每天拨打电话的数量是有限的，无法应对海量客户的信息沟通任务。有需求就有供给。现在，人工智能领域诞生了智能语音外呼机器人，提供了多路并发高效电话呼叫、理解客户意图、智能话术交互、形成外呼报表等一整套解决方案。商业银行把劳动密集、流程固定、操作固定类型的工作交给人工智能完成，是大趋势。

针对贷后催收场景，我们发现目前市面上的外呼机器人产品，通常的做法是事先设计出客户意图交互策略，即定义出若干客户语义对应的机器回答，形成策略选择关系，在模型推理阶段由自然语言处理（Natural Language Processing，NLP）模块来将客户语料对应到应答策略，再由语音合成（Text to Speech，TTS）模块或录音模块来实现语音应答。传统实现方法包含"基于结构化数据的问答系统"和"基于知识图谱的问答系统"两种。

图 7-1 表示了基于结构化数据的问答系统的处理流程。它将输入语料进行语法、语义分析后，在数据库中查询出最佳匹配答案。其优点是简单、易搭建，缺点是扩展性、智能性不强。

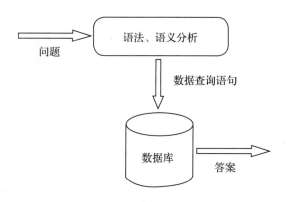

图 7-1 基于结构化数据的问答系统的处理流程

图 7-2 展示了基于知识图谱的问答系统的处理流程。它事先构建实体关系语义知识图谱，使用命名实体识别、三元组抽取、实体关系抽取技术来提取语料的"主谓宾"结构，从而在图谱中找到最佳匹配答案，是图数据库和图神经网络的研究热点。其优点是语义清晰、可解释性强，缺点是构建该系统的技术门槛较高。

以上两种做法都需要将客户意图匹配到某个已知节点上，这样就会带来负面的客户体验。由于客户表达的意图不一定在我们事先设定的数据库或图谱节点中，机器给出的答案就会给人"答非所问"的感觉，因此，我们推荐另一种更好的选择，即"基于自由文本阅读理解的问答系统"。图 7-3 展示了基于自由文本阅读理解的问答系统的处理流程。它将客户的交互语料作为问题输入，让算法在事先给定的自由文本中完成"阅读理解"任务，来智能地寻找客户意图的最佳答案。值得注意的是，客户输入语料和自由文本语料都是在语义层面被算法理解的，任何语义相近的提问都会得到内容相近的回答，因此其智能化程度很高、扩展性强、体验好。

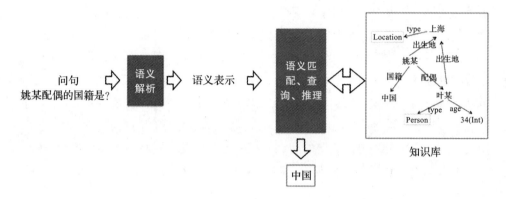

图 7-2　基于知识图谱的问答系统的处理流程

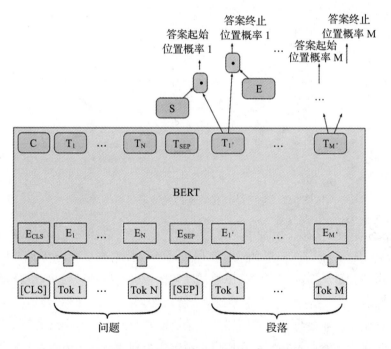

图 7-3　基于自由文本阅读理解的问答系统的处理流程

作者经过实验发现，该方法不仅没有降低模型的鲁棒性，还在一定程度上提升了意图交互的准确性和客户体验。由于本案例中，客户的很多问题不在自由文本中，例如"没听清楚""现在不方便"等，因此对于这部分问题的回答，事先设计出语义节点，采用了基于结构化数据的语义匹配应答系统，对于其他问题，采用了基于自由文本阅读理解的问答系统，其工作流程如图 7-4 所示。在实际工作中，我们结合了两种方法的优点，限于篇幅，本章只对基于自由文本阅读理解方法进行详细阐述。

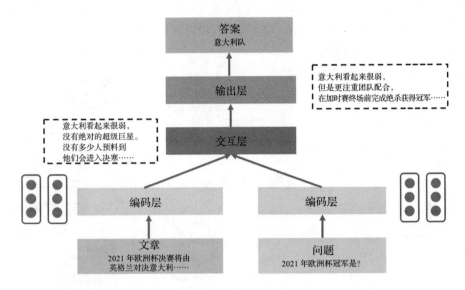

图 7-4 基于自由文本阅读理解的问答系统的工作流程

7.1 方案设计

本案例的双模机器人是指普通话识别和方言识别双模型机器人，在与客户交互过程中，它既能识别普通话，也能识别方言。但一句话要么是普通话，要么是方言，原因是一次交互只能匹配一个模型。在与一个客户沟通的过程中，该客户可以既说普通话，又说方言。

本案例的目标是从零开始实现全流程智能化语音电话催收。所谓全流程是指数据获取、数据处理、客户交互的全流程和智能化；系统循环从后台获取与客户相关的自由文本，自动拨打电话，向客户发起语音问询，同时根据客户语音识别其意图，给出对客户意图最佳匹配的应答语料，合成语音并通过电话与客户沟通，记录全过程对话文本及语音录音，并采集客户的还款意愿，记入数据库备查。本案例私有化部署，所有语音引擎、模型和代码均在本地运行。另外，客户可能使用方言沟通，我们还须构建方言数据集来实现特殊的语音识别需求。由于本案例涉及会话初始协议（Session Initialization Protocol，SIP）集成、语音网关硬件集成、数据库操作、业务报表等附加任务，内容非常多，限于篇幅，不宜作完整展示，此处只介绍主要的五部分内容，即自定义语料的迁移学习、自动语音识别、自由文本阅读理解问答、从文本到语音和 SIP 集成。

本案例的系统架构如图 7-5 所示,使用 SIP 搭建 IP 电话系统,方言语音电话催收机器人通过 SIP 客户端与 SIP 服务器进行用户登记、发起呼叫、语音传输等工作,通过内部局域网传输到语音网关,语音网关完成数字信号与模拟信号的转换后,通过运营商提供的电话通信网络对客户进行呼叫和语音交互工作。

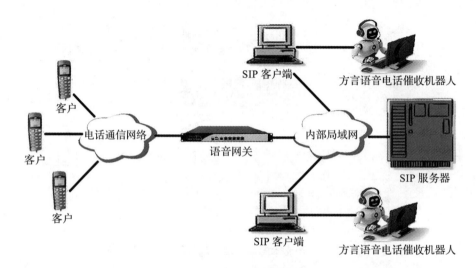

图 7-5　本案例的系统架构

语音交互机器人部分,本案例采用如图 7-6 所示的逻辑架构。

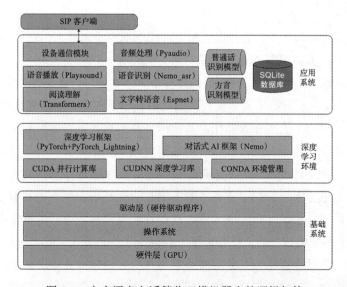

图 7-6　方言语音电话催收双模机器人的逻辑架构

业界常见的语音交互机器人解决方案是采用开源 Kaldi 框架来开发，本案例介绍另一种开源解决方案——基于会话式 AI 框架 Nemo 的多模型语音交互方案。这个方案基于英伟达深度学习架构体系，底层使用了 GPU、CUDA、CUDNN、Conda 作为支撑，在 PyTorch 深度学习框架基础上建立智能问答应用，在应用层使用 Nemo_asr 模块来实现方言语音识别，使用 Transformers 库来实现 NLP 语义理解，使用 Espnet 来实现文字到语音的 TTS 转换，使用 Pyaudio 和 Playsound 模块来实现语音交互，最后通过通信模块实现与 SIP 客户端的对接工作，由 SIP 客户端向 SIP 服务器通信后，通过语音网关和电话通信网络实现与客户的自然语音交互，具体工作流程如图 7-7 所示。

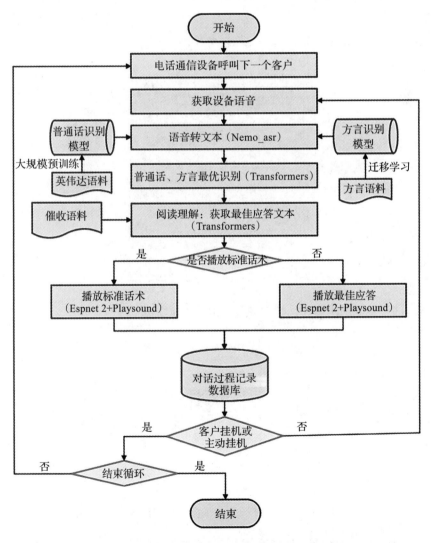

图 7-7　方言语音电话催收双模机器人工作流程

7.2 智能语音问答技术

本节介绍智能语音问答系统的基本任务及流程，对于其中 ASR、NLP、TTS 三个关键技术的实现原理和开发框架进行较为详细的阐述，同时介绍方言 ASR 任务中的迁移学习技术、相关的开源社区模型和 SIP。

7.2.1 智能语音问答系统的基本任务

本案例的智能语音问答系统基于深度神经网络，实现人与机器的自然语言交流，使机器能听懂人说的话、看懂人写的句子、写出人看得懂的句子、说出人听得懂的话，并在此过程中保持人机无障碍语义沟通，人机交互任务见图 7-8。

图 7-8 智能语音问答系统人机交互任务

智能语音问答系统通常由图 7-9 所示的三个子系统组成。

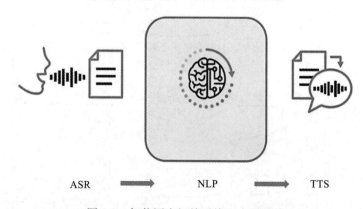

图 7-9 智能语音问答系统三个子系统

其中，ASR 是将人的语音转换为文本的技术。语音识别是一个涉及声学、语音学、语言学、数字信号处理理论、信息论、计算机科学等多学科交叉的领域，是计算机的"耳朵"。本案例实现普通话和方言的识别。NLP 是指输入识别文本，在自由文本中找到最佳答案的过程，涉及文本向量化、文本语义理解、问答系统等多种技术，是计算机的"大脑"。TTS 是指输入文本，输出对应的合成语音的技术，是计算机的"嘴巴"。本案例合成标准普通话。

通常情况下，智能语音问答系统的工作流程如图 7-10 所示。用户以语音形式提出问题，在 ASR 阶段通过语音特征提取、声学模型、解码器和语言模型，将语音转换为文字，在 NLP 阶段通过对语料库文本处理、查询搜索、自动校正、搜索排序和问题回答，理解问题的语义并在语料库中找到最佳答案，在 TTS 阶段通过语音合成器和语音编码器将文本答案转化为对应的语音，完成问答过程。

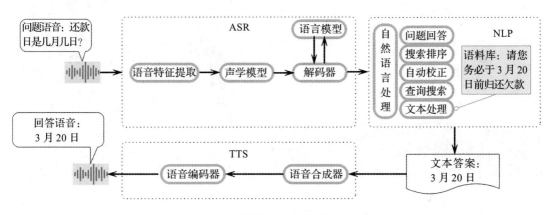

图 7-10　智能语音问答系统工作流程

7.2.2　自动语音识别技术

图 7-11 反映了自动语音识别的简单过程，它将输入的语音声波送入神经网络，输出对应的语言文本。通常需要经过声波数字化采样、分帧、傅里叶变换、特征向量提取、声学网络推理、文本对齐等环节，下面简要介绍。

图 7-12 是数字化采样及傅里叶变换的示意图。由于声音是模拟信号，声音的时域波形只代表声压随时间变化的关系，不能很好地代表声音的特征，因此必须经过采样操作将模拟信号转换为数字信号，为后续步骤提取特征创造条件，包括两个步骤：采样和量化，即以一定的采样率和采样位数把声音连续波形转换为离散的数据点。例如，16kHz 的采样频率就意味着 1s 内采样 16k 个样本，这些样本都是以幅度值存储，取值为 −32768 到 32767 之间的整数值。

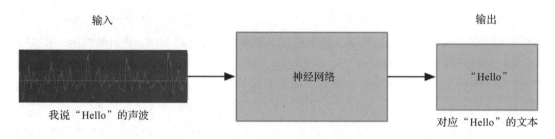

图 7-11　自动语音识别的简单过程

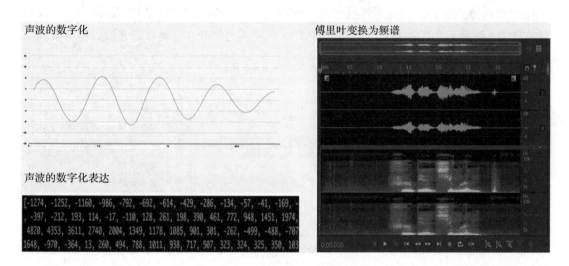

图 7-12　数字化采样及傅里叶变换

  由于口型变化会导致声音信号不平稳，为了方便分析，我们需要进行分帧处理。分帧的目的是确保帧内信号是平稳的。通常取 20ms 为一帧。将分帧后得到的幅度数据进行傅里叶变换，把时域数据转换为频域数据。所谓时域数据是以时间为坐标观察到的数据，而频域数据则是指以频率为坐标观察到的数据。傅里叶变换将一帧的时间采样幅度函数在每个频率上进行分解，得到每个频率的幅度。简单地说，傅里叶变换就是变换了观察维度，即从时间维度变换到频率维度。因为任何连续函数都可以被分解为不同频率下的正弦函数叠加，我们把这些不同频率分量下的正弦函数排列起来，就得到以频率为观察坐标的频域图像。时域图像反映了信号在时间维度上的变化，而频域图像则反映了信号在频率维度上的变化，如图 7-13 所示。

  频域图像反映了信号的频率特征。把声音信号从时域变换到频域的意义在于从频率维度观察到的声音特征更能直观地反映声音本身的特点。例如，在图 7-12 的右图中，下方的频谱图中低频部分的浅色较集中，说明低频声音信号明显，表示这是个男声。

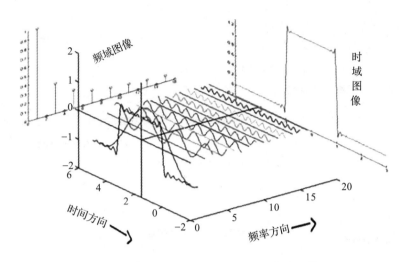

图 7-13 傅里叶变换的频域图像和时域图像

得到了频谱图，就转变了声音的数据结构，即将时间序列的幅度数据转变为一个二维图像。要把二维图像识别为文字，本质上是一个图像分类问题。处理这类问题最成熟的方法是卷积神经网络。图 7-14 是声音特征向量提取和声学网络推理示意图。输入一帧频谱图，分别经过卷积层提取图像的局部特征，最大池化层在更大的范围内提取主要特征同时舍弃一些不重要的细节，得到尺寸更小得特征图，经过全连接层得到语音的特征向量。这个特征向量反映了频谱图得主要特征，输入到一个声学神经网络分类器中，通过训练后，声学神经网络就能对特征向量进行分类，得到对应每个字的概率，概率最大者即为该帧的文字输出。

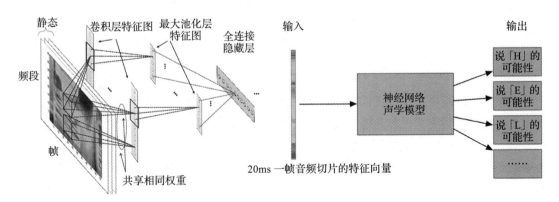

图 7-14 声音特征向量提取和声学网络推理示意图（一）

如图 7-15 所示，当我们处理完整个音频后，将每帧对应的文字输出连接起来，就得到一个文字序列，其中横轴表示时间，纵轴表示对应的文字输出。

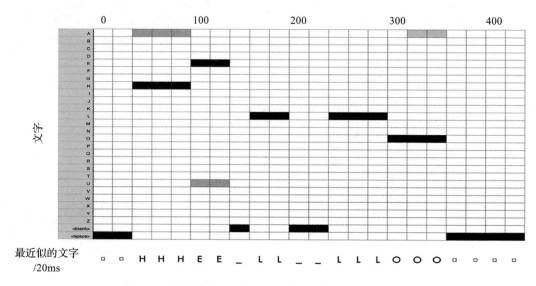

图 7-15　声音特征向量提取和声学网络推理示意图（二）

值得注意的是，由于每个音素的发音时长不一致，得到的文字序列是有重复和间隔的，这时我们需要使用 CTC（Connectionist Temporal Classification）算法来进行端到端的自动对齐，从而合并重复文字和间隔，最终将 HEE_L__LLOO 输出为 HELLO，如图 7-16 所示。

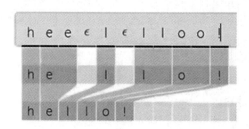

图 7-16　CTC 算法自动文本对齐示意图

逐帧识别拼接成的句子可能还不通顺，我们再使用一个解码器来进行解码修正，比如使用贪心算法、集束搜索算法等，最终完成对输出文本的优化。至此，我们完成了从语音到文字的转换，自动语音识别完成。

7.2.3　QuartzNet 模型

为了保证模型有更快的速度和更高的精度，Nemo 框架使用了 QuartzNet 网络模型。在介绍这个模型之前，我们先来学习什么是深度可分离点卷积运算。

图 7-17 的左边部分是常规卷积运算。它使用 4 个卷积核来对一个 3 通道的图像进行

卷积运算，每个卷积核的大小为 3×3，具有 3 个通道，分别与输入图像的 3 个通道进行运算，参数数量为 4×3×3×3=108 个。右上图是深度可分离卷积，它最大的特点是使用 3 个单通道的 3×3 卷积核来分别与输入图像的 3 个通道进行卷积运算，得到通道分离后的特征图，共计 3 个，参数容量为 3×3×3=27 个。右下图则是将 3 个分离通道的特征图分别与 4 个 1×1 大小的 3 通道卷积核进行卷积运算，其实就是合并特征图的通道信息，参数容量为 1×1×3×4=12 个。右上图和右下图描述了深度可分离点卷积的全过程，参数容量合计为 27+12=39 个，它实际上是"先通道分离，再通道合并"的技术，最终得到的特征图与常规卷积运算差不多，但参数容量却从 108 个锐减到 39 个。由于参数少，因此模型训练快、推理快、做得更深，适合部署在功耗低、算力弱的边缘计算设备上。

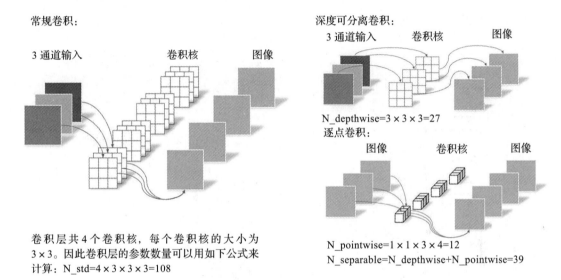

图 7-17　深度可分离点卷积运算示意图

前面说到，Nemo 是以神经模块为核心概念构建深度学习网络的。在 QuartzNet 结构中就可以反映出模块化的设计思想，如图 7-18 所示。其中的 TCSConv-BN-ReLU×R 模块，即时间分离卷积（Time Channel Separable Convolution）模块，它由 R 个卷积块组成，每个卷积块由一个一维深度可分离卷积层、一个点卷积层、一个归一化层、一个 ReLU 激活函数层串联构成。每个卷积块之间通过残差网络进行连接，由于残差网络是以恒等变换为保底条件的，因此可以保证每个卷积块的学习不断提升，同时解决梯度消失、梯度爆炸和网络退化问题。QuartzNet 的整体结构是，首先通过一个不带残差的 TCSConv-BN-ReLU 模块，然后以残差网络的形式连接 B 个带残差的 TCSConv-BN-ReLU×R 模块，再通过一个不带残差的 TCSConv-BN-ReLU 模块、一个普通卷积块 Conv-BN-ReLU，最后通过点卷积块 Pointwise Conv 输出到 CTC 损失函数。QuartzNet 结构的模型可以在英伟达公司的 NGC 容器中使用，以 aishell2_quartznet1 5×5 模型为例，B 等于 15，R 等于 5，下载地址为 https://ngc.nvidia.com/catalog/models/nvidia:aishell2_quartznet15x5。

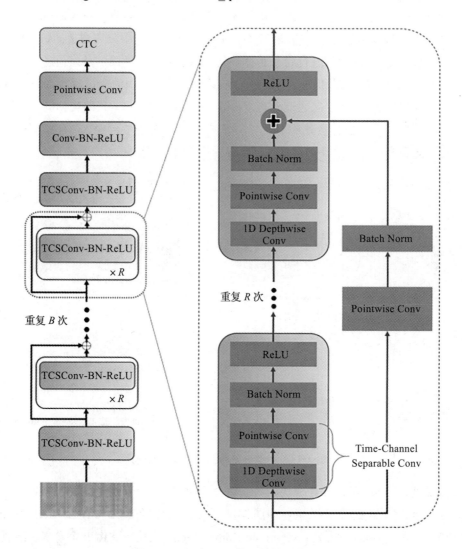

图 7-18 QuartzNet 模型结构示意图

7.2.4 基于自由文本阅读理解的问答技术

我们将问题文本和自由文本进行清洗、分词后，需将文本表达为一串数字，以便下游任务进行语义计算。常见的方法有 onehot（独热）编码和以 Word2Vector 为代表的词嵌入技术，如图 7-19 所示。

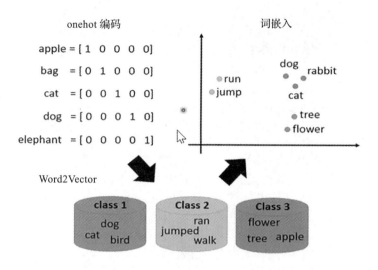

图 7-19　onehot 编码与 Word2Vector 在语义相关性方面的比较

onehot 编码是按类别来区分单词，段落中有多少个不同的单词，其编码长度就是多少。每个单词的词向量编码只有一个元素为 1，其他元素均为 0。因此 onehot 编码是一种稀疏编码方式，不能表达近义词、反义词之间的关联程度。而 Word2Vector 是一种编码长度更小的方式，生成的词向量的每个元素均以浮点数来表示。如果词向量的维度是 N，那么我们把生成的词向量映射到 N 维空间中，可以看到不同词的词向量之间的距离是与词义的相似性成正比的，即近义词的词向量位置非常接近，反义词则相对较远。比如图 7-19 的 run 和 jump 的词向量距离很近，dog 与 flower 的词向量距离较远。Word2Vector 算法是在大量语料文本中根据词的上下文位置来训练生成词向量的，因此词向量本质上反映的是词在语料中的位置，在一定程度上也反映了词的语义。与 onehot 编码相比，Word2Vector 生成的词向量更稠密、低维，因此其计算效率更高，并且 Word2Vector 的词向量以浮点数表示，在计算词义相似度方面有更好的表达能力。

理解了词向量，再来看文本向量化。首先对输入文本进行分词，然后在词表中找到每个词的 ID 号，将其转化为 Tensor 数据类型的文本嵌入向量，即 Token Embeddings，如图 7-20 所示。

在 Bert 模型中，用 Segment Embeddings 向量来分别表示问题文本和自由文本，用 Position Embeddings 向量来表示每个词的位置信息，然后将三个向量相加后送入 Transform 编码器堆叠，模型会计算问题文本和自由文本中的词与词之间的相似度，找出问题文本中哪些词与自由文本中的词关联度最紧密，从而理解问题文本和自由文本的关系，再通过 softmax 激活函数找到问题答案在自由文本中的最佳起始位置和最佳结束位置，从而得到问题答案，如图 7-21 所示。

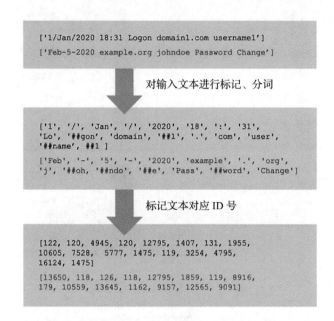

图 7-20　文本向量化示意图

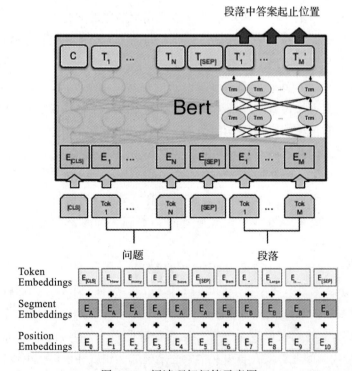

图 7-21　阅读理解问答示意图

7.2.5 从文本到语音的合成技术

在 7.2.4 节中获得的问题答案是文本，我们要将这个文本转换为语音向客户播放，这就要用到从文本到语音的技术——TTS。通常情况下，TTS 的第一步会对文本进行预处理，包括标点符号的停顿（逗号）、语气上扬（问号）、语气加强（叹号）等，并且生成文本向量化表达的语言特征；TTS 的第二步是用声学模型的编码器和解码器来从语言特征生成对应的频谱图（即语音特征）；TTS 的第三步是用声码器将频谱图转换为声波，从而进行语音播放工作。TTS 的过程如图 7-22 所示。

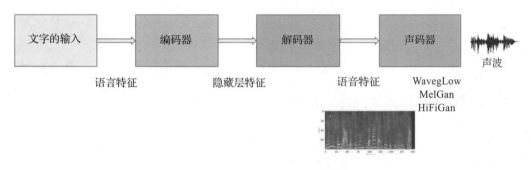

图 7-22 TTS 过程

7.2.6 迁移学习

关于迁移学习，一个形象的比喻是这样的：假设你穿越到了古代，成为了太子，为了治理好国家，你需要知道的实在太多了。若是从头学起，肯定来不及。你要做的是找你的皇帝老爸，问问他做了什么，从而将他的知识全部转移到你的大脑，而你再运用他的知识来分析你要解决的问题，从而总结出新的知识，这些新知识能快速解决你作为太子要面临的各种问题。这就是迁移学习的基本思想。新的知识系统无须从零开始构建，只需要在一个已经成熟的知识系统上进行二次学习，从而形成新场景的新知识。用技术语言可以这样表述：为了快速开发出某个特殊领域的 AI 模型，我们可以制作该特殊领域的专属数据集，将成熟的 AI 模型作为基础模型，在此基础上进行二次训练或网络高层结构及权重的微调，得到的新模型在一定程度上继承了成熟 AI 模型的能力，同时也具备特殊领域的应用能力。迁移学习特别适合小规模数据集的迁移任务。由于特殊领域受很多条件限制，往往不能取得大规模数据集，只能做出样本数量有限的小规模数据集，如果我们从零开始训练，则会导致模型性能较差。但如果我们在一个用大规模数据集训练出来的模型基础上进行二次训练，效果就会好很多。这就是"在巨人的肩膀上，站得高看得远"。

由于方言在催收场景没有现成的数据集，因此只能自己制作。由于投资、人员、时间等条件限制，不能制作大规模语音-文本数据集，因此本案例必须使用迁移学习来优化执行。迁移学习的基础模型选择有个条件，即必须选用与迁移任务相关的、基于大规模数据集的基础模型。由于本案例需要识别中文方言（ASR 任务），因此基础模型就不宜选择英文 ASR 模型，只能选择中文 ASR 模型。我们选择了 QuartzNet15×5Base-Zh 作为基础模型，它是英伟达公司提供的一个 79 层结构、1890 万个参数的大型 ASR 模型，该模型在一个约 1000h 的中文普通话转录的语料库上，经过多 GPU 集群超过数百个 epoch 训练而成，模型容量大、数据规模大。本案例在此模型基础上进行迁移学习，同时将此模型作为普通话识别模型直接使用。迁移学习的具体实现将在 7.4.2 节介绍。

7.3 开发框架

7.3.1 英伟达对话式 AI 框架 Nemo

　　Nemo 是世界领先的人工智能计算公司——英伟达出品的对话式 AI 开源框架，使用 PyTorch 作为深度学习后端，遵循 Apache 2.0 许可协议，以神经模块为核心概念构建整个 AI 网络，提供自动语音识别（ASR）、自然语言处理（NLP）和文本到语音合成（TTS）三大功能模块。作为 GPU 芯片设计公司的软件框架，Nemo 天生支持 NVIDIA GPU 的 Tensor Core，通过混合精度计算来获得最高性能，支持一机多卡和多机多卡的分布式训练模式。Nemo 的主要目标是帮助研究人员快速构建代码和模型，快速建立行业级语音语言 AI 模型。该框架的 Git 主页为 https://github.com/NVIDIA/NeMo，目前的最新版本为 1.5.0。Nemo 的官方文档见 https://docs.nvidia.com/deeplearning/nemo/user-guide/docs/en/v1.4.0/，官方教程见 https://docs.nvidia.com/deeplearning/nemo/user-guide/docs/en/stable/starthere/tutorials.html。

　　Nemo 的主要模块有语音转文字、语音分类、语音活动检测、演讲者识别、多语种处理、机器翻译、文本分类、问答对话、对话状态跟踪、信息检索、意图识别、频谱图生成、端到端语音合成。Nemo 的强大之处不仅在于其自身的功能和性能，更在于它提供了一系列大型预训练模型。用户可以构建自己的数据集，在这些预训练模型的基础上很方便地进行迁移学习和模型微调，从而快速构建适合某个特殊领域的语言模型。预训练模型网址为 https://catalog.ngc.nvidia.com/models，Nemo 的模型均标记 NVIDIA NEMO 图标。

7.3.2 端到端语音处理框架 ESPnet

　　ESPnet 是一个端到端语音处理深度学习框架，提供端到端语音识别、端到端文本到语音转换、端到端语音语义理解、语音增强、语音分离、语音翻译、语音转换等功能，其商业Logo见图7-23。ESPnet使用Chainer和PyTorch作为深度学习引擎，实现Kaldi风格的数据处理，遵循Apache 2.0开源许可协议，代码仓库地址为https://github.com/espnet/espnet，最高版本为0.10.4。本案例使用ESPnet来进行文本转语音功能。

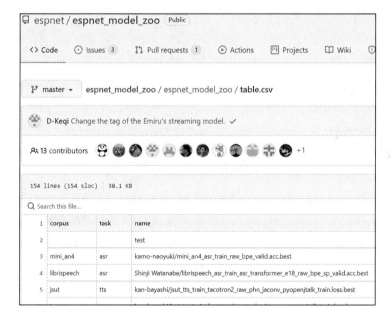

图7-23　ESPnet的商业Logo

ESPnet提供了一系列预训练模型，可以很方便地下载使用，下载地址见https://github.com/espnet/espnet_model_zoo/blob/master/espnet_model_zoo/table.csv，提供了ASR和TTS两大任务的多语种模型，支持英语、汉语、日语等，支持男女声音模型。ESPnet还提供了模型使用示例代码，快速开发，非常方便。ESPnet的model_zoo页面详见图7-24。

图7-24　ESPnet的model_zoo页面

7.3.3　Transformers模型库

Hugging Face是一家总部位于纽约的聊天机器人初创服务商，中文意译为"拥抱笑脸"。相比于其他公司，Hugging Face更加注重产品带来的情感以及环境因素。Hugging

Face 专注于 NLP 技术，拥有大型开源社区。使 Hugging Face 闻名于世的是他们在 GitHub 上开源的自然语言处理预训练模型库 Transformers，Transformers 库提供了 NLP 领域大量 State-Of-Art 的预训练语言模型模型和调用框架，遵循 Apache 2.0 开源协议，最新版本为 4.12.5，代码托管仓库地址为 https://github.com/huggingface/transformers。随着不断发展，目前 Transformers 库已能提供数千个预训练模型，可以在文本、视觉、音频等不同模态上执行任务。Transformers 得到了三个最流行的深度学习库——Jax、PyTorch 和 TensorFlow 的支持，它们之间无缝集成。Hugging Face 的官网地址为 https://huggingface.co/，模型下载地址为 https://huggingface.co/models。Hugging Face 的商业 Logo 及官方主页详见图 7-25。

图 7-25　Hugging Face 的商业 Logo 及官方主页

本案例使用了 Hugging Face 的 uer/roberta-base-chinese-extractive-qa 模型用于中文问答推理，使用 uer/gpt2-chinese-cluecorpussmall 模型来进行中文文本的生成。Hugging Face 的模型使用简单方便，在其模型下载页面，搜索模型后单击进入，可以看到模型的使用示例代码。图 7-26 是一个利用 transformers 库调用上述模型的使用示例，只需加载预训练模型，然后输入文本即可输出预测结果。

```
>>> from transformers import BertTokenizer, GPT2LMHeadModel, TextGenerationPipeline
>>> tokenizer = BertTokenizer.from_pretrained("uer/gpt2-chinese-cluecorpussmall")
>>> model = GPT2LMHeadModel.from_pretrained("uer/gpt2-chinese-cluecorpussmall")
>>> text_generator = TextGenerationPipeline(model, tokenizer)
>>> text_generator("这是很久之前的事情了", max_length=100, do_sample=True)
    [{'generated_text': '这是很久之前的事情了，我 曾 经 把 这 个 当 做 一 种 思 想 的 传
```

图 7-26　Hugging Face 的模型使用示例

7.3.4 跨平台 GUI 框架 PyQt5

Qt 是挪威 Trolltech（奇趣科技）公司使用 C++ 语言开发的跨平台 GUI 框架，支持 Windows、MacOS X 和 Linux，提供跨平台类库、继承开发工具和跨平台 IDE。其 GUI 程序界面风格与当前操作系统完全相同，运行效率高。使用 Qt 开发的代码只需要在不同操作系统上重新编译，就能直接运行。2008 年 6 月，Trolltech 被 Nokia（诺基亚）收购，2012 年 8 月，芬兰 Digia 公司收购了 Nokia 的 Qt 业务。

PyQt 将 Python 与 Qt 融为一体，它允许你使用 Python 语言调用 Qt 库的 API。这样既保持了 Qt 程序运行的高效，又提高了程序的开发效率。PyQt 的主页为 https://www.riverbankcomputing.com/software/pyqt/。PyQt5 是 PyQt 的一个版本，在 GPL v3 许可证下发布，其开发文档在 https://www.riverbankcomputing.com/static/Docs/PyQt5/。PyQt 目前的最高版本为 6 6.2.2。本案例使用 PyQt5 来创建一个桌面 GUI，用于语音电话催收系统的示例程序界面操作和结果展现。

7.3.5 SIP 与 PJSIP 框架

随着计算机科学技术的进步，基于分组交换技术的 IP 数据网络以其便捷性和廉价性，取代了基于电路交换的传统电话网在通信领域的核心地位。SIP 是由 IETF（Internet Engineering Task Force，因特网工程任务组）制定的多媒体通信协议。它是一个应用层的信令控制协议，为多种即时通信业务提供完整的会话创建和会话更改服务，用于创建、修改和释放一个或多个参与者的会话，这些会话可以是 Internet 多媒体会议、IP 电话或多媒体分发。会话的参与者可以通过组播（Multicast）、网状单播（Unicast）或两者的混合体进行通信。SIP 具有灵活、易于实现、便于扩展等特点。

SIP 出现于 20 世纪 90 年代中期，源于哥伦比亚大学计算机系副教授 Henning Schulzrinne 及其研究小组的研究。SIP 的一个重要特点是它不定义要建立的会话类型，而只定义应该如何管理会话。有了这种灵活性，也就意味着 SIP 可以用于众多应用和服务中，包括交互式游戏、音乐和视频点播以及语音、视频和 Web 会议。SIP 消息是基于文本的，因而易于读取和调试。新服务的编程更加简单，对设计人员而言更加直观。SIP 如同电子邮件客户机一样重用 MIME 类型描述，因此与会话相关的应用程序可以自动启动。SIP 重用几个现有的比较成熟的 Internet 服务和协议，如 DNS、RTP、RSVP 等。不必再引入新服务对 SIP 基础设施提供支持，因为该基础设施很多部分已经到位或现成可用。SIP 独立于传输层，因此，底层传输可以是采用 ATM 的 IP。SIP 使用用户数据报协议（UDP）以及传输控制协议（TCP），将独立于底层基础设施的用户灵活地连接起来。SIP 的消息构建方式类似于 HTTP，开发人员能够更加方便便捷地使用通用的编程语言来创建应用程序。SIP 栈架构如图 7-27 所示。

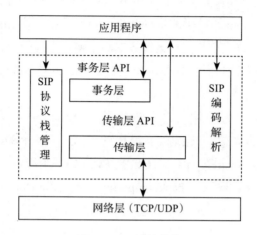

图 7-27　SIP 栈架构

PJSIP 是开发者社区热度最高的开源 SIP 框架，支持多种 SIP 的扩展功能。PJSIP 作为基于 SIP 的一个多媒体通信框架提供了非常清晰的 API，以及 NAT 穿越的功能。PJSIP 具有非常好的移植性，几乎支持现今所有系统：从桌面系统、嵌入式系统到智能手机。PJSIP 同时支持语音、视频、状态呈现和即时通信。PJSIP 具有非常完善的文档，对开发者非常友好。PJSIP 由 Benny Prijono、Perry Ismangil 在 2005 年创建，之后不久，Nanang Izzuddin、Sauw Ming 加入开发团队。2006 年成立 Teluu Ltd.，成为开发和维护 PJSIP 的公司。PJSIP 采用双许可证：GPLv2 以及商业许可证，开发者可以根据需要选择不同的许可证。

PJSIP 包含两部分内容，分别是 SIP 栈（SIP 消息处理）和媒体流处理模块（RTP 包的处理）。PJSIP 栈模块架构如图 7-28 所示。先来看 SIP 栈，它是按不同层次堆叠的。PJLIB 是处理数据结构、内存分配、文件 I/O、线程、线程同步等底层操作的基础库，是 SIP 栈的基石。PJLIB-UTIL 封装了一些常用的算法，例如 MD5、CRC32 等，还封装了一些涉及字符串、文件格式解析操作的 API，例如 XML 格式解析。PJSIP-CORE 是 SIP 栈的核心模块。PJSIP-SIMPLE 是 SIP 事件与实时消息处理封装。PJSIP-UA 是 SIP 用户代理库，处理会话及注册。PJSUA-LIB 是基于 PJSIP-UA 及底层库的高层封装。PJNATH 处理网络层转换。PJMEDIA-CODEC 集成了编码及解码算法。

本案例使用 PJSIP 来搭建基于内部局域网的网络电话系统，实现电话通信网络的模拟信号与局域网数字信号的转换、呼叫用户管理等工作。

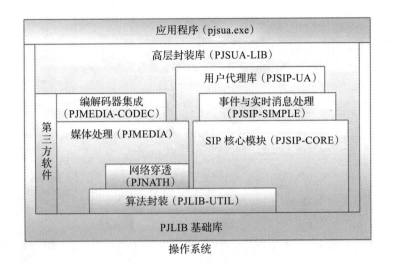

图 7-28　PJSIP 栈模块架构

7.4　案例实战

本节介绍本案例的开发运行环境搭建、关键代码编写及运行结果。

7.4.1　软硬件环境搭建及运行案例程序

1. 方言语音电话机器人

硬件配置：I9-10900K、RTX2080 Super 8GB 显卡、32GB 内存、1TB SSD。

软件环境：Windows 10 64 位、Anaconda 3、CUDA 10.1、CUDNN7.6.4、PyTorch 1.7.0+cu101、Nemo 1.0.0b1。

由于 Nemo 框架是需要英伟达 GPU 才能运行的，因此英伟达显卡是本案例的必备硬件。Anaconda 的安装参考 1.3.1 节，不再赘述。Nemo 可从 https://github.com/NVIDIA/NeMo/tags?after=v1.0.0rc1 下载源码，执行命令 python setup.py install 完成安装。执行命令 pip install espnet 安装 ESPnet。各种模型需要自行下载，放到对应目录下。

双击本书下载文件的"asr 迁移学习"目录下的 audacity2.3.1.exe 安装录音软件，将录音设置为单声道、44100Hz，如图 7-29 所示。

单击录音按钮进行方言录音，并在"asr 迁移学习 /voice_data"目录下以方言内容为名建立多个子目录，对应内容的录音文件保存在子目录下。制作方言数据集的时候，尽量用不同性别、不同声音特点的人来录制，尽量保持环境安静。每个子目录的语料文件不低于 100 个。

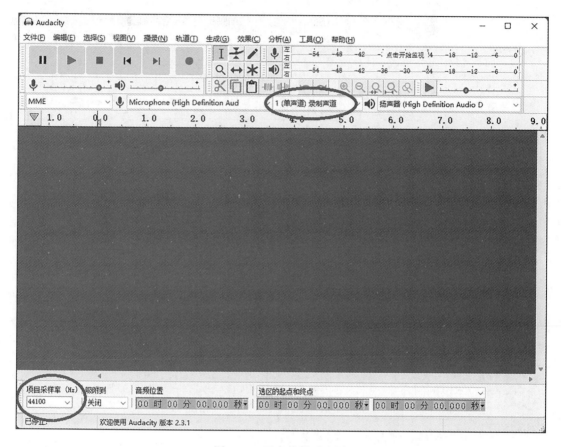

图 7-29　录音软件示意图

完成方言数据集的制作后,在"asr 迁移学习"目录下运行"生成方言数据集 .bat",将生成 train.json 和 test.json。根据需要修改 train.py 文件中的 max_epochs=20 参数来指定要训练的 epoch,然后命令行执行 python train.py,开始进行迁移学习训练方言模型,界面如图 7-30 所示。

注意,损失值应该收敛到较小的数值,在当前目录下将生成训练完成的方言模型 dialect.nemo。该模型文件实际上是一个压缩包,其中包含一个模型配置文件 model_config.yaml 和一个模型权重文件 model_weights.ckpt。训练结束后,可删除 pytorch_lightning 框架的训练日志目录 lightning_logs,然后将迁移学习模型 dialect.nemo 复制到"问答机器人"目录下。命令行执行"python 问答机器人 .py",运行界面如图 7-31 所示。

单击"开始说话"按钮,程序接收人声语音信号,单击"停止说话"按钮,程序将在"自由文本 .txt"文件中寻找问题的最佳答案并语音播放。自由文本的内容是与该客户催收任务相关的话术,比如:

第 7 章 从零开发方言语音电话催收双模机器人——智能语音问答技术 187

```
Epoch 17:  67%|              |NeMo I 2021-12-04 22:00:57 wer:148] | 2/3 [00:03<00:01,  1.81s/it, loss=1.211, v_num=0]
   dating: 0it [00:00, ?it/s]
[NeMo I 2021-12-04 22:00:57 wer:149] reference:你是哪里
[NeMo I 2021-12-04 22:00:57 wer:150] decoded   :你是哪里
Epoch 18:   0%|                                                  | 0/3 [00:00<?, ?it/s, loss=1.211, v_num=0]
NeMo I 2021-12-04 22:01:01 wer:148]

[NeMo I 2021-12-04 22:01:01 wer:149] reference:欠款是好多
[NeMo I 2021-12-04 22:01:01 wer:150] decoded   :欠款是好多
Epoch 18:  33%|              |                                   | 1/3 [00:03<00:06,  3.38s/it, loss=1.257, v_num=0]
NeMo I 2021-12-04 22:01:01 wer:148]

[NeMo I 2021-12-04 22:01:01 wer:149] reference:钱打到哪个卡上呐
[NeMo I 2021-12-04 22:01:01 wer:150] decoded   :钱打个到哪个卡上呐
Epoch 18:  67%|              |NeMo I 2021-12-04 22:01:03 wer:148] | 2/3 [00:03<00:01,  1.84s/it, loss=1.232, v_num=0]
   dating: 0it [00:00, ?it/s]
[NeMo I 2021-12-04 22:01:03 wer:149] reference:你是哪里
[NeMo I 2021-12-04 22:01:03 wer:150] decoded   :是哪里
Epoch 19:   0%|                                                  | 0/3 [00:00<?, ?it/s, loss=1.232, v_num=0]
NeMo I 2021-12-04 22:01:07 wer:148]

[NeMo I 2021-12-04 22:01:07 wer:149] reference:欠款是好多
[NeMo I 2021-12-04 22:01:07 wer:150] decoded   :欠款是好多
Epoch 19:  33%|              |                                   | 1/3 [00:03<00:06,  3.22s/it, loss=1.233, v_num=0]
NeMo I 2021-12-04 22:01:07 wer:148]

[NeMo I 2021-12-04 22:01:07 wer:149] reference:钱打到哪个卡上呐
[NeMo I 2021-12-04 22:01:07 wer:150] decoded   :钱打到哪个卡上呐
Epoch 19:  67%|              |NeMo I 2021-12-04 22:01:09 wer:148] | 2/3 [00:03<00:01,  1.76s/it, loss=1.110, v_num=0]
   dating: 0it [00:00, ?it/s]
```

图 7-30　asr 迁移学习示意图

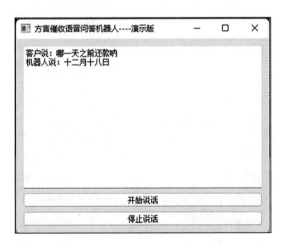

图 7-31　本案例演示程序界面

×先生，我是××银行的。你现在已经严重违约，请你务必在十二月十八日前归还八千元欠款，钱打到你的借记卡上，卡号尾号为七八二三，否则将影响你的征集记录。如果你的银行卡有问题，你可以在工作时间内，携带本人身份证原件，前往附近的××银行营业网点进行银行卡的更换或其他处理。

同时，在控制台界面，你将看到普通话模型和方言模型各自的语音识别结果，程序会取更通顺的句子作为问答系统的输入，并显示问题和答案，如图 7-32 所示。

```
倾听...
[NeMo I 2021-12-05 09:51:58 collections:173] Dataset loaded with 1 files totalling 27.78 hours
[NeMo I 2021-12-05 09:51:58 collections:174] 0 files were filtered totalling 0.00 hours
[NeMo I 2021-12-05 09:51:59 collections:173] Dataset loaded with 1 files totalling 27.78 hours
[NeMo I 2021-12-05 09:51:59 collections:174] 0 files were filtered totalling 0.00 hours
普通话识别：那一天自间还款来 pp11= 810.153076171875 方言识别：哪一天之前还款呐 pp12= 244.197021484375
方言识别更好，使用方言模型
{'score': 0.16354086995124817, 'start': 27, 'end': 33, 'answer': '十二月十八日'}
客户说：哪一天之前还款呐
机器人说：十二月十八日
```

图 7-32　本案例演示程序控制台界面

在程序运行过程中，使用 GPU-Z 软件可以看到模型推理时使用了 GPU 计算核心以加速运行，如图 7-33 所示。

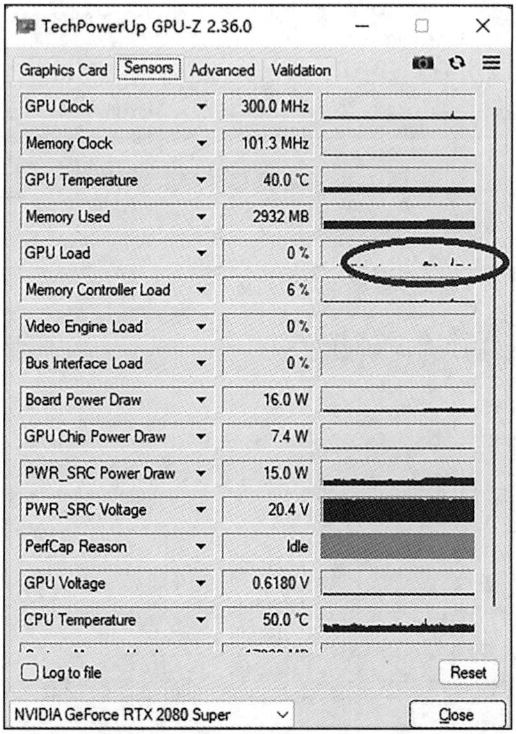

图 7-33　本案例演示程序 GPU 使用情况

至此，双模语音机器人程序已成功运行，读者可以在此基础上进行二次开发，快速搭建自己的专属语音问答系统。

2. SIP 网络电话系统

语音网关硬件和 SIP 服务器软件有多种选择。笔者在实际工作中选用的语音网关硬件型号为迈普 VG2000-32，这是一款支持多路并发呼叫的设备。安装 SIP 客户端程序的计算机通过网线接入该设备的网络入口（FE0），该设备的电话接口（FX0）插入电话线接入运营商的电话通信网络，如图 7-34 所示。

图 7-34　迈普 VG2000-32 语音网关设备

值得注意的是，FX0 接口是通过网线转电话线的。将网线和电话线剥开，接通其中的两根分线，再将水晶头插入设备。接线方法如图 7-35 所示。

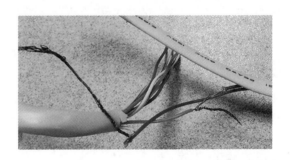

图 7-35　网线与电话线接通

笔者在实际工作中选用了迈普原厂提供的 SIP 服务端软件 MyPowerVC8100，无须开发，从迈普原厂获取 SIP 服务器虚拟机（CentOS 系统），启动后用浏览器登录其地址，在"资源管理"→"网关管理"→"普通网关管理"中配置网关硬件的 IP 地址，如图 7-36 所示。

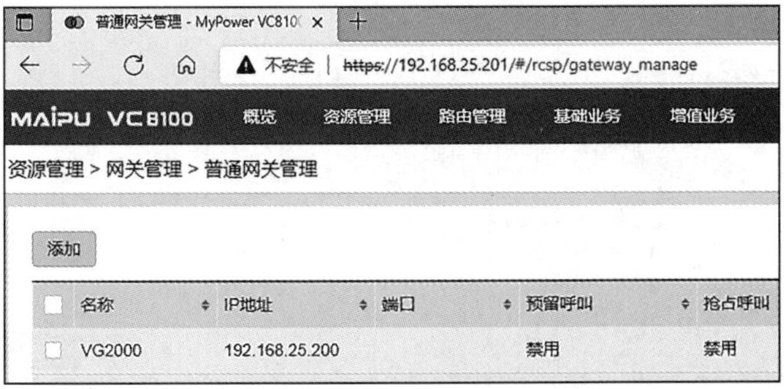

图 7-36　配置网关地址

在"资源管理"→"网关管理"→"受信任 IP"中配置允许通信的 IP 网段，如图 7-37 所示。

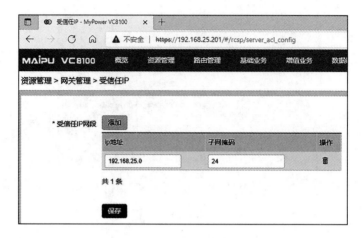

图 7-37　配置受信任 IP

在"路由管理"→"出局路由"中配置出局策略，出局意味着将呼叫提交到运营商提供的电话通信网络，如图 7-38 所示。

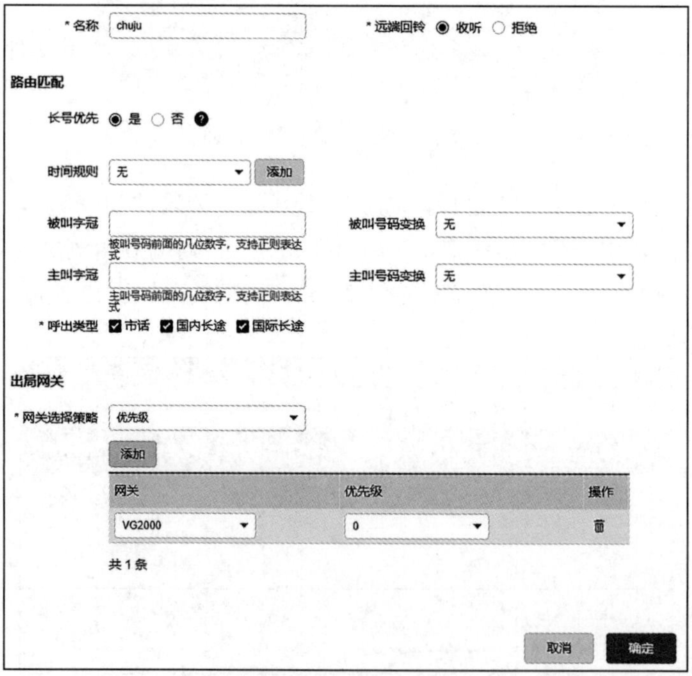

图 7-38　配置出局路由

在“资源管理”→“号码管理”中配置用户信息。其中，号码对应用户名，注册密码对应用户密码，如图 7-39 所示。

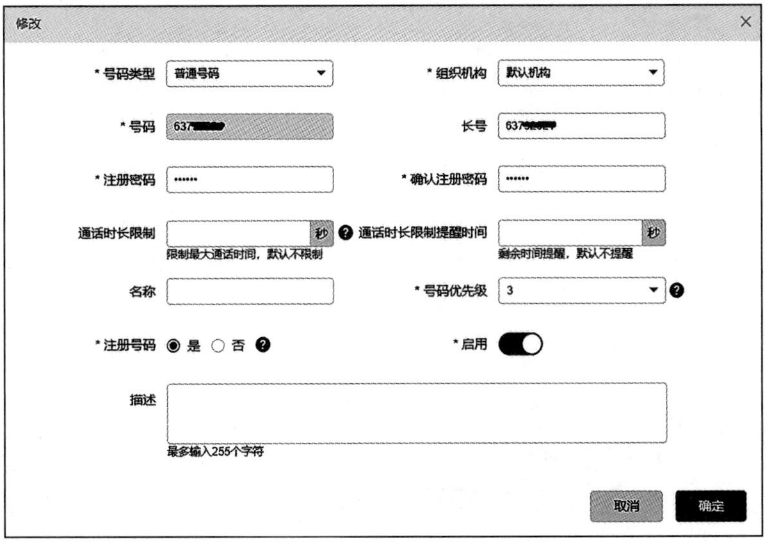

图 7-39　配置用户信息

接下来使用笔者编译好的 Pjsua 客户端（本书下载文件的 SIP 目录下的 pjsua.exe）向 SIP 服务器提交通信请求，以此测试 SIP 协议是否可用。将 pjsua.cfg 文件中的 SIP 服务器地址、用户名、密码根据实际情况进行替换。然后通过命令行进入 SIP 目录，执行以下命令：

```
pjsua --config-file pjsua.cfg
```

提示与图 7-40 中下划线部分一致的信息，表示已成功连接到 SIP 服务器。

```
 [ 0] <sip:192.168.25.33:5060>: does not register
      Online status: Online
 [ 1] <sip:192.168.25.33:5060;transport=TCP>: does not register
      Online status: Online
*[ 2] sip:6379[redacted]@192.168.25.201:5060: 200/OK (expires=3563)
      Online status: Online
```

图 7-40　Pjsua 成功连接提示

进入 Pjsua 主画面后，键入 m 并回车，如图 7-41 所示。

在提示符后输入要被叫号码的 URI，格式为：sip: 被叫号码 @sip 服务器地址，如图 7-42 所示。

```
+-----------------------------------------------------------------+
|     Call Commands:    |  Buddy, IM & Presence:  |    Account:   |
|  m  Make new call     |  +b  Add new buddy      |  +a  Add new accnt. |
|  M  Make multiple calls|  -b  Delete buddy      |  -a  Delete accnt.  |
|  a  Answer call       |   i  Send IM            |  !a  Modify accnt.  |
|  h  Hangup call (ha=all)|  s  Subscribe presence |  rr  (Re-)register  |
|  H  Hold call         |   u  Unsubscribe presence|  ru  Unregister    |
|  v  re-inVite (release hold)|  t  ToGgle Online status|  >  Cycle next ac. |
|  U  send UPDATE       |   T  Set online status  |   <  Cycle prev ac. |
| ],[ Select next/prev call|                      |                   |
|  x  Xfer call         |     Media Commands:     |  Status & Config: |
|  X  Xfer with Replaces|  cl  List ports         |   d  Dump status  |
|  #  Send RFC 2833 DTMF|  cc  Connect port       |  dd  Dump detailed|
|  *  Send DTMF with INFO|  cd  Disconnect port   |  dc  Dump config  |
|  dq Dump curr. call quality|  V  Adjust audio Volume|  f  Save config |
|  S  Send arbitrary REQUEST|  Cp  Codec priorities|                  |
+-----------------------------------------------------------------+
|  q  QUIT    L  ReLoad   sleep MS   echo [0|1|txt]   n: detect NAT type |
+-----------------------------------------------------------------+
You have 0 active call
>>> m
```

图 7-41　Pjsua 主画面

```
Choices:
 0             For current dialog.
-1             All 0 buddies in buddy list
[1 - 0]        Select from buddy list
URL            An URL
<Enter>        Empty input (or 'q') to cancel
Make call: sip:9637██████@192.168.25.201
```

图 7-42　Pjsua 呼叫命令

这时，被叫号码将响铃，接通后可以正常通话，并通过 Pjsua 客户端所在的计算机声卡外放出来。输入 quit 退出 Pjsua。接下来，我们来测试本书提供的代码是否能运行通过。将下载文件 "安装" 目录下的 pjsua.rar 解压到 Anaconda 安装路径 C:\Anaconda\envs 目录下，在 SIP 目录下执行以下命令激活环境：

```
conda activate pjsua
```

将 test.py 的第 59 行修改为实际的 SIP 服务器地址、用户名、密码。执行以下命令：

python test.py sip: 被叫号码 @sip 服务器地址

此时，将看到图 7-43 所示的协议工作日志画面，被叫号码将响铃，接通后正常通话，程序会主动播放一条 TTS 语音提示，并且将通话过程录音到当前目录下的 record.wav 文件件，如图 7-43 所示。

```
(pjsua) E:\SIP>d:\python37\python test.py sip:913██████@192.168.25.201
20:39:16.011 os_core_win32.  !pjlib 2.11.1 for win32 initialized
20:39:16.031 sip_endpoint.c  .Creating endpoint instance...
20:39:16.031          pjlib  .select() I/O Queue created (00DD7E58)
20:39:16.031 sip_endpoint.c  .Module "mod-msg-print" registered
20:39:16.041 sip_transport.  .Transport manager created.
20:39:16.041 pjsua_core.c    .PJSUA state changed: NULL --> CREATED
b'20:39:16.041 sip_endpoint.c  .Module "mod-pjsua-log" registered\n' b'20:39:
er registered\n' b'20:39:16.041 sip_endpoint.c  .Module "mod-stateful-util"
  .Module "mod-ua" registered\n' b'20:39:16.041 sip_endpoint.c  .Module "mod-
dpoint.c  .Module "mod-pjsua" registered\n' b'20:39:16.041 sip_endpoint.c  .M
```

图 7-43　代码呼叫时的提示信息

至此，本项目测试成功。

7.4.2 代码实战

1. Nemo_asr 迁移学习实战

本节的任务是在中文普通话 ASR 模型的基础上，使用自定义方言数据集来训练出方言 ASR 模型。首先按前述方法在 voice_data 目录下制作方言数据集，其目录结构如图 7-44 所示。

自定义方言数据集使用不同性别、不同年龄、不同声音特征的人来朗读，总时长建议在 500h 以上。语料数据越多越好，这部分工作可以定制外包或购买。以方言文本为名称建立子目录，每个子目录下存放该文本对应的多个方言语音文件，格式为单通道、16000Hz（或 44100Hz）。在 Nemo 框架的迁移学习过程中，需要指定语音数据文件的基本属性并制作语音数据文件清单。该清单以 json 为文件后缀名，是一个纯文本文件，每一行描述一个语音文件，其格式如下：

图 7-44 方言数据集目录结构

```
{"audio_filepath":语音文件路径 ,"duration":语音长度 , "text":语音对应的文字 }
```

为快速生成目录清单，编写以下代码。首先导入库包：

```
import os
import librosa
```

然后遍历数据集目录下的所有文件：

```
for root, dirs, files in os.walk('./voice_data'):
    for d in dirs:
        rootdir = os.path.join(root, d)
        dir_path, dir_name = os.path.split(d)
        list_files = os.listdir(rootdir) #列出文件夹下所有文件
```

每个子目录下取 70% 的语音文件编入训练集清单，其余的 30% 编入验证集清单：

```
for i in range(int(len(list_files)*0.7)):   #编制训练集
for i in range(int(len(list_files)*0.7), len(list_files)):   #编制验证集
```

对每个语音文件，使用 librosa 库的 get_duration() 函数来获取语音的长度，生成清单所需的数据。

```
path = os.path.join(rootdir,list_files[i])
        if os.path.isfile(path):
```

```
        time = librosa.get_duration(filename = path)
        print('{"audio_filepath": "' + path.replace('\\','/') + '",
            "duration": ' + str(time) + ', "text": "' + dir_name + '"}')
```

脚本文件为“生成方言数据集 .bat”，调用以下指令分别生成训练集清单 train.json 和验证集清单 test.json：

```
python 生成训练集 .py>train.json
python 生成验证集 .py>test.json
```

完成数据集构建后，我们来编写迁移学习代码。首先需要导入库包，我们使用英伟达 Nemo 框架来进行迁移学习：

```
import nemo.collections.asr as nemo_asr
```

然后加载预训练模型作为基础模型，这将自动从英伟达公司的模型仓库将 QuartzNet15×5Base-Zh 模型下载到本地目录，路径为 C:\Users\ %USERNAME% \.cache\torch\NeMo\NeMo_1.0.0b1\QuartzNet15x5Base-Zh：

```
quartznet = nemo_asr.models.EncDecCTCModel.from_pretrained(model_name=
    "QuartzNet15x5Base-Zh")
```

为了展示迁移学习的效果，我们先来看一下普通话基础模型对方言的识别效果：

```
print(quartznet.transcribe(paths2audio_files=["./voice_data/ 哪一天之前还款呐 /48.
    wav","./voice_data/ 这次要还好多钱呐 /28.wav"]))
```

上述代码的执行结果如图 7-45 所示。

```
[NeMo W 2021-12-05 11:22:37 nemo_logging:34
ng: The function torch.rfft is deprecated a
functions, instead, by importing torch.fft
h\src\ATen\native\SpectralOps.cpp:590.)
      normalized, onesided, return_complex)

['那一天之前还款待', '你知要很好的钱来']
```

图 7-45　基础模型对方言的识别效果

方言的语料为“哪一天之前还款呐”“这次要还好多钱呐”。可以看到，基础模型的识别效果比较差，毕竟这个模型不是使用方言训练的。

下面，重头戏来了。我们首先指定语音数据集的清单：

```
train_file = "./train.json"  # 指定自定义语料库的训练集清单
test_file = "./test.json"    # 指定自定义语料库的验证集清单
```

在迁移学习过程中，需要修改 QuartzNet 的参数，比如指定训练集和验证集。这就需要事先获取 QuartzNet 的参数。这个参数在配置文件 QuartzNet_15×5_zh.yaml 中，该文件在

Nemo 框架源码的 examples\asr\conf\quartznet 目录下。在以下地址下载 Nemo 源码：https://github.com/NVIDIA/NeMo/releases/tag/v1.0.0b1，得到 QuartzNet_15×5_zh.yaml 文件。这里简单介绍一下配置文件的内容，如图 7-46 所示，可以帮助我们加深理解。

```
name: &name "QuartzNet15x5"
model:
  sample_rate: &sample_rate 16000
  repeat: &repeat 5
  dropout: &dropout 0.0
  separable: &separable true
  labels: &labels [' ', '''', A, B, C, D, E, F, G, H, I, J,
                   S, T, U, V, W, X, Y, Z, 炳, 癸, 一, 丁,
                   世, 丘, 丙, 业, 丛, 东, 丝, 丞, 丢, 两,
                   久, 么, 义, 之, 乌, 乍, 乎, 乏, 乐, 乒,
                   了, 予, 争, 事, 二, 于, 亏, 云, 互, 五,
                   亭, 亮, 亲, 毫, 袤, 人, 亿, 什, 仁, 仄,
                   仞, 仟, 亿, 代, 令, 以, 仨, 仪, 们, 仰,
                   优, 伙, 会, 伞, 伟, 传, 伢, 伤, 伦, 伪,
```

图 7-46　QuartzNet 配置文件（一）

首先定义音频采样率 16000（事实证明 44100 也是可以的）；repeat 表示卷积块的数量为 5 个；dropout 和 separable 参数分别指定训练过程中神经元的随机删除和可分离卷积；labels 指定模型的输出文本范围，是 5206 个字母和汉字。接下来是配置训练集和验证集参数，详见图 7-47，其中 ??? 表示这个参数可以通过代码传入，后面的代码就需要传入这个参数。

```
train_ds:
  manifest_filepath: ???
  sample_rate: 16000
  labels: *labels
  batch_size: 32
  trim_silence: True
  normalize: False
  max_duration: 16.7
  shuffle: True
  is_tarred: False
  tarred_audio_filepaths: null
  tarred_shard_strategy: "scatter"

validation_ds:
  manifest_filepath: ???
  sample_rate: 16000
  normalize: False
  labels: *labels
  batch_size: 32
  shuffle: False
```

图 7-47　QuartzNet 配置文件（二）

下面还有预处理器参数、编码器参数、训练器参数，限于篇幅就不逐一介绍了。值

得注意的是，配置文件默认使用 CPU 来进行训练，我们需要根据 GPU 的配置情况修改 trainer 项下 gpus 参数的取值，它代表使用几块 GPU 进行训练。另外，如果训练过程中出现显存不足的情况，需要将 QuartzNet 配置文件中训练集和验证集的 batch_size 参数值降低。然后，我们使用 YAML 模块从 QuartzNet 的配置文件中将模型参数放到 patams 字典：

```
from ruamel.yaml import YAML
config_path = './quartznet_15x5_zh.yaml'  # 指定 QuartzNet 模型的配置文件
yaml = YAML(typ='safe')
with open(config_path, encoding='utf-8') as f:
    params = yaml.load(f)                 # 从 QuartzNet 模型的配置文件中获得参数
```

为了方便训练，我们导入 PyTorch 框架的高级封装 pytorch_lightning 模块来高效执行：

```
import pytorch_lightning as pl
```

我们创建一个训练器实例，使用一块 GPU，训练 256 个 epoch：

```
trainer = pl.Trainer(gpus=1, max_epochs=256)
```

接下来，设置 params 字典的自定义训练集和验证集路径：

```
params['model']['train_ds']['manifest_filepath'] = train_file
params['model']['validation_ds']['manifest_filepath'] = test_file
```

向 QuartzNet 传入更新后的参数：

```
quartznet.setup_training_data(train_data_config=params['model']['train_ds'])
# 更新 QuartzNet 的训练集
quartznet.setup_validation_data(val_data_config=params['model']['validation_ds'])
# 更新 QuartzNet 的验证集
```

因为数据集清单中指定了语音文件（输入数据）及其对应的文本（监督数据），所以网络是可以进行前向和反向传播的。完成这些设置后，启动迁移学习：

```
trainer.fit(quartznet)
```

pytorch_lightning 提供的训练器使用非常简单，只需要传入更新参数后的 QuartzNet 即可。训练开始后，将看到如图 7-48 所示的训练界面。

图 7-48　迁移学习训练过程

注意观察损失值 loss 的下降情况，正常情况下网络会持续收敛，loss 会趋向一个很小的值。在样本较多的情况下，数据有更好的语义表征，这时 loss 的下降会更理想。本书仅以少量示例样本展示过程，读者在实际项目开发中可能会获得比图 7-49 效果更好的收敛。完成训练后，我们用迁移后的模型再来识别一下之前的方言：

```
print(quartznet.transcribe(paths2audio_files=["./voice_data/哪一天之前还款呐/48.wav","./voice_data/这次要还好多钱呐/28.wav"]))   #用训练完成的迁移学习模型来识别方言
```

识别效果如图 7-49 所示。可以看到，先前使用普通话模型识别效果很差的方言，经过迁移学习后，已经被完全正确地识别了。

```
[NeMo I 2021-12-05 14:31:12 collections:173] Dataset
[NeMo I 2021-12-05 14:31:12 collections:174] 0 files
['哪一天之前还款呐', '这次要还好多钱呐']
```

图 7-49 迁移学习模型对方言的识别效果

我们把训练得到的迁移模型保存到 dialect.nemo 文件，这是一个压缩文件，用 WinRAR 打开，里面包含一个模型配置文件 model_config.yaml 和一个模型权重文件 model_weights.ckpt。

```
quartznet.save_to('./dialect.nemo')
```

后续任务中，如果需要使用迁移学习模型来识别方言，只需要调用 Nemo 框架的 restore_from() 函数即可从模型文件加载模型，调用 transcribe() 函数进行推理预测：

```
quartznet = nemo_asr.models.EncDecCTCModel.restore_from('./dialect.nemo')
print(quartznet.transcribe(paths2audio_files=["./voice_data/哪一天之前还款呐/48.wav","./voice_data/这次要还好多钱呐/28.wav"]))
```

由于是同一个模型，因此加载迁移学习模型的推理结果与图 7-49 完全一致。代码详见"asr 迁移学习/train.py"。

2. 语音问答模块实战

下面编写语音问答系统的主代码。首先导入相关库包：

```
from pyaudio import paInt16 as paInt16
from pyaudio import PyAudio as PyAudio
from wave import open as wopen
import nemo.collections.asr as nemo_asr
from PyQt5.QtWidgets import QApplication,QWidget,QTextEdit,QVBoxLayout,QPushButton
from transformers import AutoModelForQuestionAnswering,AutoTokenizer,pipeline,
    BertTokenizer, GPT2LMHeadModel
import soundfile
from espnet2.bin.tts_inference import Text2Speech
from playsound import playsound
```

其中，pyaudio 是一个跨平台的音频 I/O 库，可以进行实时录音；wave 和 soundfile 库可以对 wave 波形文件进行处理；使用 PyQt5 来定义示例程序的窗体、按钮、文本控件等；使用 Nemo 来完成 ASR 任务；导入 transformers 库的 NLP 问答模块来构建问答体系；导入 espnet2 模块来构建 TTS 任务；导入 playsound 模块用于播放 wav 波形。

接下来，在主代码中添加 PyQt 的界面窗体，绑定 TextEditDemo 类。

```
if __name__ == '__main__':
    app=QApplication(argv)
    win=TextEditDemo()
    win.show()
    Exit(app.exec_())
```

TextEditDemo 类是示例程序的主体界面，我们在 __init__() 函数中设置一些界面元素，包括窗体标题、窗体大小、按钮和文本框布局等：

```
self.setWindowTitle('第 7 章方言催收语音问答机器人 ---- 演示版')
# 定义窗口的初始大小
self.resize(400,300)
# 创建多行文本框
self.textEdit=QTextEdit()
# 创建两个按钮
self.btnPress1=QPushButton('开始说话')
# 鼠标放在按钮上的提示
self.btnPress1.setToolTip("安静环境下，大声朗读普通话")
self.btnPress2=QPushButton('停止说话')
# 鼠标放在按钮上的提示
self.btnPress2.setToolTip("开始转录文字")
# 实例化垂直布局
layout=QVBoxLayout()
# 相关控件添加到垂直布局中
layout.addWidget(self.textEdit)
layout.addWidget(self.btnPress1)
layout.addWidget(self.btnPress2)
# 设置布局
self.setLayout(layout)
```

我们设置了一个"开始说话"按钮和一个"停止说话"按钮。单击后分别进行录音操作和问答操作，需要分别设置响应的槽函数：

```
# 将按钮的单击信号与相关的槽函数进行绑定，单击即触发
self.btnPress1.clicked.connect(self.btnPress1_clicked)
self.btnPress2.clicked.connect(self.btnPress2_clicked)
```

由于 TextEditDemo 类的 __init__() 函数是程序启动后自动执行的，因此我们需要把后续步骤用到的各种模型放在这里进行加载：

```
model = AutoModelForQuestionAnswering.from_pretrained('./roberta-base-chinese-
    extractive-qa')
tokenizer = AutoTokenizer.from_pretrained('./roberta-base-chinese-extractive-qa')
```

上述两行代码加载 Hugging Face 的中文 bert 问答模型和标记器。为了实现私有化部署,我们将该模型下载到本地,代码直接指定本地路径即可使用。接下来,使用 pipeline() 函数将模型和标记器联系起来:

```
self.QA = pipeline('question-answering', model=model, tokenizer=tokenizer)
```

获取自由文本,这是与该客户催收任务相关的所有语料文本:

```
f = open('自由文本.txt', 'r', encoding='utf-8')
self.txt_data = f.read()
f.close()
```

构建一个问答结构,分别填入问题文本和自由文本:

```
self.qa_input = {'question':'','context': self.txt_data}
```

接下来,我们加载一个英伟达中文普通话标准 ASR 模型 QuartzNet15×5Base-Zh 和我们之前训练的迁移模型 dialect.nemo:

```
self.asr_model1 = nemo_asr.models.EncDecCTCModel.from_pretrained(model_
    name="QuartzNet15×5Base-Zh")   #加载普通话模型
self.asr_model2 = nemo_asr.models.EncDecCTCModel.restore_from('./dialect.nemo')
    #加载迁移学习模型
```

在 ESPnet 的模型列表中找到高品质(44100Hz)的中文女声 TTS 模型 kan-bayashi/csmsc_full_band_vits,将其下载到本地,加载该模型。我们将它放到显存上,利用 GPU 来加速运行:

```
self.text2speech = Text2Speech("config.yaml", "train.total_count.ave_10best.pth",
    device="cuda")
```

为了评价普通话 ASR 模型和方言 ASR 模型各自得到的句子的质量,我们使用 Hugging Face 的中文 gpt2 模型来计算,分别加载标记器和模型:

```
self.b_tokenizer = BertTokenizer.from_pretrained("./gpt2-chinese-
    cluecorpussmall")
self.b_model = GPT2LMHeadModel.from_pretrained("./gpt2-chinese-cluecorpussmall")
```

电话接通后,机器人将播放一段提示语音(实际工作中会先询问是否本人,本书仅是演示过程):

```
speech = self.text2speech(self.txt_data)["wav"]
soundfile.write("./answer.wav", speech.cpu().numpy(), self.text2speech.fs,
```

```
                "PCM_16")
playsound('./answer.wav')
```

记录整个对话过程的文字信息,建立一个文件(实际工作中是数据库):

```
self.fw = open('./通话记录/刘先生 '+time.strftime("%Y%m%d_%H%M%S", time.
    localtime())+'.txt', 'w', encoding='utf-8')
```

至此,初始化工作结束。接下来,我们需要定义按钮的响应槽函数。对于"开始说话"按钮,启动一个子线程来录音:

```
def btnPress1_clicked(self):
    print('倾听...')
    self.c = ChildThread()
    self.t = Thread(target=self.c.run)
    self.t.start()
```

在 ChildThread() 函数中接收音频设备输入,进行实时录音并保存到 question.wav 文件,设置 isend 标志来判断是否单击了"停止说话",一旦单击则中断录音,进入问答阶段:

```
# 定义子线程类
class ChildThread:
    def __init__(self):
        self.isend = False
    def terminate(self):
        self.isend = True
    def run(self):
        CHUNK = 1024         # wav 文件是由若干个 CHUNK 组成的,CHUNK 可理解成数据包或数据片段
        FORMAT = paInt16     # paInt16 表示我们使用量化位数 16 位来进行录音
        CHANNELS = 1         # 代表声道,这里使用的是单声道
        RATE = 16000         # 采样率 16k
        frames = []
        p = PyAudio()
        stream = p.open(format=FORMAT,
                        channels=CHANNELS,
                        rate=RATE,
                        input=True,
                        frames_per_buffer=CHUNK)
        while True:
            data = stream.read(CHUNK)
            frames.append(data)
            if self.isend == True:
                break
        stream.stop_stream()
        stream.close()
        p.terminate()
        wf = wopen('question.wav', 'wb')
```

```
wf.setnchannels(CHANNELS)
wf.setsampwidth(p.get_sample_size(FORMAT))
wf.setframerate(RATE)
wf.writeframes(b''.join(frames))
wf.close()
```

接下来,我们编写"终止录音"按钮的响应槽函数。首先终止录音并等待子线程结束:

```
def btnPress2_clicked(self):
    self.c.terminate()    #终止录音
    self.t.join()
```

然后,我们分别使用普通话 ASR 模型和方言 ASR 模型来将语音翻译为文本:

```
result1 = self.asr_model1.transcribe(paths2audio_files=["question.wav"])
#用普通话模型来识别普通话
result2 = self.asr_model2.transcribe(paths2audio_files=["question.wav"])
#用方言模型来识别方言
```

注意,由于发音不标准、环境噪声等问题,会导致这时候得到的文本很可能是不通顺的,我们需要评估这两个模型得到的文本质量优劣。我们使用困惑度指标(PPL)来评价句子的通顺性。它主要是根据每个词来估计一句话出现的概率,并用句子长度作 normalize。PPL 的计算公式为:

$$PP(S) = p(w_1 w_2 \cdots w_N)^{-\frac{1}{N}}$$
$$= \sqrt[N]{\frac{1}{p(w_1 w_2 \cdots w_N)}}$$
$$= \sqrt[N]{\sum_{i=1}^{N} \frac{1}{p(w_i \mid w_1 w_2 \cdots w_{i-1})}}$$

式中,S 表示当前句子,N 表示句子长度,$p(w_i)$ 表示第 i 个词的概率,$p(w_i|w_1 w_2 w_3 \cdots w_{i-1})$ 表示基于前 $i-1$ 个词,计算得出第 i 个词的概率。PPL 越小表示句子越通顺。比如,"我回到学校"的 PPL 值就比"我学校到回"的 PPL 值小很多,说明前者的质量更高。PPL 函数的主要代码如下:

```
sens = [sentence]
inputs = self.b_tokenizer(sens, padding='max_length', max_length=50,
    truncation=True, return_tensors="pt")
bs, sl = inputs['input_ids'].size()
outputs = self.b_model(**inputs, labels=inputs['input_ids'])
logits = outputs[1]
shift_logits = logits[:, :-1, :].contiguous()
shift_labels = inputs['input_ids'][:, 1:].contiguous()
```

```python
shift_attentions = inputs['attention_mask'][:, 1:].contiguous()
loss_fct = CrossEntropyLoss(ignore_index=0, reduction="none")
loss = loss_fct(shift_logits.view(-1, shift_logits.size(-1)), shift_labels.view
    (-1)).detach().reshape(bs, -1)
meanloss = loss.sum(1) / shift_attentions.sum(1)
ppl = torch.exp(meanloss).numpy().tolist()
return ppl[0]
```

然后，我们评价两个 ASR 的文本质量，取质量好的问题作为问答系统的输入并记录日志：

```python
ppl1 = self.ppl(asr_result1)         # 得到普通话 ASR 的 PPL
ppl2 = self.ppl(asr_result2)         # 得到方言 ASR 的 PPL
print('普通话识别：',asr_result1,'ppl1=',ppl1,' 方言识别：',asr_result2,' ppl2=',ppl2)
# 如果普通话模型转录的句子比方言更通顺，则使用普通话转录句子，反之亦然
if ppl1 <= ppl2:
    asr_result = asr_result1
    print('普通话识别更好，使用普通话模型')
    self.fw.write(time.strftime("%Y-%m-%d %H:%M:%S", time.localtime())+' 客户（普通
        话）：'+asr_result+'\n')
else:
    asr_result = asr_result2
    print('方言识别更好，使用方言模型')
    self.fw.write(time.strftime("%Y-%m-%d %H:%M:%S", time.localtime())+' 客户（方言）：
        '+asr_result+'\n')
```

如果客户回应了肯定意愿，则结束本次通话：

```python
if ('好' in asr_result or '收到' in asr_result or '嗯' in asr_result or '晓得'
    in asr_result or '知道' in asr_result or '要得' in asr_result or '要的' in
    asr_result or '对头' in asr_result) and len(asr_result) < 5:
    answer = '谢谢你，再见！'
```

如果客户给出的回应是一些业务询问，则将问题更新后进入问答系统，在自由文本中获得最佳答案。

```python
self.qa_input.update({'question': asr_result})
answer = self.QA(self.qa_input, device=0)
```

值得注意的是，answer 作为问答系统的回答结果字典，其中的'score'键表示置信度，如果置信度很低，则表示算法评价的回答质量很差，也有可能是客户的问题不在自由文本中，这时就需要跳转到事先定义的数据库语义节点上去匹配更接近的答案。限于篇幅，这部分省略。对于低置信度的答案，则播放一个固定话术：

```python
if answer.get('score') > 1e-08:
    answer = answer.get('answer')
```

```
else:
    answer = '再次提醒你,请你尽快还清银行的贷款欠款,否则将影响你的征信记录。'
```

最后,我们完善日志和界面显示,再将回答文本通过 ESPnet 的预训练模型转换为波形输出:

```
self.fw.write(time.strftime("%Y-%m-%d %H:%M:%S", time.localtime())+' 机器人:
    '+answer+'\n')
self.fw.flush()
asr_result += '\n 机器人说: '+answer
print(asr_result)
self.textEdit.setPlainText(asr_result)
speech = self.text2speech(answer)["wav"]    # 使用 ESPnet 的预训练模型完成 TTS
soundfile.write("./answer.wav", speech.cpu().numpy(), self.text2speech.fs,
    "PCM_16")
playsound('./answer.wav')
```

代码详见下载文件"问答机器人"目录下的"问答机器人.py"。至此,我们完成了从方言迁移学习、语音识别、问答系统、文语转换的所有过程,方言语音电话催收机器人初步编写完毕。

3. SIP 通信模块实战

按照前面的操作,语音网关和 SIP 服务端均就绪,下面重点介绍 SIP 客户端的开发。SIP 客户端开发可选择 Zoiper、X-Lite、EyeBeam、Bria、Eyebeam、Bria、Blink、PC-Telephone 等众多产品。由于本案例需要将 SIP 客户端和方言双模机器人进行代码级整合或接口交互,因此需要选用可以二次开发的产品。在此情况下,可以选择号称最好的开源 SIP 客户端软件 Blink。该软件支持 Windows、Linux、MacOS 三种操作系统,底层协议使用 PJSIP,使用 Python 开发。Blink 的代码仓库为 https://github.com/AGProjects/blink-cocoa,基于此仓库可以加快项目开发速度。为了让读者更好地了解 SIP 开发,此处采用更底层的 PJSIP 来展示实战过程。第一步工作是从源码编译 PJSUA,我们以 Windows 平台为例讲解编译过程。首先安装 Visual Studio 2017。访问 PJSIP 的代码仓库 https://github.com/pjsip/pjproject/tags,下载最新的 2.11.1 版本源代码。在 Visual Studio 2017 中,单击"打开→项目"→"解决方案",选择 pjproject-vs14.sln 项目文件,如图 7-50 所示。

将项目的编译输出设定为 Release 和 Win32。其中 Release 代表发布版本,Win32 代表 32 位平台,如图 7-51 所示。

在 pjlib/include/pj 目录下,创建空文件 config_site.h。在"解决方案资源管理器"中选择所有项目,右击选择"重新生成解决方案"命令,如图 7-52 所示。

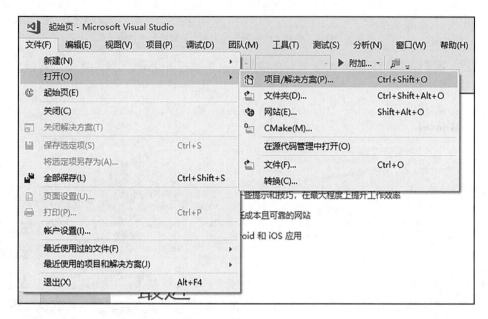

图 7-50　编译 PJSUA（一）

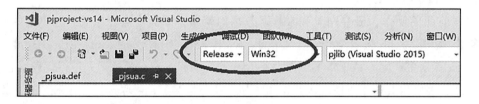

图 7-51　编译 PJSUA（二）

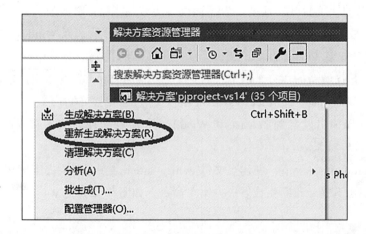

图 7-52　编译 PJSUA（三）

成功后，可以看到底部"输出"窗口的提示信息，没有报错即可，如图 7-53 所示。

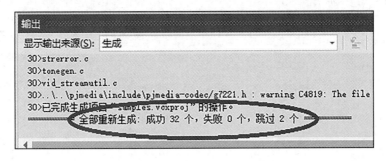

图 7-53　编译 PJSUA（四）

接下来，编译 PJSUA 的 Python 封装。由于版本问题，64 位环境下是不能编译成功的，因此我们需要建立 32 位 Python 环境。命令行执行：

```
set CONDA_FORCE_32BIT=1
```

设置这个环境变量后，在 Conda 中新建的虚拟环境将以 32 位的形式构建。再执行以下命令建立名为 pjsua 的虚拟环境：

```
conda create -n pjsua python=3.7 -y
```

执行以下命令克隆代码仓库到本地：

```
git clone https://github.com/mgwilliams/python3-pjsip.git
```

将原来 pjsip-apps/src/python 目录修改为 python_bk，将下载的 python3-pjsip 目录重命名为 python。编辑 python 目录下的 _pjsua.def 文件，将 init_pjsua 改为 PyInit__pjsua。重新打开 Visual Studio 2017，找到 python_pjsua 项目，右击，选择"属性"命令，弹出"Python Pjsua 属性页"界面，在"C/C++"→"常规"→"附加包含目录"中添加虚拟环境下 Python3 安装路径下的 include 目录，如图 7-54 所示。

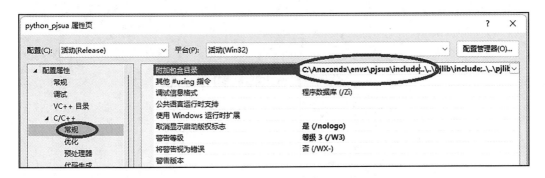

图 7-54　编译 PJSUA（五）

在"链接器"→"常规"→"附加库目录"中添加虚拟环境下 Python3 安装目录下的 libs 目录，如图 7-55 所示。

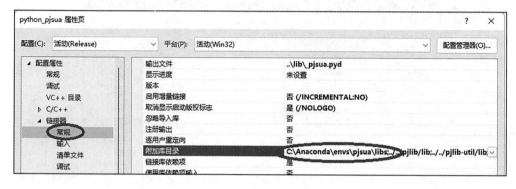

图 7-55　编译 PJSUA（六）

在"链接器"→"输入"→"附加依赖项"中将 python24.lib 改为 python37.lib，如图 7-56 所示。

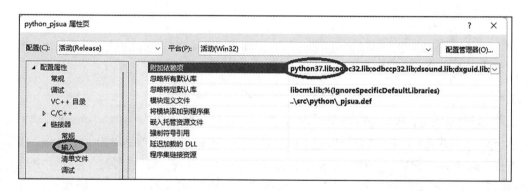

图 7-56　编译 PJSUA（七）

在"解决方案资源管理器"中找到 python_pjsua 项目，右击，选择"重新生成"命令，如图 7-57 所示。

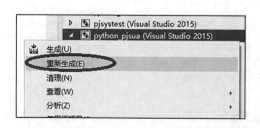

图 7-57　编译 PJSUA（八）

编译完成后，底部"输出"窗口将提示成功信息，如图 7-58 所示。

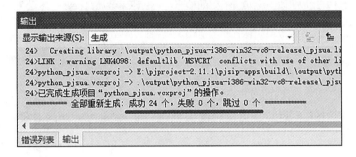

图 7-58　编译 PJSUA（九）

此时，在 pjsip-apps/lib 目录下会产生 _pjsua.pyd 文件，将此文件和 pjsip-apps/src/python/pjsua.py 一起放到虚拟环境的 /Lib/site-packages 目录下。命令行执行 conda activate pjsua 进入虚拟环境，在 Python 解释器中执行 import pjsua，不报错即表示成功，如图 7-59 所示。至此，PJSUA 编译结束。编译项目详见下载文件 SIP 目录下的 pjproject-2.11.1 文件。

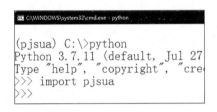

图 7-59　编译 PJSUA（十）

经过上述步骤后，pjsip-apps\bin 目录下编译生成了 pjsua-i386-Win32-vc14-Release.exe，这是 PJSUA 封装的执行程序，它是一个全功能控制台 SIP 客户端。将 pjsua-i386-Win32-vc14-Release.exe 复制到 SIP 目录下，并重命名为 pjsua。下面用它来简单测试一下 SIP 客户端的功能。首先，将以下指令写入 pjsua.cfg 配置文件：

```
--id sip:63791195@192.168.25.201:5060
--registrar sip:192.168.25.201:5060
--realm *
--username 637xxxxx（请将 xxxxx 替换为呼出电话的号码，并删除本提示）
--password 666666
```

PJSUA 使用统一资源标识符（URI）来登记每个 SIP 资源，其格式为"sip: 电话号码 @ SIP 服务器地址 :SIP 服务器端口"。配置文件的第一行表示客户端在 SIP 服务器上的 URI 标识符，第二行表示 SIP 服务器注册标识，后面几行分别指定域、SIP 客户端在 SIP 服务器的用户名及密码。然后执行命令：

```
pjsua --config-file pjsua.cfg
```

然后参照 7.4.1 节的操作，体验胜利的喜悦，此处不再赘述。

下面开始编写 SIP 客户端代码。首先导入库包：

```
import sys,time,os
import pjsua as pj
import threading
```

然后，实例化 PJSUA 封装，可以理解为创建一个 PJSUA 的访问对象：

```
lib = pj.Lib()
```

设置一个会话结束标识：

```
is_end = False
```

设置 PJSUA 的一些参数，如日志级别、日志回调函数：

```
lib.init(log_cfg = pj.LogConfig(level=4, callback=log_cb))
```

以 UDP 协议进行传输，使用默认端口 5060：

```
lib.create_transport(pj.TransportType.UDP, pj.TransportConfig(5060))
```

启动 PJSUA，默认情况下将创建工作线程：

```
lib.start()
```

SIP 客户端向 SIP 服务器发起登录操作，指定 SIP 服务器地址、用户账号和密码即可：

```
acc = lib.create_account(pj.AccountConfig("192.168.25.201", "63XXXXXX",
    "666666"))
```

由于 PJSUA 采用了异步机制，即它的任何操作，只要调用成功就立即返回，而不会等待操作结束。因此，一旦发起了登录操作，上述代码就立即返回。如果我们要处理登录的结果，就需要引入回调函数来处理登录过程中的各种情况。这里，我们定义 MyAccountCallback 类来处理多人同时登录一个账号的互斥和登录状态变化：

```
class MyAccountCallback(pj.AccountCallback):
    sem = None
    def __init__(self, account):
        pj.AccountCallback.__init__(self, account)
    # 多人登录时，使用信号量机制来保证只有一人登录
    def wait(self):
        self.sem = threading.Semaphore(0)
        self.sem.acquire()
    # 一旦客户端在服务器的登录状态改变，由此函数响应
    def on_reg_state(self):
        if self.sem:
```

```
        if self.account.info().reg_status >= 200: #登录成功则释放信号量
            self.sem.release()
```

然后，使回调函数生效：

```
acc_cb = MyAccountCallback(acc)
acc.set_callback(acc_cb)
acc_cb.wait()
```

接下来，进行呼叫。make_call() 函数实现从内部局域网到外部电话通信网的数模转换，返回一个呼叫对象实例，用户的电话将听到来电响铃：

```
call = acc.make_call(sys.argv[1], MyCallCallback())
```

注意，sys.argv[1] 是被呼叫电话的 URI 标识。MyCallCallback 是一个处理异步呼叫的回调函数。定义如下：

```
class MyCallCallback(pj.CallCallback):
    def __init__(self, call=None):
        pj.CallCallback.__init__(self, call)
    # 呼叫状态一旦改变，由此函数响应，如电话接通、呼叫中、挂机等
    def on_state(self):
        global is_end
        if self.call.info().state == pj.CallState.DISCONNECTED:
    # 一旦出现有效挂机，则设置会话结束标识
            if time.time()-start_time > 2:
                is_end = True
```

下面我们要在通话过程中进行全程录音，并将客户的语音通过 SIP 客户端计算机的声卡外放出来。首先明确几个概念。在 PJSUA 中，客户向机器人说话的语音、机器人向客户说话的语音、通话录音，这些都被称为媒体对象（Media Objects）。所有的媒体对象都通过一个唯一的槽号（Slot Number）连接到会议网桥（Conference Bridge）。将对应槽号连通，就实现了媒体对象的互通。如图 7-60 所示，0 号槽为 SIP 客户端的声卡设备，1 号槽为机器人向客户播放的语音，2 号槽为客户端录音文件，3 号槽为用户 Alice 的通话会话，4 号槽为用户 Bob 的通话会话。图中的连接方式表示：Alice 和 Bob 可以双向通话（见 #3 和 #4 互连的深色箭头），机器人和 Alice、Bob 的双向对话均被录音（见连接 #0、#2、#3、#4 的浅色箭头），Alice 的双向通话被外放（见连接 #0 和 #3 的双向箭头），Bob 的双向通话被外放（见连接 #0 和 #4 的双向箭头）。

在 PJSUA 中，call 对象的 info() 方法返回呼叫实例信息，访问 conf_slot 属性就可以获得当前呼叫会话的槽号（就是图 7-60 的 3 号或 4 号槽）。

```
call_slot = call.info().conf_slot
```

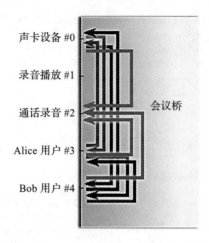

图 7-60　PJSUA 的媒体对象、槽号与会议网桥

在会议网桥中，对一个 wav 文件创建槽位，并将它与当前呼叫会话的槽号连通，获得的效果就是客户在电话中会听到这个 wav 文件的音频播放，分别使用 create_player()、player_get_slot()、conf_connect() 函数实现：

```
player_id = lib.create_player("1.wav")
wave_id = lib.player_get_slot(player_id)
lib.conf_connect(wave_id, call_slot)
```

将机器人和客户的双向通话进行录音：

```
recorder_id1 = lib.create_recorder('record.wav') #创建录音器，返回录音槽号
rec_id1 = lib.recorder_get_slot(recorder_id1)    #获取录音器槽号
lib.conf_connect(call_slot, rec_id1)
lib.conf_connect(wave_id, rec_id1)
```

将当前会话连接到 SIP 客户端的声卡槽。这样，整个通话过程的语音将通过声卡从音箱外放：

```
lib.conf_connect(call_slot, 0)
```

等待通话结束，一旦发现挂机信号则结束程序：

```
while True:
    if is_end == True:
        break
    else:
        time.sleep(0.5)
```

最后，释放系统资源：

```
lib.conf_disconnect(wave_id, call_slot)
```

```
lib.conf_disconnect(call_slot, rec_id1)
lib.conf_disconnect(wave_id, rec_id1)
lib.player_destroy(player_id)
lib.recorder_destroy(recorder_id1)    #释放录音器占用的系统资源,包括删除与录音器关联的所有连接
lib.destroy()
lib = None
```

代码详见下载文件 SIP 目录下的 test.py。至此,代码编写完毕。执行命令:

```
python test.py sip:被叫号码@sip 服务器地址
```

正常情况下,在计算机屏幕上显示 SIP 电话的拨打日志,稍等片刻即可产生手机来电呼叫,接通后可从计算机扬声器听到电话端传来的客户语音,挂断后在当前目录下产生通话录音文件。

7.5 案例总结

本案例使用声学、深度学习、自然语言理解等技术,实现了商业银行催收场景下与客户的自然语言交流和催收提醒,并收集客户还款意愿,形成催收过程记录。这对节省人力、提高催收效率、提升商业银行的经营利润、提前处置可能的贷款风险有积极意义。本案例属于研究探索性质,由于方言口音差异、环境噪声、语音数据集的完备性等因素,本案例还有很多地方需要优化。读者如若实施语音机器人项目,还须制作或购买方言语音数据集。目前国内有专门制作语音数据集的公司,只需提交语义文本,就可以委托公司扩写语料文本并制作不同口音的数据集。这里推荐数据堂和爱数智慧两家公司,相关工作也可由读者自行完成。

本案例是人工智能技术在商业银行风控场景的落地应用,适用于通话数量多、单个通话价值不高的场景,对减少人工投入、提高催收效率有积极意义。事实上,语音机器人还可在金融产品营销、客户权益通知、金融活动推荐邀约、反欺诈提醒等银行业务场景中发挥作用。读者可举一反三,将相关技术应用在类似场景中,不断提升客户体验,践行国有资产管理,构建和谐社会,履行金融机构的政治责任和社会责任。本案例使用的迈普硬件和 SIP 服务器软件需要迈普公司授权,读者也可以根据实际需要选用其他硬件和第三方 SIP 服务器软件。由于语音电话催收机器人是非常复杂且庞大的系统,与具体工作任务联系紧密,而方言语音识别、语义理解和客户语义节点的归纳整理等工作需要长期持续迭代,ASR 识别文字的自然语言理解(NLU)修正、机器人问答知识图谱与语义节点匹配、SIP 网络电话中的实时语音流媒体处理、静音检测、去噪声、通话线路反极信号设置等细节内容无法在本章详尽说明。限于篇幅,本章仅展示了一些主要实现环节,仅作抛砖引玉的介绍,还有很多项目集成、外围系统开发等工作尚未介绍,留待读者自己去实践。

第 8 章

动产抵押品仓库视觉监控项目——图像理解技术

贷款企业的抵押品除了房产、土地等不动产外,还有大量的动产,如汽车、原酒、机器设备、产品等。由于不动产的不可移动性,出现数量损失的可能性不大;而动产可以转移,出现数量损失的可能性较大。在国家政策的指导下,银行贷款大力扶持实体经济、制造企业、小微企业,向普惠金融和乡村企业下沉,因此商业银行可能收获更多的动产抵押,比如制造产品、机床设备等。同时,在经济下行、疫情冲击、结构调整等因素下,商业银行抵押资产管理难度提升。在经营压力和强监管背景下,如何有效管理动产抵押品,最大限度地减少人为因素、道德因素、管理因素造成的损失,确保动产抵押品不丢失、不折损,从而保障贷款收益,是长期以来困扰商业银行的问题。通常情况下,企业抵押的动产保管在指定仓库,商业银行需要指派安保人员进行值守,大仓库还需要派多人看守,造成的问题是人员经济成本高(直接成本)、人员管理沟通成本高(间接成本)、夜间无法有效监控(风险成本)。通常情况下,如果是不良资产变卖,需要进行"资产评估、案件申报、法院判决、执行"等流程,导致这些动产抵押品的资产变现时间较长,商业银行支付的资产看守成本很高,极端情况下甚至超过资产本身的价值。因此,动产抵押品的管理模式亟需技术创新。

幸运的是,技术创新的条件成熟了。近年来,以深度学习为基础的计算机视觉(Computer Vision, CV)技术发展迅猛,几个关键问题得到解决:终端设备解决了算据(数据)问题;卷积神经网络(CNN)解决了算法(如何理解图像)问题;GPU 硬件解决了算力问题。目前,各种新型深度学习方法把计算机视觉技术推向全新的高度,如擅长处理图像细节的胶囊网络、擅长处理图像文字序列数据的卷积循环神经网络（CRNN）、在语言和视觉领域取得成功的 Transformer 等。而 TensorFlow、PyTorch、Caffe 等深度学习框架的成熟，加速了计算机视觉应用的研发，视觉农业、视觉交通、视觉监控等应用如雨后春笋般涌现。可以说，目前的计算机视觉水平已经达到人的水平，在某些场景甚至超过了人类专家水平，比如医疗影像识别领域。在此背景下，我们希望通过使用计算机视觉来解决动产抵押品的监控守护问题。

8.1 方案设计

本案例的目标是开发一套仓库视频理解程序，达到减少人员看守，甚至替代人员看守的目的。本项目将多种计算机视觉技术集成到动产抵押品仓库的监控场景，以实现特定场景下的图像理解。需要算法在视频图像中实现以下事件：识别仓库有哪些人进出，这些人做了什么，他们对动产抵押品的损耗有无影响。即对进出人员进行识别，并检测他们是否接触到抵押品，对风险进行分级管理，采取一定的预警措施，同时保存人员进出期间的视频录像，做到历史风险事件可追溯。前端的计算机视觉应用实现风险初判和录像上传，后端系统进行数据库存储和管理报表可视化，管理人员可随时进行视频检查。如表 8-1 所示，我们根据是否进人、进了什么人、是否接触抵押品来对风险进行分级。风险分级可以根据实际需要进行调整。

表 8-1 项目风险评估表

动作 人员识别	人员	
	未接触抵押品	已接触抵押品
已登记的许可人员进出	低风险	中风险
未登记的陌生人员进出	中风险	高风险
没有人员进出	不涉及风险	不涉及风险

本案例的场景任务及技术方案如表 8-2 所示。

表 8-2 项目场景任务及技术方案

场景子任务	技术方案	采用的算法框架
视频采集、录制	计算机视觉处理	OpenCV 视觉处理框架
动产抵押品在哪里？数量丢失了吗	目标检测	Yolov3 单阶段目标检测、ImageAI 迁移学习
有人出现吗？如果有，截取人物所在区域	对象定位及分割	Yolact 实例分割框架

（续）

场景子任务	技术方案	采用的算法框架
出现的人是谁	人脸检测 人脸关键点特征提取 人脸识别	Face_recognition 一体化框架
此人接触了抵押品吗	人、物重叠范围计算	区域重合计算
结果展现	基于 Web 的数据可视化	Django、Pyecharts

在系统架构设计方面，本案例以基础层、深度学习层、应用层三层结构搭建，分别负责底层硬件及驱动、深度学习软件框架、应用逻辑处理相关工作，如图 8-1 所示。

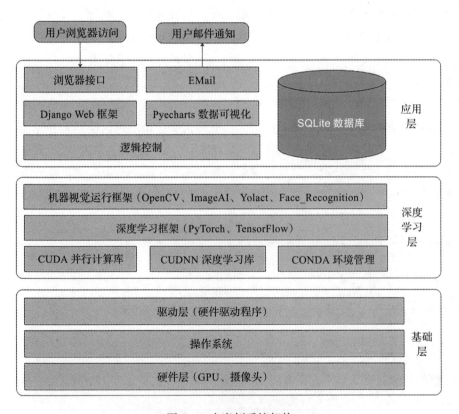

图 8-1　本案例系统架构

本案例采用逐帧处理的方式，对每个子任务进行依次处理，最终形成风险分级和处置动作，处理逻辑如图 8-2 所示。

我们设计一张简单的 SQLite 数据库表来记录监控结果，命名为 monitor_data，设置自增序列 id 作为其主键，表结构如下：

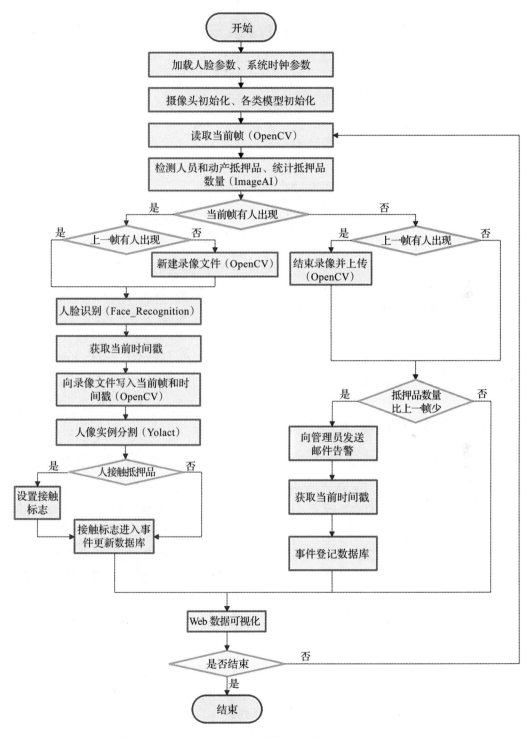

图 8-2 本案例工作流程图

```
CREATE TABLE "monitor_data"(
    "id" INTEGER NOT NULL PRIMARY KEY AUTOINCREMENT,
    "person" varchar(20),          -- 进出人姓名
    "enter_datetime" timestamp,    -- 进入时间
    "leave_datetime" timestamp,    -- 离开时间
    "contact" integer     -- 是否接触抵押品
);
```

再设计一张表来记录抵押品丢失的时间：

```
CREATE TABLE "goods_loss"(
    "id" INTEGER NOT NULL PRIMARY KEY AUTOINCREMENT,
    "loss_time" timestamp,         -- 抵押品丢失时间
    "last_count" timestamp,        -- 上一帧检测数量
    "contact" integer              -- 当前帧检测数量
);
```

8.2 开发库与框架

本节介绍本案例使用的相关技术及其开发库与框架，包括 OpenCV、Face_Recognition、Yolact、ImageAI、Django Web、Pyecharts 等。

8.2.1 计算机视觉处理库 OpenCV

在计算机视觉领域，OpenCV 几乎是无人不知的开源库，在业内地位非常高。OpenCV 是英特尔开源的计算机视觉库，遵循 Apache 2.0 开源许可协议。它由一系列 C 函数和 C++ 类构成，实现了图像处理和计算机视觉方面的很多通用算法。OpenCV 拥有非常丰富的跨平台的中、高层 API，可以运行在 Linux、Windows、Android 和 MacOS 操作系统上，同时提供了 Python、Ruby、MATLAB、C#、Go 等语言接口。OpenCV 的运行完全独立，不依赖于其他外部库，不需要添加新的外部支持就可以完整地编译链接生成执行程序，这些特性使得它成为很多视觉开发工作的首选。

OpenCV 的 Logo 是由 OpenCV 社区成员以色列人 Adi Shavit 设计的，如图 8-3 所示。其含义为：

（1）三个带缺口的环形来源于开放源码促进会（Open Source Initiative）的注册商标"钥匙孔" Logo。这个钥匙孔 Logo 是一个具有钥匙孔形状缺口的字母 O，寓意软件发展的关键是开放（Open）。OpenCV Logo 由三个环形组成。

（2）三个环形的开口方向互不相同，三个环形从视觉上依次形似 O、C、V 三个字母，

代表 Open Computer Vision。

（3）三个环形使用了红、绿、蓝三原色，象征着计算机视觉中最基本的彩色空间。

图 8-3　OpenCV 与开放源码促进会的 Logo

OpenCV 项目于 1999 年由 Gary Bradsky 在英特尔创立，第一个版本于 2000 年问世。2005 年，OpenCV 被用于 Stanley 车型，并赢得 2005 年 DARPA 大挑战。后来，在 Willow Garage 的支持下由 Gary Bradsky 和 Vadim Pisarevsky 领导该项目。OpenCV 支持与计算机视觉和机器学习相关的众多算法，官方地址为 https://opencv.org/，代码仓库地址为 https://github.com/opencv/opencv，最新版本为 4.6.0。

OpenCV 的模块结构如图 8-4 所示，其最底层是 OpenCV HAL（Hardware Acceleration Layer），它是硬件加速层，处理与硬件相关的任务。上一层是 OpenCV 的核心层，包括图像处理、目标检测等模块。再上一层是 OpenCV Contrib 层，它是由其他开发人员贡献的代码，包含人脸、文字等高层 API 封装。最顶层是语言接口、方法示例、应用程序和解决方案。

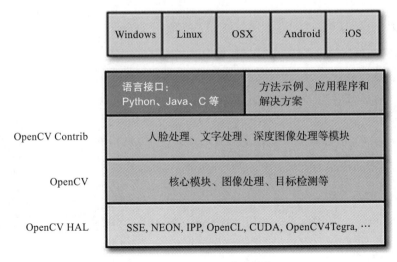

图 8-4　OpenCV 的模块结构

本案例使用 OpenCV4.4.0.42 提供的 Python API 完成视频采集、图像编辑、视频保存等工作。

8.2.2 人脸识别开源库 Face_Recognition

Face_Recognition 号称是世界上最简洁的人脸识别开源库，遵循 MIT 开源许可协议，支持 Python 代码接口和命令行两种调用方式，实现了人脸检测、人脸特征点提取、人脸特征编码、人脸特征比对及识别，准确率高达 99.38%。Face_Recognition 依托 C++ 视觉库 dlib，支持 HOG 模型（方向梯度直方图）和 CNN 模型（卷积神经网络）检测人脸，然后将面部轮廓、五官位置等信息编码为 128 维度的特征向量，与人脸库中的特征向量进行比对，实现人脸识别。由于高层封装和简洁的代码调用，使得 Face_Recognition 成为快速开发人脸识别应用的首选，其代码仓库为 https://github.com/ageitgey/face_recognition，目前最新版本为 1.2.2。

人脸检测（Face Detection）是指对于任意一幅给定的图像，采用算法确定其中是否含有人脸，如果有则标记人脸的位置和大小。通常情况下，人脸检测任务输出所有人脸的最小包裹矩形，如图 8-5 所示。

图 8-5 人脸检测

人脸关键点检测（Face Key Point Detection）是指给定人脸图像，定位出眉毛、眼睛、鼻子、嘴巴、脸部轮廓区域的轮廓点与角点等特征关键点。人脸关键点检测是人脸姿态对齐、人脸美颜、人脸表情分析等任务的基础技术。对于 2D 人脸图像，人脸关键点数量通常有 6 点、21 点、29 点、68 点、106 点、186 点等。对于 3D 人脸图像，人脸关键点数量可以达到 1000 点以上的密集程度，Face++、美图等企业已实现该技术。Face_Recognition 采用了 68 点检测技术。人脸关键点检测效果如图 8-6 所示。

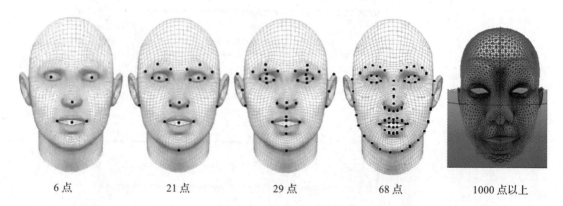

图 8-6 人脸关键点检测

人脸特征向量（Feature Vector）提取是在人脸关键点检测基础上提取多个维度的人脸特征。这些特征并不是简单的长度、宽度、比例，而是经过复杂运算（如归一化）后得到的相对稳定的特征。Face_Recognition 用 128 个浮点数来表示一张人脸的特征向量，如图 8-7 所示。

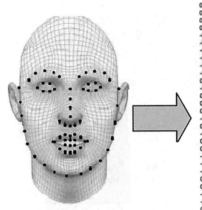

图 8-7　Face_Recognition 的人脸特征向量提取过程

人脸特征向量就是算法用数据表达的"人脸"。因此，特征向量一旦确定，就可以确定这张脸是谁。如果两个特征向量的数据非常接近，则表示这两张脸是同一个人的可能性很大。通过将待识别人脸的特征向量与已知人脸数据库的特征向量进行比较，找到最佳匹配的数据库人脸，就能完成人脸识别任务，识别效果如图 8-8 所示。

本案例使用 Face_Recognition 来检测、识别视野中的每个人，并判断此人是否为已登记的允许人员，从而为风险评价提供输入。

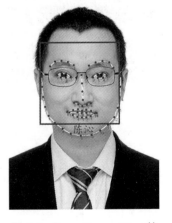

图 8-8　Face_Recognition 的人脸识别效果

8.2.3　实例分割开源库 Yolact

ICCV（IEEE International Conference on Computer Vision，国际计算机视觉大会）与计算机视觉模式识别会议（CVPR）和欧洲计算机视觉会议（ECCV）并称计算机视觉方向的三大顶级会议。Yolact 是 ICCV 2019 年接收的实时实例分割论文"YOLACT：Real-time Instance Segmentation"提出的算法。该算法的性能可达 33 FPS/30mAP，是最快的实例分割算法。目前 Yolact 算法已封装成开源的 Python 库，代码仓库主页为 https://github.com/dbolya/yolact，遵循 MIT 开源许可协议。

在图像处理领域，为了处理特定对象，通常需要辨识该对象在图像中的像素，这就是图像分割技术，大致可以分为语义分割、实例分割和全景分割三类，如图 8-9 所示。

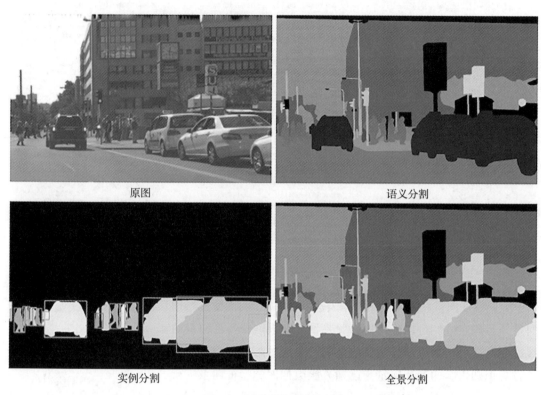

图 8-9　图像分割效果对比

从图 8-9 可以看出，语义分割将同类型的不同对象标识成一类像素；实例分割将同类型的不同对象标识成不同类像素，但仅作用于需要分割的对象而忽略其他对象；全景分割在实例分割的基础上，将分割作用于整个图像。

实例分割技术通常分为双阶段（Two-Stage）和单阶段（One-Stage）两种，前者的算法思想是"先检测后分割"，即首先定位到目标对象的边框，然后在边框内分割目标物体，简单说就是把检测和分割分离开来，典型代表是 Mask R-CNN 算法；后者则将检测和分割两项工作统一到一个阶段完成。一般情况下，双阶段算法精度较高而速度较慢，单阶段算法精度稍低但速度更快。Yolact 属于单阶段算法。

给定一幅图，如何进行实例分割呢？Yolact 的做法是在语义分割的基础上区分每个实体。在解释这个问题前，先来了解卷积、反卷积和全卷积三个概念。图 8-10 说明了卷积运算的过程。

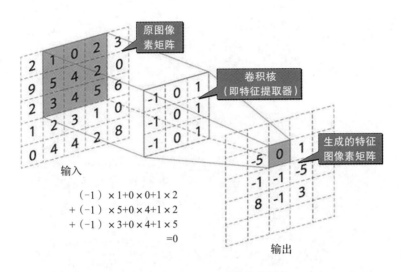

图 8-10 卷积运算示意图

卷积运算通过原图像素值与卷积核进行矩阵乘法，生成新的特征图。如果卷积核的作用是提取图像中的某个特征，那么得到的特征图就是这个特征的表达。例如，提取眼睛的卷积核得到的特征图是眼睛，提取鼻子的卷积核得到的特征图是鼻子，依此类推。在卷积神经网络中，底层的卷积核提取的是边缘纹理等像素级特征，中层的卷积核提取的是半像素半语义的特征，高层的卷积核提取的特征则更接近待识别的语义。

图 8-11 表示从第 1 个卷积层到第 5 个卷积层的特征提取能力，每层的左边是特征图，右边是原图。可以看出，第 2 层提取的特征图多为纹理边缘，第 3 层提取的特征图多为轮廓，此时提取的人物包括头部和躯干轮廓，而第 5 层则只提取了主体物的显著特征，此时提取的人物基本只有面部的主要特征区域。由此可见，层次越高的卷积层提取的特征图越能代表主体的语义特征，而语义特征是该主体类别区别于其他主体的显著特征。如果图中有多个对象，则会提取多个对象各自的特征。这意味着卷积操作擅长处理不同对象的空间相干性，能将不同主体区别开来。

再来看反卷积，又称转置卷积、上采样，约等于卷积操作的逆操作。在卷积神经网络正向传播过程中，由于输入图像通过卷积核提取特征后，输出的特征图尺寸往往会变小，如何将图像恢复到原来的尺寸呢？这就需要反卷积操作来实现从小分辨率到大分辨率的映射，使用卷积核对每一个像素点进行乘法操作，然后根据对应位置、步长、填充进行尺寸还原，重叠部分进行加和，最终得到原图大小的特征图（注意：不完全等同于原图），如图 8-12 所示。

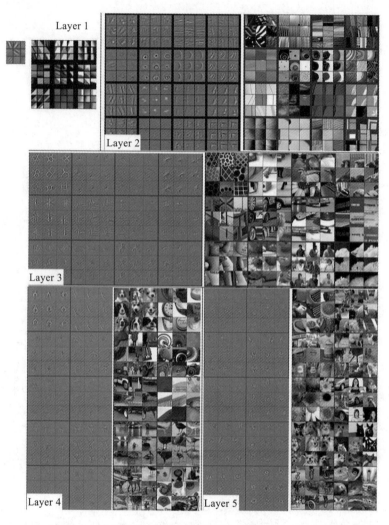

图 8-11　不同层级的卷积核提取不同层次的特征图

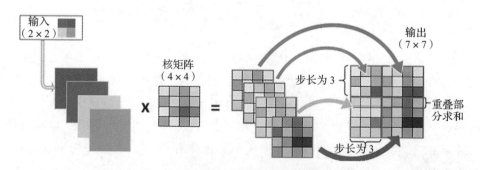

图 8-12　反卷积操作实现语义分割示意图

全卷积网络（Fully Convolutional Network，FCN）是所有层全部都是卷积层的神经网络，故此得名。FCN 接受任意尺寸的输入，然后通过反卷积对最后一层卷积层的特征图进行上采样，使它还原到输入图像尺寸，从而对每一个像素都产生一个类别预测，同时还保留了输入图片的空间信息，从而得到语义分割的预测图。简单说，FCN 擅长产生语义层次的划分，即特征相同的事物在反卷积后得到同一个类别的预测，这是与卷积操作的特点相反的，如图 8-13 所示。

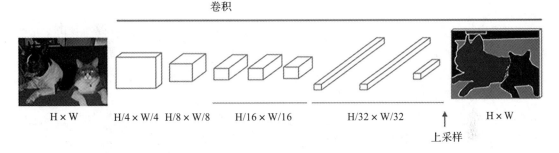

图 8-13　全卷积网络语义分割示意图

理解了卷积和全卷积概念后，我们回到 Yolact 算法，其架构原理如图 8-14 所示。

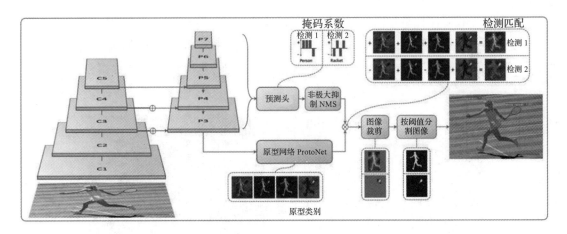

图 8-14　Yolact 架构原理

Yolact 算法将实例分割问题分解为两个并行的部分，第一部分利用全卷积网络在语义层面产生"掩码系数"，即语义向量表示，不针对任何实例；第二部分利用卷积层在空间相干层面产生"原型掩码"。可以简单理解为区分不同类别和区分同一类别中的不同对象。主干网络加入可变形卷积，提升主干网络对不同形状实例的特征采样能力。设置一个目标检测分支，添加额外的头来预测掩码，对原型掩码进行特定实例的加权编码。以上就是Yolact库的关键技术。

本案例使用Yolact来抠取视野中每个人的像素，这样能获得比目标检测更精确的人像范围，如果人像范围与抵押品的检测范围有重合，则此人可能接触了抵押品（不考虑空间纵深因素）。

8.2.4 深度学习图像处理库ImageAI与目标检测迁移学习

ImageAI是专为没有机器学习背景的程序员设计的深度学习图像处理开源库，由Moses Olafenwa和JohnOlafenwa兄弟开发和维护，提供图像识别、目标检测、视频检测、视频对象跟踪等任务的高级封装，底层深度学习框架使用了TensorFlow，支持多种深度学习算法和模型，可以方便地构建自定义模型，使用简单，代码可读性强，易于维护。ImageAI遵循MIT许可协议，最新版本为2.1.6，代码仓库为https://github.com/OlafenwaMoses/ImageAI。难能可贵的是，ImageAI拥有完整的中文文档，地址为https://imageai-cn.readthedocs.io/zh_CN/latest。

本案例使用ImageAI来进行人员检测和动产抵押品的检测，并清点抵押品数量。当然，这是在摄像头的有限视野范围内进行的，需要使用目标检测算法，本案例采用了Yolov3算法。这个算法把输入图像分割成13×13网格，用神经网络计算所包含物体的边界框的置信度，同时计算所包含的目标属于一个特定类别的可能性大小。Yolov3使用了非最大抑制（non-maximum suppression）算法来确定检测区域。这个算法简单地说就是不断消除包围目标的低置信度边界框，直到把多个高置信度的边界框消除到只剩下一个，如图8-15所示。

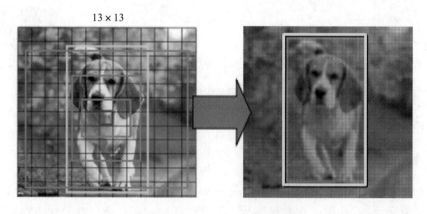

图8-15　Yolov3算法原理示意图

Yolov3的网络结构如图8-16所示。

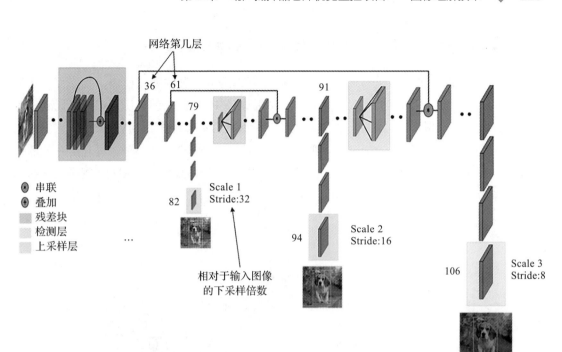

图 8-16　Yolov3 网络结构

　　由于本书重在实战开发，因此对算法原理不作深入探讨，有兴趣的读者可自行查阅其他资料。本案例使用了 Yolov3 的预训练模型，该模型自带人员检测功能。但对该模型来说，动产抵押品却是模型未曾见过的新东西，我们如何建立新的模型，做到既能识别人员，又能识别动产抵押品呢？好在 ImageAI 提供了自定义目标检测和迁移学习两大功能。所谓自定义目标检测，就是我们收集一定数量的动产抵押品照片（200 张以上），然后使用 ImageAI 训练一个全新的目标检测网络来识别抵押品。但从零开始训练全新的模型，不仅费时费算力，而且只能得到一个类别预测。迁移学习则为我们提供了一条捷径，它允许我们用有限数量的抵押品照片构建一个自定义小数据集，然后从一个大型预训练模型开始，在自定义小数据集上进行二次训练，得到新的模型。这样做的好处是，新模型继承了预训练模型的性能，又具备自定义目标的检测能力。这样既能检测人员，同时也能检测抵押品，并且无须从零开始训练，省时省算力。可以把迁移学习形象地比喻成"站在巨人的肩膀上看得更高"，使用海量数据集训练得到的大型预训练模型就是巨人。迁移学习允许网络微调，经过少量的二次训练就能得到高性能模型，是实战工程里经常用到的技巧。

8.2.5　Django 框架和 Pyecharts 数据可视化库

Django 是 Python 语言编写的重量级 Web 框架，提供完善的功能模块，允许程序员编写少量的代码就能快速构建 Web 应用。Django 是基于 BSD 协议的开源框架，代码仓库为 https://github.com/django。Django 框架提供了一种松耦合、插件式的 MVC 架构，它将 Web 系统划分为 Model（模型）、View（视图）和 Controller（控制器）三部分，提升了系统的可维护性、可扩展性和可复用性。模型负责业务对象与数据库的映射（ORM）。视图负责与用户的交互及页面处理。控制器负责用户请求处理与路由选择。Django 的软件架构如图 8-17 所示。

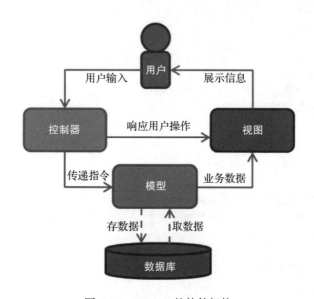

图 8-17　Django 的软件架构

Apache ECharts 是一个由百度开源的数据可视化软件，具有精巧的图表设计和良好的交互性。Pyecharts 是一个用 Python 编写的 Echarts 图表类库，提供多种可视化图表的 Python 接口，具有以下特性：

（1）简洁的 API 设计，简单易用，支持链式调用；
（2）支持的图表类型超 30 个；
（3）支持主流 Notebook 环境，即 Jupyter Notebook 和 JupyterLab；
（4）可轻松集成至 Flask、Sanic、Django 等主流 Web 框架；
（5）高度灵活的配置项，可轻松搭配出精美的图表；
（6）提供详细的文档和示例，快速开发项目；
（7）支持地图展示，超 400 个地图文件，支持原生百度地图。

本案例需要向后台管理人员展示抵押品的监控结果,包括进出人员识别、人员接触抵押品的统计数据等,使用 Django 来搭建 Web 访问应用,集成 Pyecharts 来展示统计数据可视化。

8.3 案例实战

本节绍本案例的开发运行环境搭建、开源框架运用、代码编写及项目运行。

8.3.1 软硬件环境搭建及运行案例程序

因为本案例需要运行神经网络,这类任务要进行大量的矩阵运算,CPU 的运算速度远达不到要求,所以 GPU 是必须的。本案例有两个方案选择,方案一选用嵌入式边缘计算设备,比如 Jetson Nano、Jetson TX2、Xavier NX、AGX Xavier 等,这些设备体积很小,配置了嵌入式 GPU,支持使用英伟达 CUDA 和 CUDNN 加速神经网络运算,可搭载高清夜视摄像头,将模型部署在其专用的 Linux 系统上,硬件规格如图 8-18 所示;方案二选用高清夜视摄像头,通过 USB 接口连接计算机,模型可部署在 Linux 或 Windows 系统上。本节以方案二来介绍实战过程。

	Nano	Jetson TX2	Xavier NX	AGX Xavier
AI 能力	0.5TFLOPs	1.33 TFLOPs	21 TOPS	32 TOPS
GPU	128-core NVIDIA Maxwell™ GPU	256-core NVIDIA Pascal™ GPU	384-core NVIDIA Volta™ GPU with 48 Tensor Cores	512-core NVIDIA Volta™ GPU with 64 Tensor Cores
GPU	Quad-Core ARM® Cortex®-A57 MPCore	Dual-Core NVIDIA Denver 1.5 64-Bit CPU and Quad-Core ARM® Cortex®-A57 MPCore processor	6-core NVIDIA Carmel ARM®v8.2 64-bit CPU 6MB L2 + 4MB L3	8-core NVIDIA Carmel Arm®v8.2 64-bit CPU 8MB L2 + 4MB L3
DL加速器	—	—	2x NVDLA Engines	
视觉加速器	—	—	7-Way VLIW Vision Processor	
以太网	10/100/1000 BASE-T Ethernet	10/100/1000 BASE-T Ethernet, WLAN	10/100/1000 BASE-T Ethernet	
核心板尺寸	70mmx45mm	87mmx50mm	70mmx45mm	100mmx100mm
套件尺寸	100mmx80mm x29mm	170mmx170mm x36mm	90mmx103mm x35mm	105xmmx105mm x60mm

图 8-18 英伟达嵌入式 GPU 系列设备

硬件配置：I9-10900K、RTX2080 Super 8GB 显卡、32GB 内存、1TB SSD。

软件环境：Windows 10 64 位、Anaconda、CUDA 10.0、CUDNN 7.6.4、Tensorflow-GPU 1.13.1、PyTorch 1.2.0。Anaconda 安装参见 1.3.1 节，CUDA 和 CUDNN 安装参见本书 2.5.1 节。执行命令 pip install tensorflow-gpu==1.14.0 安装 TensorFlow。执行命令 pip install torch==1.2.0 torchvision==0.4.0 安装 PyTorch。

从本书微信公众号下载源代码，在"AI 客户端"目录下，执行 monitor.bat 命令运行示例程序，为方便讲解，程序从当前目录的 input.jpg 读取一帧图像，完成前述的各项推理，读者也可以修改 monitor.py 里的注释行，实现从摄像头循环处理每帧视频图像。本案例的抵押品为酒桶，检测提示"keg"。示例程序执行后，会出现模型推理结果图，同时显示人脸识别模型加载、目标检测、实例分割结果信息，并判断人员是否接触抵押品，与前帧处理结果对比，判断抵押品是否减少，如图 8-19 和图 8-20 所示。

图 8-19　示例程序推理结果（主输出画面）　　图 8-20　示例程序推理结果（控制台）

程序会自动保存监控期间的视频录像，在识别的人脸位置画框并标注其姓名，在人员和识别的酒桶上画框并标注置信度，一旦发现视野中有人则会转储视频，并在转储视频中标记日期时间，同时给出风险判断：人员是否接触抵押品、抵押品是否减少。图 8-19 中的 4 个小图分别表示输入原图、人像实例分割抠图、人脸识别及目标检测、业务推理结果。图 8-20 中的 cuda=True 表示程序使用了 GPU。"加载人脸特征数据"表示从事先加工的 pkl 编码文件中获取人脸库的特征向量（详见 8.3.2 节）。person 和 keg 表示 ImageAI 检测到的结果标签，后面的数字代表置信度，即检测模型认为有多大把握把某个目标判断为对应标签，以百进制百分比表示，后面的列表代表目标检测的像素范围，其格式为 [x1, y1, x2, y2]。cutouts 表示 Yolact 进行实例分割中，对人物像素所在区域的像素范围标注，其格式为 [y1,

$y2, x1, x2$]。图 8-20 中 cutouts 有两个列表元素，意味着 Yolact 检测到图像中有两个人。

值得注意的是，ImageAI 和 Yolact 都采用了同一套坐标体系，$(x1, y1)$ 代表左上角坐标，$(x2, y2)$ 代表右下角坐标，但其向量的顺序表达不同，ImageAI 采用 [$x1, y1, x2, y2$] 的顺序，Yolact 采用 [$y1, y2, x1, x2$] 的顺序，坐标示意如图 8-21 所示。

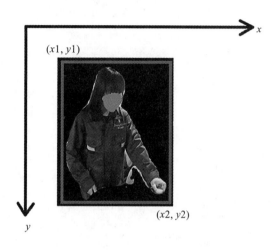

图 8-21　坐标说明

在运行过程中，使用 GPU-Z 软件来观察 GPU 的使用情况，如图 8-22 所示。刚才我们进行了一帧推理，可以看到显存和 GPU 计算核心有一个使用量峰值。

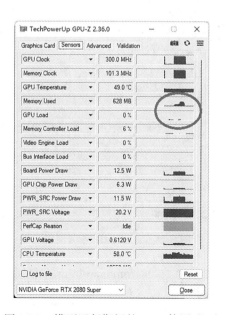

图 8-22　模型运行期间的 GPU 使用（一）

也可以使用显卡驱动自带的 NVIDIA-SMI 命令查看 GPU 使用，如图 8-23 所示，圆圈内表示显存和计算核心使用量。

```
选择C:\WINDOWS\system32\cmd.exe - nvidia-smi -l 1
Thu Nov 25 11:46:56 2021
+-----------------------------------------------------------------------------+
| NVIDIA-SMI 471.96       Driver Version: 471.96       CUDA Version: 11.4     |
|-------------------------------+----------------------+----------------------+
| GPU  Name            TCC/WDDM | Bus-Id        Disp.A | Volatile Uncorr. ECC |
| Fan  Temp  Perf  Pwr:Usage/Cap|         Memory-Usage | GPU-Util  Compute M. |
|                               |                      |               MIG M. |
|===============================+======================+======================|
|   0  NVIDIA GeForce ...  WDDM  | 00000000:01:00.0  On |                  N/A |
| N/A   55C    P2    63W /  N/A |   4034MiB /  8192MiB |     28%      Default |
|                               |                      |                  N/A |
+-------------------------------+----------------------+----------------------+

+-----------------------------------------------------------------------------+
| Processes:                                                                  |
|  GPU   GI   CI        PID   Type   Process name                  GPU Memory |
|        ID   ID                                                   Usage      |
|=============================================================================|
|    0   N/A  N/A       428    C+G   ...bbwe\PaintApp\mspaint.exe    N/A      |
|    0   N/A  N/A      1728    C+G   Insufficient Permissions        N/A      |
|    0   N/A  N/A      2580    C+G   C:\Windows\explorer.exe         N/A      |
|    0   N/A  N/A      5384    C+G   ...ge\Application\msedge.exe    N/A      |
|    0   N/A  N/A      6308    C+G   ...054.29\msedgewebview2.exe    N/A      |
|    0   N/A  N/A     10404      C   Insufficient Permissions        N/A      |
|    0   N/A  N/A     11364    C+G   ...y\ShellExperienceHost.exe    N/A      |
|    0   N/A  N/A     11396    C+G   ...lPanel\SystemSettings.exe    N/A      |
|    0   N/A  N/A     13316    C+G   ...artMenuExperienceHost.exe    N/A      |
|    0   N/A  N/A     13340    C+G   ...n1h2txyewy\SearchHost.exe    N/A      |
|    0   N/A  N/A     15244    C+G   ...ekyb3d8bbwe\YourPhone.exe    N/A      |
|    0   N/A  N/A     16668    C+G   ...wekyb3d8bbwe\Video.UI.exe    N/A      |
|    0   N/A  N/A     17880    C+G   ...2txyewy\TextInputHost.exe    N/A      |
|    0   N/A  N/A     17896    C+G   ...3d8bbwe\CalculatorApp.exe    N/A      |
+-----------------------------------------------------------------------------+
```

图 8-23　模型运行期间的 GPU 使用（二）

现在，我们来启动数据可视化报表。进入本书下载文件的“数据可视化”目录，命令行执行：python manage.py runserver 127.0.0.1:8081，启动 Django 服务，如图 8-24 所示。其中 127.0.0.1 是 Web 服务的 IP 地址，8081 是 Web 服务端口，读者可根据实际需要进行修改。

```
Watching for file changes with StatReloader
Performing system checks...

System check identified no issues (0 silenced).
November 28, 2021 - 09:08:45
Django version 3.2.9, using settings 'monitor.settings'
Starting development server at http://127.0.0.1:8081/
Quit the server with CTRL-BREAK.
```

图 8-24　Django 服务框架启动

在浏览器端输入 http://127.0.0.1:8081/monapp/login，显示以下登录界面，用户名输入 01，密码输入 1，如图 8-25 所示。

进入主界面，如图 8-26 所示。

第 8 章　动产抵押品仓库视觉监控项目——图像理解技术　231

图 8-25　本案例管理登录界面

图 8-26　本案例管理主界面

在"监控浏览"中输入日期区间,单击查询显示可视化数据统计图表,如图 8-27 所示。

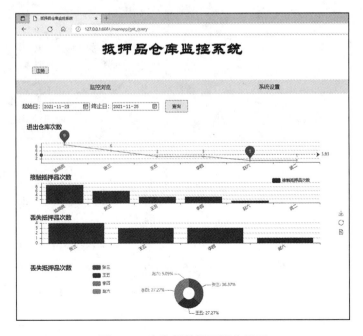

图 8-27　本案例数据可视化界面

至此,本案例已经完成快速搭建,并且能实际运行起来了。

8.3.2 代码实战

1. ImageAI 迁移学习实战

首先,我们需要准备数据集,本案例从真实仓库采集照片。鉴于数据隐私安全保护,此处以示例照片来说明问题。要训练深度学习模型,就必须在数据集中告诉模型,哪些区域是属于哪些标签的像素。这就需要进行图像标注。我们使用 labelImg 来进行标注工作。在本书微信公众号下载 labelImg.exe 文件,双击即可运行。值得注意的是,labelImg.exe 不能存放到包含中文的路径下。labelImg 的标注界面如图 8-28 所示。

图 8-28　labelImg 标注界面

进入 labelImg 界面后,单击 Open 打开一张图片,单击 CreateRectBox 进行标注,画框后标记一个标签,本例标注 keg 和 person 两个标签。右边显示标签的种类和数量。单击 Save 保存标记结果,软件将生成一个同名的 xml 文件,内容如图 8-29 所示。

标注多于 200 张照片,建立一个 keg_data 目录,在此目录下建立 train 和 validation 两个子目录分别存放训练集和验证集,annotations 和 images 两个目录分别存放标注 xml 文件和图像文件,整个目录结构如图 8-30 所示。

```xml
<annotation>
    <folder>images</folder>
    <filename>img1.jpeg</filename>
    <path>E:/imageai/keg_data/train/images/img1.jpeg</path>
    <source>
        <database>Unknown</database>
    </source>
    <size>
        <width>800</width>
        <height>533</height>
        <depth>3</depth>
    </size>
    <segmented>0</segmented>
    <object>
        <name>person</name>
        <pose>Unspecified</pose>
        <truncated>0</truncated>
        <difficult>0</difficult>
        <bndbox>
            <xmin>289</xmin>
            <ymin>6</ymin>
            <xmax>441</xmax>
            <ymax>528</ymax>
        </bndbox>
    </object>
    <object>
        <name>keg</name>
        <pose>Unspecified</pose>
        <truncated>0</truncated>
        <difficult>0</difficult>
        <bndbox>
            <xmin>448</xmin>
            <ymin>205</ymin>
            <xmax>536</xmax>
            <ymax>304</ymax>
        </bndbox>
    </object>
```

图 8-29　labelImg 标注界面

```
>> train    >> images       >> img_1.jpg  (shows Object_1)
            >> images       >> img_2.jpg  (shows Object_2)
            >> images       >> img_3.jpg  (shows Object_1, Object_3 and Object_n)
            >> annotations  >> img_1.xml  (describes Object_1)
            >> annotations  >> img_2.xml  (describes Object_2)
            >> annotations  >> img_3.xml  (describes Object_1, Object_3 and Object_n)

>> validation >> images     >> img_151.jpg (shows Object_1, Object_3 and Object_n)
              >> images     >> img_152.jpg (shows Object_2)
              >> images     >> img_153.jpg (shows Object_1)
              >> annotations >> img_151.xml (describes Object_1, Object_3 and Object_n)
              >> annotations >> img_152.xml (describes Object_2)
              >> annotations >> img_153.xml (describes Object_1)
```

图 8-30　数据集目录结构

从 ImageAI 库导入项目使用的模块：

```
from imageai.Detection.Custom import DetectionModelTrainer
```

创建一个目标检测器训练：

```
trainer = DetectionModelTrainer()
```

指定目标检测模型类型为 Yolov3 和数据集目录：

```
trainer.setModelTypeAsYOLOv3()
trainer.setDataDirectory(data_directory="keg_data")
```

object_names_array 参数指定标签序列为 keg 和 person，模型的训练结果就是识别这两类标签的目标。batch_size 参数指定训练时的批量样本数量，num_experiments 参数指定 epoch 数量，train_from_pretrained_model 参数指定从哪个预训练模型开始迁移。

```
trainer.setTrainConfig(object_names_array=["keg","person"], batch_size=4, num_
    experiments=100, train_from_pretrained_model="yolo.h5")
```

完成上述工作后，就可以执行以下代码启动训练。

```
trainer.trainModel()
```

上述代码详见下载文件"imageai 迁移学习"目录下的 train.py。执行 python train.py 即可启动训练过程，将看到图 8-31 所示的界面。

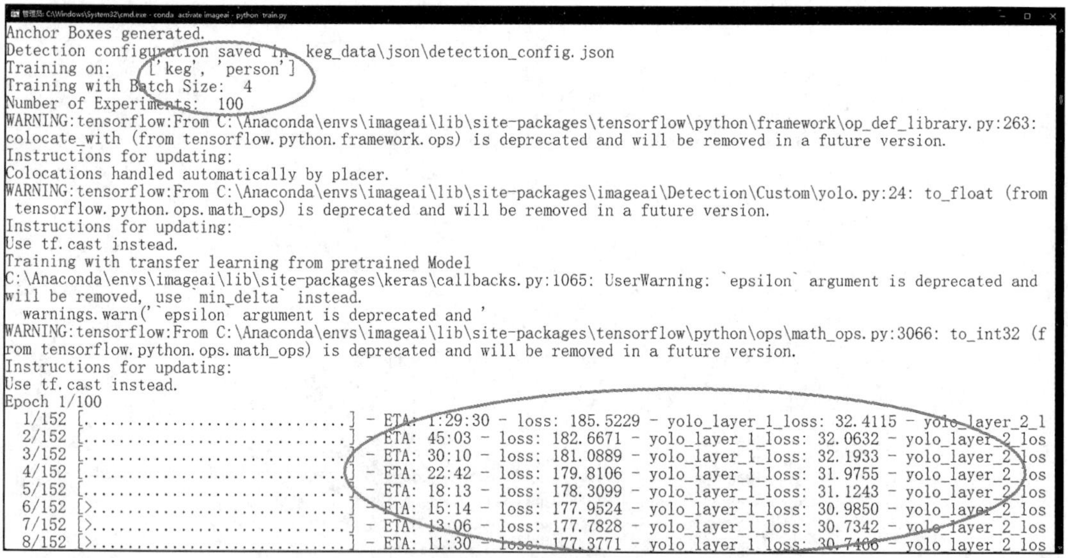

图 8-31 Imageai 迁移学习训练过程

值得注意的是，上述代码需要使用 TensorFlow 1.13.1 版本才能正常运行。训练过程中，首先输出训练参数，然后对每个 epoch 进行迭代，注意观察损失值不断下降。每迭代一次，模型会优化一次锚框的预测位置，同时在 models 目录下保存模型文件。当迭代次数达到 num_experiments 参数的指定值后，迭代结束。这时在 keg_data 目录下有 cache、json、 logs、models 四个目录，我们只需要把 json 目录下的文件和 models 目录下最近一次的模型文件复制到上级目录下即可。本书仅展示示例数据集和其上训练的示例模型（笔者实际应用案例的模型损失远小于示例权重），示例模型的权重文件为 models 目录下的 detection_model-ex-098--loss-0014.018.h5 文件，用于映射数据集和模型对象锚定的文件为 json 目录下的 detection_config.json 文件。

2. Face_Recognition 人脸编码加速实战

如果在项目运行过程中，从人脸数据库的每张照片逐一提取特征向量，再与待识别人脸进行比对，其耗时会随着数据库照片数量的递增而显著递增，可能会达到让人无法忍受的程度。为此，我们编写一套程序来从数据库的每张照片中提取人脸特征向量，将这些向量保存到一个二进制文件里，在项目初始化时从二进制文件加载全部特征向量到内存，在程序运行时只需计算向量相似度即可完成人脸识别。这就大幅度节省了运行时间，从而加速项目的运行速度。Python 提供了 pickle 模块来将任何内存数据保存到二进制文件中，也可以将二进制文件内容加载到内存，使用非常方便。

首先准备人脸数据库，将照片放在 know_face 目录下，文件名为姓名，文件后缀无关紧要。因为人脸数据隐私保护问题，本书不展示数据集。导入库包模块：

```
import pickle
import face_recognition
```

初始化变量：

```
time_start=time.time()
path = os.getcwd()+'/known_face'
os.chdir(path)
images_file = os.listdir('.')
know_names = []
know_paths = []
know_encodings = []
```

从照片数据集中创建人名和文件路径列表：

```
for each in images_file:
    name = os.path.splitext(each)[0]
    know_names.append(name)
    image_path = path+'/'+each
    know_paths.append(image_path)
```

提取每张照片的人脸特征向量：

```
count = 1
for each_path in know_paths:
    img = face_recognition.load_image_file(each_path)
```

```
# face_recognition 框架加载照片
face_locations = face_recognition.face_locations(img, model='cnn')
# 使用卷积神经网络模型进行人脸定位
encoding = face_recognition.face_encodings(img, face_locations, num_
    jitters=1, model='large')[0]
# 人脸照片数据集中每张照片仅有一张人脸，提取第一张脸的特征向量
know_encodings.append(encoding)  # 形成人脸数据库特征向量列表
count = count+1
```

下面使用 pickle 模块将提取的人脸特征向量列表和人名列表保存到二进制文件中。

```
pickle_encoding_file = open('../models/face_encodings.pkl','wb')
pickle.dump(know_encodings,pickle_encoding_file)
# 使用pickle模块直接将内存列表写入二进制文件
pickle_encoding_file.close()
pickle_name_file = open('../models/face_names.pkl','wb')
pickle.dump(know_names,pickle_name_file)
pickle_name_file.close()
```

上述代码详见下载文件 gen_facecode_file.py，执行 python gen_facecode_file.py，会看到 models 目录下生成两个 pkl 文件，如图 8-32 所示。

名称	修改日期	类型	大小
face_encodings.pkl	2021-11-25 20:19	PKL 文件	6 KB
face_names.pkl	2021-11-25 20:19	PKL 文件	1 KB

图 8-32　生成人脸特征向量文件

3. 主代码开发实战

在准备好迁移模型和人脸特征向量文件后，我们就可以开始编写项目的主代码了。从 https://github.com/dbolya/yolact 下载 Yolact 代码，将项目评估代码 eval.py 重命名为 monitor.py，将我们需要的库包导入（具体见本书下载文件 monitor.py）。

首先，由于 ImageAI 依赖 tensorflow-gpu，而 TensorFlow 框架默认占满显存，为避免后续代码显存冲突，需要限制 TensorFlow 的显存占用比率，编写以下代码：

```
os.environ["CUDA_VISIBLE_DEVICES"] = "0"     # 使用第一块显卡来运行深度学习任务
import tensorflow as tf
from keras.backend.tensorflow_backend import set_session
config = tf.ConfigProto()
config.gpu_options.per_process_gpu_memory_fraction = 0.1   # 设置tensorflow框架的显
    存占比
set_session(tf.Session(config=config))
```

然后加载 ImageAI 目标检测模型。需要注意的是，这里使用 8.3.2 节训练的迁移模型，指定模型文件和 json 文件即可：

```
print('加载目标检测模型...')
detector = CustomObjectDetection()           # 从类创建目标检测实例
detector.setModelTypeAsYOLOv3()              # 指定检测模型使用 Yolov3
detector.setModelPath("./weights/detection_model-ex-098--loss-0014.018.h5")
# 加载 8.3.2 节训练的自定义模型
detector.setJsonPath("./weights/detection_config.json")
# 加载 8.3.2 节训练的 json 结果文件
detector.loadModel()       # 加载自定义模型
```

接下来编写主逻辑代码。在 domain() 函数中创建 lact 类实例，载模型权重文件，并将模型设置为推理模式：

```
net = Yolact()                               # 将 Yolact 类进行实例化
net.load_weights(args.trained_model)         # 加载 Yolact 框架自带的预训练模型
net.eval()                                   # 将网络设置为推理模式
```

为加速实例分割的运行速度，需要将 Yolact 网络放到显存中，代码如下：

```
if args.cuda:
    device=torch.device("cuda:0")            # 指定显卡设备序号，0 表示主机上的第一块显卡
    net = net.to(device)                     # 将 Yolact 实例网络放到显存中
```

使用 pickle 模块从人脸特征向量列表文件和人名列表文件中将列表数据加载到内存列表。

```
print('加载人脸特征数据...')
pkl_encodings = open('models/face_encodings.pkl','rb')
all_face_encodings = pickle.load(pkl_encodings)
# 使用 pickle 模块从二进制文件将数据加载到内存列表
pkl_encodings = open('models/face_names.pkl','rb')
all_face_names = pickle.load(pkl_encodings)
# 使用 pickle 模块从二进制文件将数据加载到内存列表
known_faces_encodings = []
known_faces_names = []
for each_name in all_face_names:
    known_faces_encodings.append(all_face_encodings[all_face_names.index(each_
        name)])
    known_faces_names.append(each_name)
print('人脸特征数据加载完毕。')
```

连接数据库，为后续操作做准备：

```
conn = sqlite3.connect('./database/dypdb.db')
cursor = conn.cursor()
```

设置两个变量来保存上一帧检测到的人员数量和抵押品数量:

```
person_count_last = 0
keg_count_last = 0
```

使用 OpenCV 来实时读取摄像头输送到主机的视频帧:

```
capture=cv2.VideoCapture(0)    #0 表示使用第一个摄像头,如果换成 XX.mp4,则从视频文件读取帧
while capture.isOpened():
    ref, frame=capture.read()   # 从摄像头读取一帧
    ……
capture.release()               # 释放摄像头句柄
```

在省略号处添加以下主要代码。首先进行目标检测:

```
dete_frame, detections = detector.detectObjectsFromImage(input_image=frame,
    input_type='array', output_type='array', minimum_percentage_probability=70)
```

值得注意的是,input_type 和 output_type 指定为矩阵后,detectObjectsFromImage() 函数将返回两个值:一是打上检测标记框和置信度的输出图像矩阵 dete_frame;二是检测结果列表 detections。minimum_percentage_probability 参数表示如果置信度低于 70% 就忽略检测。

如果当前帧没有检测出人员,且上一帧检测出人员,说明入场人员离开现场,这时需要在记录视频中保存当前帧,然后停止保存视频,同时将数据库记录的离场时间更新为当前时间:

```
if person_count == 0:
    if person_count_last > 0:
        videoWrite.write(frame)     # 向录像文件写入一帧
        videoWrite.release()        # 释放录像文件句柄
        cursor.execute("update monitor_data set leave_datetime=datetime(CURRENT_
            TIMESTAMP,'localtime') where id=(select max(id) from monitor_data)")
            # 在数据库末条记录进行登记
```

如果当前帧检测出的抵押品数量少于上一帧的检测数量,有可能是抵押品被盗或被遮盖,这时需要告警,告警方式可以采用短信(需要短信猫或短信网关)方式,也可以采用邮件方式(免费)。本案例使用邮件告警:

```
if keg_count < keg_count_last:
    goods_loss = True    # 设置抵押品数量损失标志
    cursor.execute("update monitor_data set goods_loss=1 where id=(select max(id)
        from monitor_data)")
    send_smtp_mail1(server="XXX",port=25,psw='XXX',sender='XXX',receivers='
        XXX',cc="",bcc="",subject=' 检测到抵押品减少 ',body=now+' 检测到抵押品减少
        ',ssl='no',from_name='XXX')
```

如果当前帧检测到人员，且上一帧没有发现人员，则表示当前视野有人闯入，这时需要立即启动录像，将进人期间的录像自动保存。这里，我们使用 Xvid 编码格式来创建录像文件。Xvid 是一个基于 OpenDivX 的开源 MPEG-4 编解码器，支持多种编码模式、量化方式、运动侦测、曲线平衡分配等众多编码技术。指定 Xvid 编码后，视频文件体积将被压缩到合理范围，而不指定编码的无压缩视频文件的体积将非常大。

```
fourcc = cv2.VideoWriter_fourcc(*'XVID')   # 指定视频编码格式
videoWrite = cv2.VideoWriter('./record/'+now2+'.avi', fourcc, 10, (1280,960))
# 使用 OpenCV 创建录像视频文件，每秒 10 帧，每帧的分辨率为 1280×960 像素
videoWrite.write(frame)   # 向录像视频写入 1280×960 像素分辨率的当前帧
```

一旦进入，我们就要对其进行识别。人脸识别的一般步骤为人脸检测（即定位）、人脸编码（即从定位的相似范围内提取特征向量）、人脸比对（即待识别特征向量与数据库特征向量比对，从而识别姓名）。Face_recognition 提供了两种人脸检测技术：一种是 HOG（方向梯度直方图）；另一种是卷积神经网络（CNN）。HOG 的主要思想是边缘方向的分布可以很好地表示目标的外形轮廓，如图 8-33 所示。

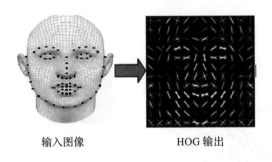

图 8-33　HOG 示意

与 CNN 方式相比，HOG 的速度更快，但精度稍低。本案例的摄像头位置可能离目标较远，因此识别精度比速度更重要，于是我们选用了 CNN 方式来检测人脸：

```
face_locations = face_recognition.face_locations(frame, model='cnn')
```

Face_recognition 的人脸编码提供 large 和 small 两种方式。large 使用大模型，更精准、更慢，small 使用小模型，速度更快但更容易忽略可编码的人脸。为了追求人脸识别效果，我们使用 large 方式，将前述检测到的人脸区域矩阵作为参数传入：

```
face_encodings = face_recognition.face_encodings(frame, face_locations, num_
    jitters=1, model='large')
```

接下来就是撞库识别姓名。我们将待识别人脸特征向量与人脸库的每一个向量计算一个距离值，当这个距离值低于某个阈值的时候，说明较相似，可以认为是同一人。这里有

个小细节,如果同一帧检测到多张待识别人脸与某人的距离都小于阈值,则取距离最小的那个人作为最终识别结果:

```
for face_encoding in face_encodings:                    # 遍历人脸数据库的每张人脸
    face_distances = face_recognition.face_distance(known_faces_encodings, face_
        encoding)
    # 传入待识别人脸向量和数据库人脸向量,返回相似度距离
    best_match_index = np.argmin(face_distances)        # 最匹配的数据库人脸索引
    best_name = known_faces_names[best_match_index]     # 最匹配的数据库姓名
    if face_distances[best_match_index] < args.face_match_distance:
    # 人脸特征向量距离小于阈值才认为是一个人
        if best_name in face_names:
        # 如果同一帧里识别出两个同名人,取最接近的那个,把另一个名字置空
            if face_dis[face_names.index(best_name)] > face_distances[best_match_
                index]:
                face_dis[face_names.index(best_name)] = 1
                face_names[face_names.index(best_name)] = ""
                name = known_faces_names[best_match_index]
                dis = face_distances[best_match_index]
            else:
                name = ""
                dis = 1
        else:
            name = known_faces_names[best_match_index]
            dis = face_distances[best_match_index]
face_names.append(name)
face_dis.append(dis)
```

完成了以上工作,我们可以进行人像实例分割了。因为之前把 Yolact 网络实例放在显存上,所以对应地,输入网络的数据也需要放到显存上:

```
frame2 = torch.from_numpy(frame).cuda().float()
```

仔细阅读 Yolact 的代码,发现 prep_display() 函数实现了对输入图像矩阵的实例分割,调用代码如下:

```
cutouts, croppeds, frame3, person_img = prep_display(preds, frame2, None, None,
    undo_transform=False)
```

由于本案例希望得到每个人的抠图像素及其坐标范围,因此需要改造 prep_display() 函数的代码。在 monitor.py 文件代码的第 342 行中,img_gpu 表示图像矩阵,为不干扰后续任务,需要将其复制:

```
img_gpu_old = img_gpu
```

设置 xys 列表来保存每个人的抠图框范围,格式为 [y1,y2,x1,x2];设置 croppeds 列表

来保存每个人的抠图像素。在 Yolact 中，将图像矩阵与掩码相乘，即可过滤掉非本人的其他像素，实现抠图：

```
img_gpu = img_gpu_old * mask_t
```

在第 311 行，"classes, scores, boxes = [x[idx].cpu().numpy() for x in t[:3]]"这句代码已经得到了每个实例的标签类别、置信度、抠图框，于是很自然地得到每个人的抠图像素：

```
img_numpy = (img_gpu * 255).byte().cpu().numpy()
x1, y1, x2, y2 = boxes[j, :]
cropped = img_numpy[y1:y2, x1:x2]    # 裁剪坐标
```

有兴趣的读者可以看 342~410 行的改造代码。完成后，回到主流程代码，这时我们需要对识别的人脸标记其姓名，就在人脸框的下边缘位置写上姓名中文。这里我们用到了 ft21 模块，并把它封装成了 put_chinese() 函数：

```
for (top, right, bottom, left), name in zip(face_locations, face_names):
    cv2.rectangle(frame3, (left, top), (right, bottom), (0, 0, 255), 2)   # 画框
        frame3 = put_chinese(frame3, name, (left, bottom - 16), (255,255,0), 20,
            'data/simkai.ttf')    # 在人脸检测框的下边缘显示姓名
```

对于当前帧发现人且上一帧未发现人的情况，需要在数据库登记其姓名：

```
cursor.execute("insert into monitor_data values (……)")
```

如果 Yolact 的人像抠图框与抵押品的目标检测框存在重合，则此人可能接触了抵押品。为什么不用人像目标检测框与抵押品目标检测框的重合来判断呢？因为人像抠图框比目标检测框具有更准确的像素范围，前者是贴合人像的，后者是包围人像的。如图 8-34 所示，左图为抠图框，右图为检测框。

图 8-34　抠图框与检测框对比

因为在进入期间，我们存储了录像用于后续人工检查，所以算法只需要大致判断一下人员接触抵押品的可能性，不必非常精确地判断物理接触，这样也可以减少项目的复杂度。还有另外一个解决方案，我们可以制作抵押品和人员的自定义实例分割数据集，收集较多照片并进行手工分割后标注标签，然后使用Yolact框架训练自定义模型来完成人员和抵押品的实例分割，判断是否接触的依据是人员掩码与抵押品掩码区域的最近距离是否小于某个阈值。这个方案需要的标注工作量较大，就作为课题留给读者。

本案例中，用A框表示人员抠图框，B框表示动产抵押品抠图框，以两个框是否重合来大致判断人员是否接触抵押品。从图8-35看到，如果两个矩形相交，则两个中心点间的距离肯定小于AB边长和的一半，这个判断在宽、高两个方向同时成立。

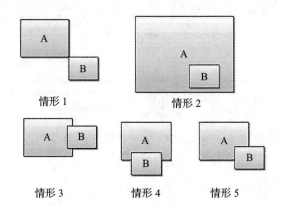

图8-35　矩形重合判断示意图

于是，把这个判断封装成is_rect_intersect()函数，输入两个矩形的x1,y1,x2,y2坐标，返回是否有重合区域。完成上述工作后，我们就可以将人脸识别图、人像抠图、目标检测图及最终判断图拼接在一张大图上呈现，NumPy库提供了这个矩阵操作：

```
htich = np.hstack((frame1,frame2))
htich2 = np.hstack((frame3,frame4))
vtich = np.vstack((htich, htich2))
```

先两两横向拼接，再把拼接的横图进行纵向拼接即可。至于发邮件的代码，笔者封装到send_smtp_mail1()函数中，利用了smtplib和email两个库，有兴趣的读者可自行研究，限于篇幅不再赘述。上述代码详见下载文件“AI客户端”目录下的monitor.py。

```
└monitor
    │  manage.py
    │
    └monitor
          asgi.py
          settings.py
          urls.py
          wsgi.py
          __init__.py
```

图8-36　Django项目结构

最后一部分是Web数据可视化的呈现。执行Django框架安装命令：pip install django。然后执行django-admin startproject

monitor命令创建名为monitor的项目，此时将创建一系列目录和文件，项目结构如图8-36所示。

执行cd monitor命令进入monitor目录，执行python manage.py startapp monapp命令创建名为monapp的应用，并将创建名为monapp的目录。在monitor/settings.py文件的INSTALLED_APPS设置中添加monapp应用名。设置ALLOWED_HOSTS = ['*']允许所有地址访问本项目，设置X_FRAME_OPTIONS = 'ALLOWALL https://127.0.0.1'允许页面展示在指定来源的frame中。在TEMPLATES中指定'DIRS':[os.path.join(BASE_DIR, 'templates')]设置模板目录，并在monitor目录下创建templates目录。在monitor目录下的urls.py文件中添加以下代码，指定前台页面访问路由：

```
from django.urls import path, include
urlpatterns = [
    path('admin/', admin.site.urls),
    path('monapp/', include('monapp.urls')),
]
```

上述代码表示浏览器传入的monapp/XXX类型url将被转到monapp/urls.py文件进行路由对应。于是，在monapp/urls.py文件中添加项目的全部路由信息如下：

```
from django.urls import path, re_path
from. import views
urlpatterns = [
    path('login', views.login),
    path('do_login', views.do_login),
]
```

上述代码表示monapp/login的url请求将由monapp/views.py文件的login()函数处理；monapp/do_login的url请求将由monapp/views.py文件的do_login()函数处理。本案例中，前后端的交互机制为：html表单将请求发送到Django的url路由，在对应的view.py处理函数中通过render()函数向前端返回页面，如此往复。至此，Django项目控制器部分设置完成。

接下来开发数据可视化部分。在get_query()函数中编写以下代码。首先获取前端post的参数信息：

```
date1 = request.POST.get('date1') + ' 00:00:00'
date2 = request.POST.get('date2') + ' 23:59:59'
```

连接sqlite数据库：

```
conn = sqlite3.connect('../codes/database/dypdb.db')
```

使用游标从数据库获取数据：

```
cursor = conn.cursor()
cursor.execute("select person,count(*) as count from monitor_
    data where enter_datetime>=datetime('"+date1+"') and enter_
    datetime<=datetime('"+date2+"') group by person order by count(*) desc")
res = cursor.fetchall()
```

将数据保存到内存列表：

```
list_person = []
list_count = []
for i in range(len(res)):
    list_person.append(res[i][0])
    list_count.append(res[i][1])
```

将数据填入 Pyecharts 图表中：

```
from pyecharts import Line
    line = Line("进出仓库次数")
    line.add("", list_person, list_count, mark_point=["max", "min"], mark_
        line=["average"],legend_pos="1%",is_label_show=True, xaxis_rotate=30)
```

上述代码中，实例化折线图类，指定图表标题为"进出仓库次数"，add() 函数设置 X 轴和 Y 轴的数据列表，mark_point 参数表示标注最大值和最小值，mark_line 参数表示标注平均值线，legend_pos 参数指定图例位置，is_label_show 参数设置是否显示数据，xaxis_rotate=30 设置 X 轴的标签旋转 30 度。同理，绘制柱状图：

```
bar1.add('接触抵押品次数', list_person, list_contact, legend_pos="75%", legend_
    top="27%", xaxis_rotate=30)    # X 轴旋转 30 度
```

绘制饼图时，center 参数设置饼图位置，radius 参数设置内径外径大小，legend_orient 参数设置图例显示的方向：

```
pie.add("",list_person,list_loss,radius=[6,15],center=[50,85], legend_pos="20%",
    legend_top="70%", legend_orient="vertical", is_label_show=True)
```

Pyecharts 库提供了 Grid 模块，允许以网格形式展示可视化图表。以下代码将几个可视化图表拼接到一个 html 文件并指定每张图表在 Grid 内部的位置：

```
grid = Grid(height=600, width=1000)
grid.add(line, grid_left="5%", grid_bottom="80%")
grid.add(bar1, grid_left="5%", grid_bottom="60%", grid_top="30%")
grid.add(bar2, grid_left="5%", grid_bottom="40%", grid_top="50%")
grid.add(pie, grid_left="5%", grid_bottom="10%", grid_top="75%")
grid.render('./templates/page/get_data.html')
```

运行上述代码，效果如图 8-37 所示。

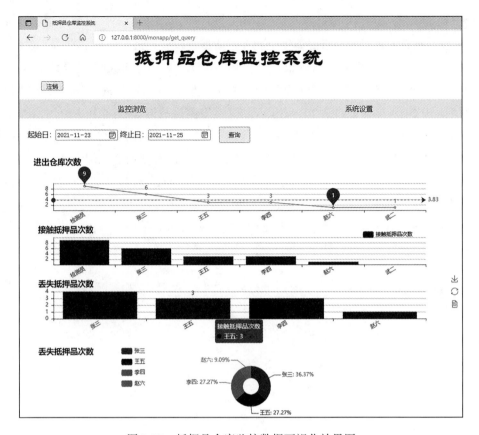

图 8-37 抵押品仓库监控数据可视化效果图

值得注意的是，Pyecharts 生成的可视化图表是具有交互功能的。把鼠标放到某个图表区域，可显示这个区域的数据值和标签，具有良好的使用体验。代码详见下载文件中的"数据可视化"目录。

8.4 案例总结

本案例使用计算机视觉技术，实现了商业银行抵押品仓库的监控功能。本案例相关程序在多个仓库场景，对汽车抵押品、原酒抵押品等动产进行了管理，在实际工作中为某商业银行大幅减少了现场值守的安保人员，降低了经营成本、提高了风控效率，对保证国有资产价值、防止资产流失有积极意义。

图像理解技术可用于银行经营场所秩序监控场景，对突发事件、客户聚集、破坏金融设备、可疑人员非正常时间进入银行办公场所等行为进行预警；也可用于银行会议管理，可有效识别玩手机、非本人参会等问题；还可对银行网点人员的动作服务是否标准进行检查等。图像理解技术对提升银行经营安全和经营质量有积极意义。

本案例是人工智能技术在商业银行风控场景的落地应用，但目前的技术方案仅处理了逐帧图像，没有对视频进行时间序列的上下文理解，还有待改进。改进方案推荐使用何凯明团队于 2019 年在 CVPR 2019 上 AVA 视频检测挑战赛中排名第一所用的模型——SlowFast。SlowFast 是一种全新的视频语义识别方法，它可以模仿灵长类视觉中的视网膜神经运作原理，同时以慢速帧频和快速帧频提取视频中的有效信息，用慢通道处理视频中的静态背景，用快通道处理视频中的运动物体，然后进行侧向连接来处理两个通道的信息。这种方法可以从连续的视频帧上下文中更好地理解视频中的事件语义。与其他方法相比，SlowFast 的整体计算复杂度更低，准确度更高。读者可举一反三，将相关技术应用在类似场景中，践行国有资产管理，构建和谐社会，履行金融机构的政治责任和社会责任。

第 9 章

个人贷款逾期预测项目——贝叶斯网络技术

无论站在国家层面,还是站在银行业层面,个人贷款业务都是非常重要的。从国家层面看,个人贷款有助于提升城乡居民购买力、拉动内需、培育和繁荣消费市场、推动生产、带动产业、促进国民经济快速、良好发展;从银行业层面看,个人贷款有助于调整信贷结构、提高信贷资产质量、增加利息收入和中间业务收入。由于个人客户众多,个人贷款还能分散商业银行的信贷风险,降低经营成本,提升银行业稳健经营能力。因此,个人贷款业务的持续健康发展是商业银行经营中的重要环节。

如何科学、有效地预测个人客户贷款逾期的可能性?这是一个商业银行非常关心的问题。比较常见的做法是使用统计机器学习或深度学习方法,提取一系列与逾期相关的特征数据(如职业、账单、收入等)来进行数据拟合。但这样做存在的问题是:模型的可解释性不强,只是对数据集的简单拟合。对于这样的模型,我们不知道它学习到的是不是我们需要的。模型越复杂,可解释性就越低。以深度学习神经网络为例,模型基本就是个不可解释的黑匣子,这种模型的预测结果是"数据的巧合"还是"问题本身如此",我们很难判断。个人贷款逾期预测结果需要交付业务人员执行风险控制措施,是一个业务深度参与的场景,如果采用解释性较低的模型,业务人员根本无法理解技术问题,他们会提出"我为什么要相信你的模型"的疑问,从而导致业务人员参与度低、技业融合度降低、风险预测不清晰等问题。

因此,我们需要设计一个可解释性高的模型来预测个人贷款逾期。在机器学习领域,数据规则、决策树、线性模型具有较高的可解释性。考虑到贷款归还涉及客户质量、客户信用、抵押物价值、客户总资产总负债等因素，这些因素与银行观察到的变量之间存在较多的依赖关系，并且这些依赖关系具有一定的不确定性，不太适合数据规则、决策树和线性模型，但是它们却适合采用贝叶斯网络来建立模型。

9.1 贝叶斯网络简介

本节以通俗简明的语言介绍贝叶斯学习的基本概念，由此发展出贝叶斯网络技术来对多个复杂事件之间的关联性进行建模。

9.1.1 贝叶斯学习的概念

机器学习是基于观测数据（事件）对缺失或潜在数据（事件）进行推理，这种推理具有一定的不确定性。事实上，整个世界都是不确定的。一个学习系统就是用可观测的数据来刻画和计算这些不确定性，从而对未来（数据）事件作出预测。频率派和贝叶斯派是机器学习的两大流派。频率派使用统计机器学习方法，通过拟合观测数据来刻画不确定性；贝叶斯派使用概率编程方法，通过概率计算来刻画不确定性。众所周知，概率是表征和操作不确定性的数学语言。频率派认为，概率就是事件在过去时段的发生频率；贝叶斯派认为，概率是每个人对事件的心理预期，并且这个预期将随观测事件的发生而动态改变，最初的预期称为"先验概率"，最终的预期称为"后验概率"，用贝叶斯公式（1763年公布）来表达：

$$P(B_i|A) = \frac{P(B_i)P(A|B_i)}{\sum_{j=1}^{n}P(B_j)P(A|B_j)}$$

式中，$P(B_i|A)$ 表示在 A 事件发生条件下 B_i 事件发生的条件概率，即后验概率。$P(B_i)$ 是人们对事件 B_i 的先验概率，一般是经验的总结。$P(A|B_i)$ 是在 B_i 事件发生条件下 A 事件发生的条件概率，又称似然。分母 $\sum_{j=1}^{n}P(B_j)P(A|B_j)$ 称为全概率公式，它实际上等于 $P(A)$，即 A 事件发生的概率等于 B_i 事件发生的概率与 B_i 事件发生时 A 事件发生的条件概率乘积之和，就是全局等于局部的累加。贝叶斯公式也可以写成具有对称美感的形式：

$$P(A|B)P(B)=P(B|A)P(A)$$

这很好理解，因为 $P(A,B)=P(A)P(B|A)=P(B)P(A|B)$，即 A、B 两个事件同时发生的联合概率，等于其中某个事件发生的概率与该事件发生条件下另一事件发生概率的乘积。贝叶斯派用概率分布代表模型中所有不确定或未被观测到的随机变量及它们之间的关系，从先

验概率分布（数据观测之前的主观判断）到后验概率分布（数据观测之后的综合判断）的转变过程中会产生数据，使用概率论的数学方法来从这些数据中建立学习模型，从而实现以观测数据来推断未被观测的数据，这种方法叫贝叶斯推断。贝叶斯公式的先验概率代表了人们的事前预期，而似然代表了产生观测现象的隐含模型（一种调整系统），后验概率则是基于事前预期和不断地观测调整后的心理预期。贝叶斯公式提供了贝叶斯推断的基本准则，建立了条件概率相互转化的理论依据。如果我们把公式中的 A 和 B 分别看成观测数据和模型参数，则可以写成：

P（模型参数 | 观测数据）= P（模型参数）× P（观测数据 | 模型参数）/ P（观测数据）

根据上述公式，要使"P（模型参数 | 观测数据）"最大化，那就意味着在已知观测数据的条件下，如果某个模型参数使得出现这些已知观测数据的概率最大，那这就是我们要找的最佳模型参数。这就是最大后验概率（Maximum a Posteriori，MAP）的基本思想，即在给定数据样本的情况下最大化模型参数的后验概率。这里体现了概率编程的核心思想：一个学习系统可以被看作是求解最佳模型以用于解释观测数据的过程。一个观测数据可以符合多个模型，模型的不确定性是用概率方法来表征的。因此，在贝叶斯学习体系中，观测数据和模型参数都是随机变量。既然都是随机变量，就要求解随机变量在某种条件下的最佳取值（即 MAP），求解方法是基于概率论的积分方法。而频率派则认为观测数据是随机变量，模型参数是未知的常量。既然是常量，那么只需用数学方法来逼近这个常量，可定义损失函数，使用梯度下降、牛顿法等一系列数学优化方法来逼近最优模型参数。统计机器学习与贝叶斯学习是两种截然不同的认识，它们在建模方法上存在诸多不同。

9.1.2 从贝叶斯学习到贝叶斯网络

前面简要介绍了单一变量的贝叶斯学习思想，它提供了条件概率的计算依据。但在现实世界中，事件通常都是在多个随机变量的共同作用下发生的。多个随机变量的条件概率分布可以相互推导，从而组合构建出解释性更强、更具通用性、更复杂的大模型。这种数学模型就是概率图模型。概率图模型是指一种用图结构来描述多元随机变量之间条件独立性的概率模型，使得概率计算变得直观、简单，其应用场景非常广泛。概率图模型分为贝叶斯网络和马尔可夫网络（又称马尔可夫随机场），前者通过有向边来表示随机变量之间的推导关系，后者则通过无向边来表示。贝叶斯网络由图灵奖得主朱迪亚·珀尔（Judea Pearl）教授在 1988 年提出，近年来已成为人工智能领域的研究热点。贝叶斯网络（Bayesian Network）又名信念网络（Belief Network），由一个有向无环图和概率表组成。其中每个节点代表一个随机变量，节点间的有向边代表随机变量之间的推导关系。有向无环图表示节点之间不会出现回路。在贝叶斯网络中，观测节点（箭尾）A 是结果节点（箭头）B 的父节点，

B 是 A 的孩子节点。从节点 A 有一条有向通路指向 B，则称 A 为 B 的祖先，同时称 B 为 A 的后代。

在贝叶斯网络中，对于非根节点（有父节点的节点），其概率表是一个条件概率表，由其父节点的取值决定。如果一个节点有多个父节点，则表达为多个父节点的组合条件概率表。对于根节点（没有父节点的节点），其概率表用先验概率来表示（即观测之前的估计概率）。例如，在图 9-1 中，我们认为某人锻炼的概率为 0.7（先验概率），他的健康饮食概率为 0.25（先验概率），根据这两个节点的取值组合可以推断心脏病发生的概率（通常是从统计样本得出），锻炼和饮食两个节点同为心脏病节点的父节点，心脏病节点为它们的孩子节点，而心脏病的概率由锻炼和饮食两个节点的不同取值共同决定。而饮食健康程度会导致心口痛，心口痛和心脏病会导致胸痛，心脏病会导致高血压。我们把每个节点的随机变量之间的关系用有向边连接，并标注出各种组合条件下的条件概率，就得到如图 9-1 所示的贝叶斯网络。

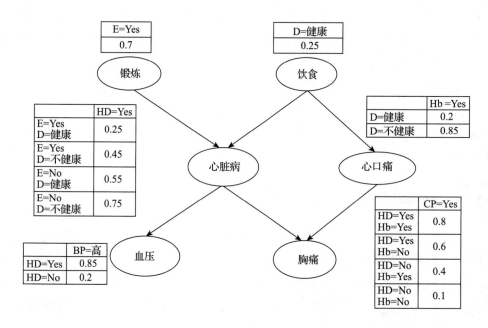

图 9-1　贝叶斯网络示例

我们可以在贝叶斯网络上进行参数学习和结构学习两大任务。参数学习是指给定观测数据和网络结构，计算出每个节点的概率分布，是使用贝叶斯网络的联合概率分布和贝叶斯公式来计算的。举个例子，对于一个 4 节点的简单贝叶斯网络，如图 9-2 所示，4 个随机变量的联合概率分布为 $P(x_1, x_2, x_3, x_4)=P(x_1)P(x_3)P(x_2|x_1, x_3)P(x_4|x_2, x_3)$。

可以看到，因为存在变量之间的推导关系，每个节点的条件概率是由其所有的父节点决定

的。于是，贝叶斯网络的联合概率分布可以写成 $P(X) = \prod_{i=1}^{n} P(x_i | \pi_i)$，其中 n 是节点数量，π_i 是节点 x_i 的父节点集。又因为贝叶斯公式可以写成 $P(A,B)=P(A)P(B|A)=P(B)P(A|B)$，根据这两个式子便可计算每个节点的条件概率分布。结构学习是指如果贝叶斯网络的结构是未知的，也可根据观测数据来学习网络结构。

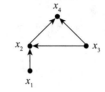

图 9-2　4 节点贝叶斯网络

贝叶斯网络的优点主要体现在以下三方面：一是用图形化方法来描述事物之间的相互关系，语义清晰，易于理解，可解释性强；二是因为贝叶斯网络反映的是变量之间的概率关系，所以缺失某个数据变量仍可建立完整的概率关系学习系统，而传统机器学习在数据缺失条件下则无法建立模型；三是贝叶斯网络是先验知识与观测知识的有机结合，能更全面地反映事物之间的关系，其中先验知识指根节点（没有父节点的节点）的先验概率，观测知识指中间节点的条件概率，通常是基于大量观测样本统计的，概率反映了依赖关系的强弱，这种机制在样本数据稀疏或较难获得时比较有效。总之，贝叶斯网络是贝叶斯学习在多变量条件下的推广，适合表达和分析不确定性事件，可以处理多种控制因素的决策，从不完全、不精确或不确定的数据中做出推理。

值得注意的是，贝叶斯网络是因果科学的雏形，而因果科学则是给人工智能赋予"真正的智能"的基础科学。贝叶斯网络的节点推导关系反映了观测变量和结果变量的依赖关系，这种依赖关系包含了因果关系和关联关系。由于贝叶斯网络允许学习变量之间的因果关系，因此基于贝叶斯因果网络，Judea Pearl 教授提出因果推断新范式，促进因果科学成为真正赋予人工智能的"智能科学"，前景十分广阔。可以说，贝叶斯网络作为 Pearl 教授的前期研究成果，它的发展和成熟奠定了因果科学成为一门独立科学的基础，也为人工智能未来的发展奠定了基础。有兴趣的读者可以阅读 Pearl 教授的因果科学著作《为什么》和《因果论：模型、推断和原理》。

9.2　概率图计算库 Pgmpy

本节以极短的篇幅介绍贝叶斯机器学习的 Python 概率图计算库——Pgmpy。

Pgmpy 是一个开源的概率图计算库，能处理贝叶斯模型、贝叶斯网络、朴素贝叶斯、马尔可夫链、马尔可夫随机场、因子图等系列任务，可完成参数学习和结构学习两大任务。其中，参数学习是给定一组数据样本和随机变量之间依赖关系的有向无环图（DAG），预测单个变量的（条件）概率分布。结构学习是给定一组数据样本，预测随机变量之间依赖关系的 DAG。

Pgmpy 在 MIT 开源许可证下发布，代码托管仓库为 https://github.com/pgmpy/pgmpy，官

方网址为 http://pgmpy.org/，示例网址为 https://github.com/pgmpy/pgmpy/tree/dev/examples。

9.3 案例实战

本节介绍如何搭建本案例的开发运行环境，以及如何使用 Pgmpy 库开发本案例模型。

9.3.1 环境搭建和案例运行

读者可参考 1.3.1 节内容安装 Anaconda，激活虚拟环境后，在互联网环境下执行以下命令安装库包：

```
pip install pgmpy
```

运行以下命令训练模型并进行样本推理：

```
python 贝叶斯网络-训练.py
```

运行以下命令以建立贝叶斯网络并进行样本推理：

```
python 贝叶斯网络-指定概率.py
```

9.3.2 代码实战

在本案例中，我们选择未结清贷款客户的以下数据作为观测数据：信用评级、近两年逾期数、近三个月贷款审批查询次数、当前未结清贷款笔数、多头贷款评级、是否贷款逾期。这些数据分别从不同方面反映了客户的逾期线索：信用评级由年龄、职业、身份、行业等基本信息，信用违约情况，收入负债等财务情况综合评定；近两年逾期数反映了客户最近两年内信用卡逾期和个人贷款逾期的总和，是各家银行、小贷公司的数据汇总；近三个月贷款审批查询次数是客户在向各家金融机构申请贷款时，金融机构履行贷款审批职能而查询客户贷款情况的次数，反映了客户申请贷款的次数，也反映了客户融资需求的急迫性；当前未结清贷款笔数是目前客户在所有金融机构的数据，反映了客户当前的贷款负债情况。

客户的信用评级越高，逾期的可能性越低，反之亦然；客户近两年的逾期数越多，当前贷款逾期的可能性越高，反之亦然；客户多头贷款的可能性越大，则逾期的可能性越大，而我们可以从近三个月贷款审批查询次数和当前未结清贷款笔数两个指标来推断多头贷款评级。根据以上推导关系，本案例构建的贝叶斯网络结构如图 9-3 所示。

第9章 个人贷款逾期预测项目——贝叶斯网络技术

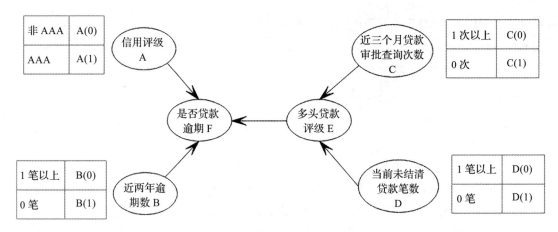

图 9-3 本案例贝叶斯网络结构

值得注意的是，图 9-3 仅标注了根节点的先验概率表，未标注中间节点的条件概率表，因为这是需要求解的部分。确定了网络结构后，我们从后台数据库提取数据集，其格式为：

A	B	C	D	E	F
0	1	0	0	0	0
0	1	0	0	0	1
0	1	1	0	1	1

……

数据集的 ABCDEF 字段分别对应网络中的每个节点，注意数据集要包含网络中的所有节点数据，数据范围为节点取值的索引（0 或 1），每个客户各产生一行数据。数据集文件为 data.xlsx。下面开始编写程序代码（贝叶斯网络 - 训练 .py）。首先导入相关库包：

```
import pandas as pd
from pgmpy.factors.discrete import TabularCPD
```

Pgmpy 框架提供了贝叶斯网络的算法封装，使用以下代码导入算法包。

```
from pgmpy.models import BayesianNetwork
from pgmpy.estimators import MaximumLikelihoodEstimator, BayesianEstimator
```

用 pandas 模块从数据集文件将数据加载到 DataFrame 结构：

```
df = pd.read_excel('data.xlsx')
```

df 数据是一个二维表形式（索引和 ABCDEF 节点数据值），如图 9-4 所示。

接下来，使用 Pgmpy 库的 BayesianNetwork 模块来描述贝叶斯网络的节点名称和网络结构。这里只需要指定每条边的节点对即

图 9-4 节点数据样本集

可，节点对以"(起始节点，终止节点)"形式书写。值得注意的是，老版本的 Pgmpy 库使用 BayesianModel 模块而非 BayesianNetwork 模块，笔者安装的 Pgmpy 为 0.1.16 版本，该版本已支持 BayesianNetwork 模块。

```
overdue_model = BayesianNetwork([('A', 'F'),
                                 ('B', 'F'),
                                 ('C', 'E'),
                                 ('D', 'E'),
                                 ('E', 'F')])
```

BayesianNetwork 返回一个模型句柄，命名为 overdue_model。节点和网络结构确定后，我们只需将数据输入模型即可开始训练贝叶斯网络。训练过程是指在给定每个节点取值的数据样本集的条件下，用算法自动确定根节点的先验概率分布和中间节点的条件概率分布，并确保获得的节点概率分布对数据样本来讲是最合适的。这体现了 9.1.1 节所讲的概率编程核心思想：一个学习系统可以被看作是求解最佳模型以用于解释观测数据的过程。本案例中采用极大似然估计算法来拟合样本集，通过 estimator 参数指定算法：

```
overdue_model.fit(df, estimator=MaximumLikelihoodEstimator)
```

所谓极大似然估计，就是利用已知的样本结果信息，反推最具有可能（最大概率）导致这些样本结果出现的模型参数值。这是在"模型已定、参数未知"的条件下，一种给定观察数据来求解最佳模型参数的方法。训练完成后，查看每个节点的概率表：

```
for cpd in overdue_model.get_cpds():
    print("CPD of {variable}:".format(variable=cpd.variable))
    print(cpd)
```

将得到如图 9-5 所示的输出。

```
CPD of A:
+------+------------+
| A(0) | 0.00169626 |
+------+------------+
| A(1) | 0.998304   |
+------+------------+
CPD of F:
+---+------+------+---------------------+------+-----+---------------------+---------------------+
| A | A(0) | A(0) | A(0)                | A(0) | ... | A(1)                | A(1)                |
+---+------+------+---------------------+------+-----+---------------------+---------------------+
| B | B(0) | B(0) | B(1)                | B(1) | ... | B(1)                | B(1)                |
+---+------+------+---------------------+------+-----+---------------------+---------------------+
| E | E(0) | E(1) | E(0)                | E(1) | ... | E(0)                | E(1)                |
+---+------+------+---------------------+------+-----+---------------------+---------------------+
| F(0) | 1.0 | 0.0 | 0.218181818181817  | 0.0  | ... | 0.08292798110979929 | 0.05639934216890781 |
+---+------+------+---------------------+------+-----+---------------------+---------------------+
| F(1) | 0.0 | 1.0 | 0.781818181818181819 | 1.0 | ... | 0.9170720188902007  | 0.9436006578310921  |
+---+------+------+---------------------+------+-----+---------------------+---------------------+
CPD of B:
+------+-----------+
| B(0) | 0.0521542 |
+------+-----------+
| B(1) | 0.947846  |
+------+-----------+
```

图 9-5 训练得到的节点概率表

值得注意的是，根节点概率表以"索引-概率"形式直接表示，中间节点概率表以"其所有父节点的索引组合-概率"形式表示。训练完成后，得到一个完整的贝叶斯网络，如图 9-6 所示。

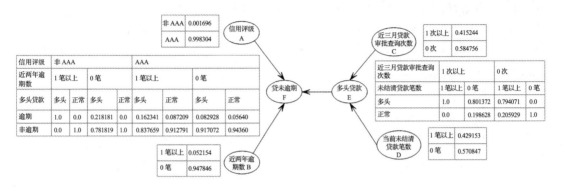

图 9-6 训练得到的贝叶斯网络

下面使用训练得到的贝叶斯网络来对某个数据样本进行推理。这里只需要向模型输入根节点的观测数据即可。首先导入贝叶斯推断模块：

```
from pgmpy.inference import VariableElimination
```

在训练的网络上进行贝叶斯推断：

```
overdue_infer = VariableElimination(overdue_model)
```

如果一个客户样本，他的信用评级为"非 AAA"（A=0），近两年逾期笔数为 0（B=1），近三个月贷款审批查询次数为 1 次以上（C=0），当前未结清贷款笔数为 0（D=1），我们想预测他的贷款逾期概率，只需要把根节点观测值输入推理引擎，即可返回推理结果：

```
prob_F = overdue_infer.query(
        variables=['F'],
        evidence={'A':0, 'B':1, 'C':0, 'D':1})
```

程序将显示推理过程进度，如图 9-7 所示。

```
Finding Elimination Order: : 100%|                                          | 1/1 [00:00<?, ?it/s]
Eliminating: E: 100%|                                                        | 1/1 [00:00<00:00, 99.69it/s]
```

图 9-7 推理过程进度

显示推理结果，如图 9-8 所示。

```
print(prob_F)
```

由图 9-8 可知，这个客户的逾期概率为 17.48%，非逾期概率为 82.52%。Pgmpy 的计算速度很快，笔者在 4.4 万条数据情

F	phi(F)
F(0)	0.1748
F(1)	0.8252

图 9-8 样本的网络推理结果

况下训练网络仅需 2s。我们可以每天更新数据集并训练模型。读者也可设计更复杂的网络结构，比如向网络中添加抵押物贬值情况、客户涉案情况等节点。在更复杂、更大数据集情况下，我们也可以用统计方法来确定每个节点的概率表，只需以参数形式指定概率值即可。详见下载文件"贝叶斯网络 – 指定概率 .py"，关键代码解读如下：

定义中间节点的条件概率表，variable_card 参数指定本节点取值个数，values 参数直接填写概率表取值，evidence 指定其父节点，evidence_card 指定父节点取值个数，注意 values、evidence、evidence_card 三者的顺序应保持一致。

```
# 多头贷款的条件概率分布
E_cpd = TabularCPD(
    variable='E',
    variable_card=2,
    values=[[1,0.801371,0.794071,0.0],[0.0,0.198628,0.205929,1.0]],
    evidence=['C', 'D'],
    evidence_card=[2, 2]
                  )
```

定义根节点的先验概率表，直接填写取值个数和概率即可。

```
# 信用评级先验概率分布
A_cpd = TabularCPD(
        variable='A',
        variable_card=2,
        values=[[0.001696], [0.998304]]
                  )
```

依次将 A、B、C、D、E、F 节点概率表定义完毕，然后用 add_cpds() 函数将节点添加到网络模型：

```
overdue_model.add_cpds(A_cpd, B_cpd, C_cpd, D_cpd, E_cpd, F_cpd)
```

这样，我们就完成了贝叶斯网络的所有参数指定，直接调用推理模块来预测样本即可。本章代码详见下载文件"贝叶斯网络 – 训练 .py""贝叶斯网络 – 指定概率 .py"，数据详见文件 data.xlsx。

9.4 案例总结

在实际工作中，我们对每个客户的逾期概率进行排序，优先处理逾期可能性高的客户，及时控制风险，在一定程度上实现了风险的前置处置。本案例从理论和实践上提供了客户贷款逾期预测的实现方法，读者可以直接在工作场景中运行使用，对防范金融风险有积极意义。当然，本案例只实现了贝叶斯网络的参数学习，是比较基础的实现。贷款逾期预测场景还可以设计成多个关联节点之间的结构学习。比如，房地产行业出现下行趋势时，可能对客户的负债、收入、抵押物价值、还款意愿、信用评级造成影响，可以根据不同情况在贝叶斯网络中学习这些节点的结构关系。另外，随着时间的推移，客户的关键特征和逾期表现都会有所不同，却又相互关联，可以使用动态贝叶斯网络来处理不同时间的、更加丰富的数据，建立更复杂更庞大的模型，获得更具有实践价值的逾期预测结果。

贝叶斯网络不仅是现阶段人工智能的研究热点，也是未来因果科学的起点。这项技术擅长处理不确定的、多因素关联的复杂预测，银行经营场景中有很多这样的场景，比如供应链贷款、联保贷款的风险传导预测，客户营销活动导致的业绩提升根因分析等。事实上，以贝叶斯网络为代表的概率图模型方法和贝叶斯推断思想，在银行经营场景中都能得到广泛的应用。读者可以借鉴本章方法，在工作中积极实践，推动银行业持续健康发展。

智能运营篇

当今的银行业已进入 Bank 4.0 时代,科技金融对商业银行经营全流程全面深度渗透。这是商业银行的科技战略、科技规划、科技架构、科技能力、平台建设、创新文化综合发展的体现。在这个阶段,商业银行"智慧作业"模式开始成熟,"体验卓越""智慧银行""降本增效"成为关键词。商业银行的智能化运营水平体现了银行的管理水平和发展阶段。本篇对企业微信获客和数据中心智能化管理两个场景进行阐述,提供真实的智能运营项目经验。

第 10 章

企业微信私域流量客户冷启动项目——自动控制技术

移动互联网时代下，随着线上化、移动化生态布局的成熟，手机银行、网上银行、微信银行等渠道覆盖了零售银行绝大多数业务，而电子支付、信用卡分期、互联网贷款等零售业务已嵌入互联网生活场景。这些场景大多是互联网公司主导建设而非银行主导，银行网点广覆盖的线下服务优势逐渐弱化。近年来，从银行业整体情况看，客户到网点办理业务的笔数持续降低，网点逐渐成为高端客户、面签业务和专属业务的服务场所，而互联网则成为数量庞大的普通客户与银行的主要交互渠道。零售银行的存款和 AUM 资产，相当比例来自大量普通客户，这部分客户的经营在很大程度上决定了零售银行的整体业绩。因此，我们必须探索零售客户线上运营的思路。

互联网的早期，是流量红利时代，有流量就有销量，很多企业从微信、头条等中心化流量平台购买公域流量。但随着公域流量红利逐渐消失、流量成本迅速增加，不断引发企业焦虑。从流量收割到用户经营的思维转变，是适应变化的必然结果。移动互联网的碎片化打破了少数公域流量垄断的格局，流量中心化必然向去中心化转变，市场呼唤商业理性回归，出现从公域流量到私域流量的转变趋势，如图 10-1 所示。

2018 年开始，私域流量概念被越来越多的人关注。私域流量是从公域（互联网）、它域（平台、媒体渠道、合作伙伴等）引流到自己私域（官网、客户名单），以及私域本身产生的流量（访客）。私域流量是不用付费、可以进行二次以上链接、触达、发售等市场营销活动的客户数据，这些客户可以在任意时间、任意频次直接触达，触达渠道包括自媒体、用户群、微信号等。近年来,私域流量客户运营已成为现象级商业模式,大到企业,小到地摊,都随处可见,市场上也出现私域 SaaS 技术服务商(如有赞、微盟公司)、私域代运营服务商和私域教育培训机构(如桔子),私域商业成熟。据《2020 中国数字营销趋势》数据显示,高达 62% 的广告主表示,自有流量池是 2020 年最值得关注的数字营销形式,仅次于社会化营销。私域流量和域名、商标、商誉一样属于企业私有的经营数字化资产。目前,私域流量已成为现象级商业模式,个体经营户搭建自己的私域流量微信客群并配合视频直播、微博、公众号等营销手段比较常见。

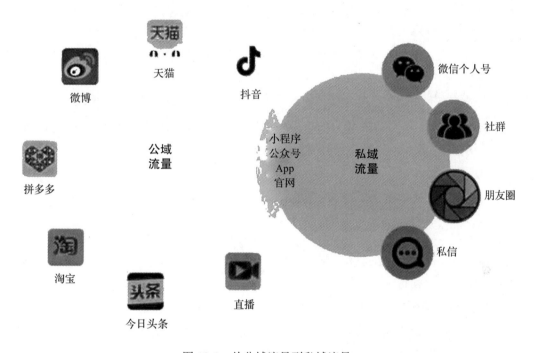

图 10-1 从公域流量到私域流量

为什么说微信是最适合打造私域流量的平台?首先,微信作为国民级 App,是使用频次最高、使用时间最长、覆盖最广的社交软件。在微信里,每个人都是一个流量节点,微信生态有最丰富的流量资源。其次,每个人的微信社交链在不断扩充,每个人都可以转发分享,从而将一个流量节点裂变成多个节点,为企业带来指数级的流量增长。最后,微信生态已完全打造了客户触达、客户交互、视频营销、企业认证等一系列功能,为私域流量运营提供了体验良好的全面服务。所以说,在新零售时代,发展私域流量约等于融入微信生态,如图 10-2 所示。

图 10-2　私域流量约等于微信生态

在有效获客、经营成本、客户维护等因素的综合考量下，零售银行融入微信生态已是大势所趋。银行客户经理通过微信沟通客户，通过官方微信企业号进行产品宣传和活动推广，通过微信小程序无缝嵌入生活场景，通过微信生态圈进行视频直播并进行客户兴趣挖掘，这些已经成为零售银行线上客户经营的常见做法。这里首先要解决的是客户的冷启动问题，即在银行企业微信建立初期，如何快速实现加挂客户从无到有？换句话说，如何将数量庞大的零售客户高效、迅速地添加到企业微信，为后续的营销布局？本章分享笔者曾经开发的自动化程序，实现在银行官方企业微信中批量自动发送客户添加邀请并修改客户姓名及营销标签的案例。这项工作是零售银行战略转型的第一步。

10.1　方案设计

零售银行以企业微信为载体，建立的客户服务体系分为"企业—员工"和"员工—客户"两个层级。企业管理员工并建立 KPI 指标，员工维护客户并开展具体的营销工作。由于零售客户群体的数量是非常庞大的，通常情况下，一个员工需要在企业微信里添加数量众多的客户，需要逐一输入客户信息、发送添加邀请、等待客户确认并修改客户实名，手工操作费时费力，工作量很大。零售银行的客户维护模式如图 10-3 所示。

在本案例中，我们开发两个外挂程序，分别为"批量客户邀请机器人"和"批量客户标记机器人"来模拟员工在企业微信里的所有操作。其中，"批量客户邀请机器人"实现在特定分辨率条件下，每个员工以自己的账号登录企业微信后，循环模拟鼠标和键盘的各种操作，与企业微信界面进行交互，向自己维护的所有客户发送添加邀请。"批量客户标记机器人"则在客户接收邀请后，批量修改加挂企业微信的所有客户的姓名和营销标签。本案例的逻辑架构如图 10-4 所示。

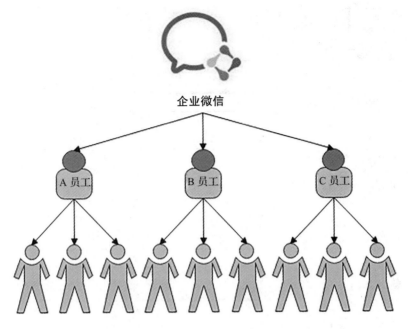

图 10-3　企业微信客户服务体系的两层结构

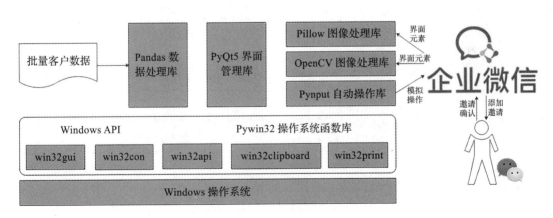

图 10-4　本案例逻辑架构

本案例使用 Pywin32 库来调用 Windows 操作系统的各种 API 功能，包括定位企业微信窗口、调整屏幕分辨率、操作剪贴板等；使用 Pillow 和 OpenCV 库来完成一个简单的图像分类任务，从而识别企业微信客户信息界面中的标签是否已经作了标记；使用 PyQt5 库来编写外挂程序界面；使用 Pandas 库来处理批量客户数据。本案例的批量客户邀请机器人工作流程如图 10-5 所示。

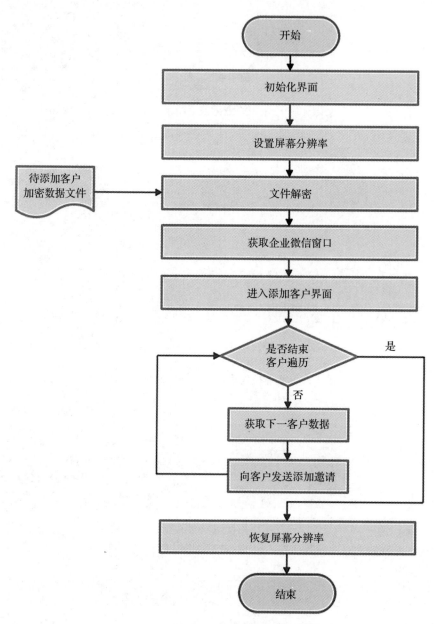

图 10-5 批量客户邀请机器人工作流程

本案例的批量客户标记机器人工作流程如图 10-6 所示。

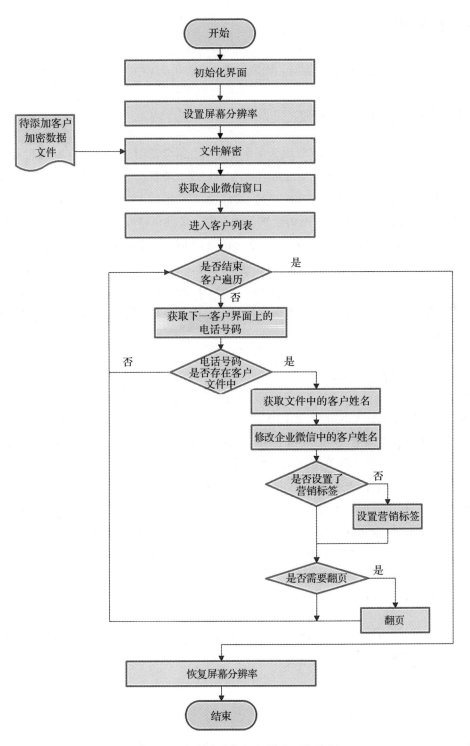

图 10-6 批量客户标记机器人工作流程

10.2 开发库

本节介绍本案例使用的自动控制、图像处理、数据处理相关技术及开源库包。

10.2.1 底层接口库 Pywin32

在 Windows 平台上，Python 模块为了便于使用，通常都封装过度，有些功能无法灵活使用，特殊情况下必须直接调用 Windows API 来实现。要解决这一问题，有两种办法：一种是使用 C 语言编写 Python 扩展模块；另一种是编写普通的 DLL 通过 Python 的 Ctypes 来调用，但是这样就部分牺牲掉了 Python 的快速开发、免编译特性。

在这种情况下，Pywin32 库诞生了。Pywin32 即 Python For Win32，它包装了几乎所有的 Windows API，可以方便地从 Python 直接调用，还可以使用 Python 进行 COM 编程。Pywin32 的开源代码托管仓库为 https://github.com/mhammond/pywin32，目前最高版本为 303。

本案例使用 Pywin32 底层接口库来调用窗口定位、屏幕分辨率获取与设置、剪贴板读写等 Windows 功能。

10.2.2 图像处理库 Pillow

PIL（Python Image Library）是 Python 的第三方图像处理库，由于功能强大而被广泛使用，其官方主页为 http://pythonware.com/products/pil/。PIL 历史悠久，早期版本仅支持 Python2.x，后期版本移植到 Python3，命名为 Pillow，主页为 http://python-pillow.org/，代码托管仓库为 https://github.com/python-pillow/Pillow。

Pillow 主要提供图像归档和图像处理两类功能。

（1）图像归档：对图像进行批处理、生成图像预览、图像格式转换等。

（2）图像处理：图像基本处理、像素处理、颜色处理等。

10.2.3 计算机视觉处理库 OpenCV

OpenCV 库的介绍参见 8.2.1 节。本案例使用 OpenCV 来对企业微信上的按钮元素截图进行直方图处理，并判断按钮是否有效。

10.2.4 数据处理库 Pandas

Pandas（Python Data Analysis Library）是基于 NumPy 的数据分析库，提供针对 Series、

Time-Series、DataFram、Panel 等数据结构的导入导出、清洗、处理、计算等函数和方法。Pandas 最初由 AQR Capital Management 于 2008 年 4 月开发，并于 2009 年底开源，目前由 PyData 团队继续开发和维护，属于 PyData 项目的一部分。Pandas 最初被作为金融数据分析工具而开发出来，因此，Pandas 为时间序列分析提供了很好的支持。Pandas 的名称来自于面板数据（Panel Data）和 Python 数据分析（Data Analysis）。目前，Pandas 被广泛应用于科学计算、数据处理等领域。本案例使用 Pandas 来读取批量用户信息。

10.2.5 Pynput 库

Pynput 是一个控制和监控输入设备的跨平台第三方库，支持 Windows、MacOS、Linux。所谓控制是指允许通过代码来向操作系统发送输入操作，这相当于用户敲击键盘或单击鼠标。所谓监控是指一旦用户的鼠标键盘输入触发了代码设置的监控条件，其事件会被程序捕获并执行响应代码。在 Pynput 中，提供 pynput.mouse 和 pynput.keyboard 两个类来控制和监控鼠标和键盘。Pynput 遵循 LGPL-3.0 开源许可协议，其代码仓库为 https://github.com/moses-palmer/pynput，其官方文档为 https://pynput.readthedocs.io/en/latest/。

本案例使用 Pynput 来控制鼠标和键盘的输入，模拟用户在企业微信中的各种操作。

10.3 案例实战

本节介绍本案例开发运行环境搭建及代码实现。

10.3.1 软硬件环境搭建及运行案例程序

本案例在 Windows10 环境搭建。接入互联网，创建命令行并进入虚拟环境，执行：

```
conda create -n qywx python=3.7 -y & conda activate qywx
```

执行以下步骤依次安装依赖库包。等待执行结束，没有报错即可完成环境搭建：

```
pip install pandas pywin32 pynput pyqt5 pillow opencv-python
```

命令行执行激活环境：

```
conda activate qywx
```

填写批量客户数据文件 data.xlsx，其格式如图 10-7 所示。
为确保数据安全，我们将此数据进行加密处理。执行：

```
python 批量客户数据文件加密.py
```

图 10-7 批量客户数据格式

选择 data.xlsx，将在当前目录下生成加密文件 encrypt.xlsx。

安装后启动企业微信。计算机会弹出二维码，打开手机企业微信 App 扫码（注意不是微信），使用计算机登录到企业微信。注意不要让该窗口最小化，这就是企业微信的"初始状态"了。此时在命令行执行：python 批量客户邀请机器人.py，出现批量客户邀请机器人主界面，如图 10-8 所示。

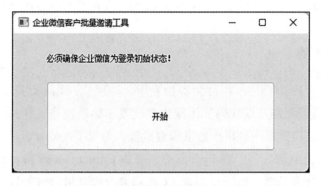

图 10-8　批量客户邀请机器人主界面

单击"开始"按钮，选择批量客户数据加密文件 encrypt.xlsx 即可。鼠标键盘像是被赋予了灵魂，自己运动，在企业微信中不停操作，一会工夫，encrypt.xlsx 里的所有客户都收到了企业微信添加邀请。

命令行执行：python 批量客户标记机器人.py，显示批量客户标记机器人界面，如图 10-9 所示。

图 10-9　批量客户标记机器人界面

选择批量客户数据加密文件 encrypt.xlsx，将看到程序自动修改客户姓名并设置营销标签。至此，我们完成了环境搭建及程序运行。

10.3.2　代码实战

1. 批量客户邀请机器人代码实战

首先，导入本案例必要的库包：

```
import win32gui,win32con
import win32api
from win32 import win32print
from pynput import mouse, keyboard
from PyQt5.QtWidgets import QLabel, QApplication, QMessageBox, QWidget,
    QPushButton, QFileDialog
```

然后，使用 PyQt5 实例化一个自定义界面类 MainWin，将显示操作界面：

```
if __name__ == '__main__':
    app = QApplication(sys.argv)
    ex = MainWin()
    sys.exit(app.exec_())
```

在 MainWin 类中，定义一个 initUI() 函数来初始化界面元素：

```
# 定义窗体标题
self.setWindowTitle(self.title)
# 定义窗体位置大小
self.setGeometry(self.left, self.top, self.width, self.height)
# 在窗体内创建一个文本控件，并设置其显示内容及坐标位置
textLabel1 = QLabel(" 必须确保企业微信为登录初始状态！ ", self)
textLabel1.move(50, 30)
# 在窗体内创建按钮对象
button = QPushButton(" 开始 ", self)
# 定义鼠标停留在按钮上时显示的消息
button.setToolTip(" 选择客户数据，开始批量加粉 ")
# 设置按钮位置大小
button.move(50, 70)
button.resize(340, 100)
# 设置单击按钮的响应函数
button.clicked.connect(self.begin)
self.show()
```

接下来，我们编写按钮的响应函数。由于 Pynput 库是按屏幕坐标（从屏幕左上角（0，0）开始）来定位鼠标位置的，所以其位置是与屏幕分辨率密切相关的。换句话说，同一个屏幕位置，在不同分辨率条件下，其坐标值不同。因此，本案例需要设置一个固定的分辨率来确定鼠标在企业微信界面上要点击的位置。我们的基本思路是：先获取当前屏幕分辨率，然后更改为我们需要的分辨率，在退出程序时恢复为先前的分辨率。我们定义 get_real_resolution() 函数来获取当前的分辨率，使用 Pywin32 的 win32gui 和 win32print 两个模块：

```
def get_real_resolution():
    # 获取当前屏幕的句柄
    hDC = win32gui.GetDC(0)
    # 获取横向分辨率
    w = win32print.GetDeviceCaps(hDC, win32con.DESKTOPHORZRES)
```

```
# 获取纵向分辨率
h = win32print.GetDeviceCaps(hDC, win32con.DESKTOPVERTRES)
return w, h
```

我们定义 set_resolution() 函数来设置屏幕分辨率：

```
def set_resolution(w, h):
    # 获得图形显示设置
    dm = win32api.EnumDisplaySettings(None, 0)
    # 设置高、宽两个方向的像素数量
    dm.PelsHeight = h
    dm.PelsWidth = w
    # 设置每个像素的位数
    dm.BitsPerPel = 32
    # 设置显示模式
    dm.DisplayFixedOutput = 0
    # 将显示参数应用更改到当前屏幕
    win32api.ChangeDisplaySettings(dm,0)
```

我们使用 atexit 模块来设置退出程序时要调用的函数，此时应该恢复原先的屏幕分辨率，即 get_real_resolution() 函数的返回值 w、h：

```
atexit.register(recovery_resolution, w, h)
```

在退出程序前，先执行 recovery_resolution() 函数，并传入 w, h 参数，然后在 recovery_resolution() 中重新设置原先的分辨率：

```
def recovery_resolution(w,h):
    set_resolution(w,h)
```

然后，选择批量客户加密数据文件，此文件是包含姓名和手机号两列的 Excel 表：

```
filename, filetype = QFileDialog.getOpenFile-Name(self,"选取文件",   "c:\\", "All Files (*);;Excel Files (*.xlsx);;Excel Files 97(*.xls)")
```

将文件解密后读入 DataFrame：

```
decrypt_file(filename,'decrypt.xlsx','key')
df = pd.read_excel('decrypt.xlsx')
```

通过 Pywin32 的 win32gui 模块找到企业微信的窗体句柄，指定窗体的 title 即可。如果没有打开企业微信，则返回 0：

```
hwnd = win32gui.FindWindow(None,'企业微信')
```

为了固定操作元素位置，我们将企业微信的窗体最大化，并且设置窗体前置：

```
win32gui.ShowWindow(hwnd,win32con.SW_SHOWMAXIMIZED)
win32gui.SetForegroundWindow(hwnd)
```

操作窗体需要一定的时间，我们等待 0.3s 再继续：

```
time.sleep(0.3)
```

接下来，我们使用 Pynput 的鼠标控制器和键盘控制器来操作企业微信界面上的元素。首先创建控制器句柄：

```
m_mouse = mouse.Controller()              # 创建一个鼠标控制器
m_keyboard = keyboard.Controller()         # 创建一个键盘控制器
```

因为我们设置了企业微信窗体前置，所以要操作该窗体元素，只需要把鼠标热点移动到相应位置进行单击即可。开发的时候，需要多花点精力来对准坐标位置。比如单击企业微信中的通讯录，然后单击"新的客户"：

```
m_mouse.position = (20,147)                # 将鼠标移动到通讯录位置
m_mouse.click(mouse.Button.left)           # 单击鼠标左键
time.sleep(0.3)
m_mouse.position = (100,100)               # 将鼠标移动到"新的客户"位置
m_mouse.click(mouse.Button.left)
```

需要注意的是，上述操作需要等待企业微信应用程序进行响应，我们设置 0.3s 的等待时间。在需要键盘输入的地方（比如录入每个客户的手机号），我们操作 m_keyboard 句柄即可：

```
for i in range(len(df)):                                # 循环向每个客户发送添加邀请
    m_keyboard.type(str(df['手机号'][i]))                # 录入客户数据文件中的手机号
    m_keyboard.press(keyboard.Key.enter)
    m_keyboard.release(keyboard.Key.enter)
......
```

至此，我们就完成了批量客户邀请机器人的开发。代码详见下载文件"批量客户邀请机器人.py"。

2. 批量客户标记机器人代码实战

下面编写批量客户标记机器人的代码，实现的功能是待客户同意添加邀请后，批量将客户昵称修改为真实姓名并添加营销标签。我们需要逐一单击企业微信客户列表里的所有客户（如图 10-10 所示），获取客户在企业微信中登记的手机号，与批量客户数据进行匹配，获得姓名，再更改其昵称。

关键代码如下：

```
for i in range(……):
if i<17:     # 客户列表首页的客户数小于 17
    m_mouse.position = (140, 230+i*30)
```

图 10-10　企业微信客户列表

```
            m_mouse.click(mouse.Button.left)
    else:    # 非首页，page_counts 为当前页的客户数
            m_mouse.position = (140, 90+page_counts*30)
m_mouse.click(mouse.Button.left)
```

如何获取界面中的电话号码呢？我们模仿用户操作过程：双击电话号码文本控件，按 Ctrl+C 将其复制到剪贴板中，再从剪贴板获取即可：

```
m_mouse.position = (570, 260)                          # 将鼠标移动到电话号码位置
m_mouse.click(mouse.Button.left)
time.sleep(0.2)
# 再次单击鼠标左键，由于两次单击仅相隔 0.2s，会触发双击事件，导致电话号码内容被选中
m_mouse.click(mouse.Button.left)
# 按下 Ctrl+C 复制电话号码到剪贴板
m_keyboard.press(keyboard.Key.ctrl)                    # 按下 Ctrl 键
m_keyboard.press(keyboard.KeyCode(char='c'))           # 按下 C 键
m_keyboard.release(keyboard.KeyCode(char='c'))         # 释放 C 键
m_keyboard.release(keyboard.Key.ctrl)                  # 释放 Ctrl 键
telnum = get_clip()                                    # 将剪贴板里的电话号码复制到变量
# 使用 Pywin32 的 win32clipboard 模块，获取剪贴板内容函数
import win32clipboard as wb
def get_clip():
    wb.OpenClipboard()
# 以文本方式获取剪贴板内容，返回 bytes 类型数据
    d = wb.GetClipboardData(win32con.CF_TEXT)
    wb.CloseClipboard()
    return d.decode('GBK')        # 将 bytes 类型解码为 GBK 编码的 str 类型
```

接下来，在批量客户数据 DataFrame 中找到电话号码对应的真实姓名：

```
name = df.loc[(df.手机号.astype('int64')==int(telnum)),'姓名'].values[0]
```

删除该客户原有备注，这里直接连续按 Backspace 键即可：

```
for j in range(20):
    m_keyboard.press(keyboard.Key.backspace)
    m_keyboard.release(keyboard.Key.backspace)
```

然后输入客户姓名，单击"确定"，实现在企业微信中更改客户实名：

```
m_keyboard.type(name)
m_mouse.position = (520, 540)              # 将鼠标移动到"确定"位置
m_mouse.click(mouse.Button.left)
```

下面设置"管户客户"的营销标签。单击标签栏，会看到该客户的所有营销标签。如果已经对客户设置了某个标签，则其颜色为蓝色（即图 10-11 中的深灰色），未设置则为灰色，如图 10-11

图 10-11 无标签与有标签

所示。我们在客户轮询过程中，存在已设置和未设置两种情况。

如何对客户的营销标签按钮进行分类呢？这就需要设计一个算法来对图像进行分类。我们将蓝色标签的按钮图片保存下来，再从界面中截取按钮图片，与保存图片进行相似度计算，根据相似度得分来判断当前按钮是灰色还是蓝色。使用 PIL 模块来截取当前按钮的图像区域：

```
grb = ImageGrab.grab(bbox=(660,310,743,340))
```

计算保存图像与截取图像的相似度得分：

```
grb.save('grab.jpg')
img1 = cv2.imread('button.jpg')
img2 = cv2.imread('grab.jpg')
degree = classify_gray_hist(img1,img2)
```

我们采用直方图相交算法来衡量两张图的相似程度。直方图（Histogram）是一种统计分布图，横轴表示 bin 的数量，纵轴表示每个 bin 的统计量。本例中，横轴的取值范围是 0~255，代表灰度图中每个像素的 256 个取值，纵轴为对应像素值的像素数量。两张图像的直方图，它们在相同像素值重合的像素数量越多，就表示图像越相似。通常使用直方图的相交距离来衡量它们的相似度，设 M、N 是两个含有 K 个 BIN 的直方图，它们的分量分别为 $M(i)$、$N(i)$，其中，$i=1, 2, 3, 4, \cdots, K$，其公式为：

$$D(M,N) = \frac{\sum_{i=1}^{K} \text{MIN}(M(i), N(i))}{\sum_{i=1}^{K} M(i)}$$

式中，分子为两个直方图在每个分量上重合的像素数量，再除以某张图的像素总量，得到（0,1]范围内的归一化结果。本例中，采用"平均重合度"指标来衡量图像相似度，即取每个分量上的重合比例的平均值来建立相似度函数：

```
def classify_gray_hist(image1,image2,size = (256,256)):
    #将输入图像缩放到 256×256 像素
    image1 = cv2.resize(image1,size)
    image2 = cv2.resize(image2,size)
    #calcHist()函数的参数分别为输入图像矩阵、通道编号、掩码（取值为 1 表示要处理图像中的部分，
      None 表示处理整个图像）、使用多少个 bin（256 表示 256 个 bin，每个 bin 代表一个像素取值）、像
      素的取值范围（0 ~ 255），返回一个数组，其中每个分量代表每个 bin 上的像素数量
    hist1 = cv2.calcHist([image1],[0],None,[256],[0.0,255.0])
    hist2 = cv2.calcHist([image2],[0],None,[256],[0.0,255.0])
    #degree 表示两个直方图的平均重合度
    degree = 0
    for i in range(len(hist1)):
```

```
        if hist1[i] != hist2[i]:
            #将每个bin上的重合比例求和
            degree = degree + (1 - abs(hist1[i]-hist2[i])/max(hist1[i],hist2[i]))
        else:
            degree = degree + 1
#将重合比例求和结果除以总bin数，得到平均重合度
degree = degree/len(hist1)
return round(float(degree),2)
```

如果当前标签按钮未被选中，则其灰色图像与保存的蓝色图像的 degree 值较小（重合度较低），若被选中则 degree 值较大（重合度较大）。因此，我们设定一个阈值来区别营销标签是否被选中：

```
if degree < 0.7:    #未选择营销标签
    完成营销标签选择……
```

完成上述工作后，可以在企业微信的客户信息中看到设置的营销标签，如图 10-12 所示。

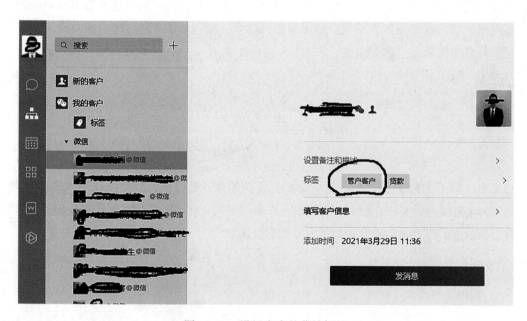

图 10-12　设置客户的营销标签

代码详见下载文件"批量客户标记机器人.py"。至此，我们完成了"批量客户邀请机器人"和"批量客户标记机器人"的开发工作。

10.4 案例总结

本案例使用自动控制技术，实现了企业微信自动发送客户添加邀请、自动设置客户实名标记的功能，将流程化、步骤化的固定操作交给机器自动完成，银行员工只需登录企业微信、打开程序，而无须对大量客户逐一手工操作，极大地释放了人力资源，提高了工作效率。笔者在实际工作中实现了 3 倍的效率提升。另外，客户实名标注促进了企业微信营销端与银行内部系统后端的数据对接，是绩效认定、营销评价、客户经营策略等后续工作的保障和前提。

本案例是在新零售时代，客户线上经营战略实施的第一步，是商业银行零售私域流量经营模式转型的重要一环。本案例具有一定的实用价值，同时也有一些优化空间。比如，使用 Pynput 的方案需要更改分辨率，每次操作的坐标位置是固定的，一旦企业微信更改了版面，就必须修改程序的坐标定位。本案例在通用性方面的改进上，后期可以改成 RPA 机器人的方式。然而，本案例展示了一个通用的自动控制方案，无论操作应用程序还是网页，都可以兼容。在银行业务经营中，自动控制的需求场景较多，读者可以举一反三，在本案例基础上开发新的应用。

本案例后续还可改造成私域流量客户自动化线上运营的应用，即从企业微信的个性化营销网页埋点采集客户浏览、订单、支付类数据，分析客户的兴趣点数据，建立客户偏好分析模型，通过自动控制技术向不同客户发送个性化兴趣推荐营销内容，再根据客户浏览点击的反馈形成新的兴趣点数据，不断迭代优化模型，锁定私域流量，实现私域客户的自动化经营闭环。

第 11 章

商业银行数据中心智能巡检机器人——计算机视觉技术

俗话说,信息科技风险是能够导致银行瞬间瘫痪的风险。信息科技风险一旦发生,轻则业务中断,重则人员伤亡,造成负面社会舆情。这方面的事故,教训惨痛,刻骨铭心。中国人民银行、银监会始终把商业银行信息科技风险作为一票否决的重点监管内容。特别是政治活动、电商促销活动等重要时期,保证银行信息系统的稳定和业务连续性,已成为一项极其严肃的任务。信息科技风险的主要部分是 IT 运维风险,集中在商业银行的数据中心。因此,如何更好地管控数据中心运维风险,成为各家银行信息科技工作的必保内容。近年来,银行业的数据中心不断扩建,云计算分布式集群、云存储设备、GPU 集群、网络设备、网络线路的数量越来越多,系统安全和用电安全的风险挑战越来越严峻,传统的人员巡检存在以下诸多问题:无法 24 小时不间断巡检,面对诸多设备无法同时巡检,漏检,告警不及时,紧急情况下人员无法进入巡检区域,纸质巡检数据无法二次分析等。

在此背景下,提出技术创新方案来解决系统安全和用电安全是顺理成章的事情。我们能否设计一套系统来模拟人工巡检的过程,对重点风险进行不间断巡查呢?设备运行状态和用电安全是 IT 运维风险监控的两个关键点。设备面板上的电源工作灯、硬盘工作灯、IPMI 接口工作灯、网络工作灯、健康指示灯、UID 指示灯的状态就反映了设备的运行情况。数据中心用电量大,如果局部功耗超标,在 UPS 电池、电线老化等情况下,可能发生火灾。风险管控的重点是通过查看设备面板指示灯来判断 UPS、配电柜、服务器等设备的运行状态是否正常,通过红外热成像仪来检查 UPS 电池线头、UPS 电池表面、配电柜线头、机房重点区域是否存在高温隐患。

11.1 方案设计

如前所述,设计一套自动巡检机器人方案,对解决人员巡检的诸多问题有积极的现实作用。解决这一问题,通常有两种做法:一种是使用设备带外口组建监控管理网络,通过实时读取设备内部芯片数据来监控设备运行状态;另一种是使用摄像头视觉技术来观察设备的运行状态。由于前一种方法只能对服务器实施,不能对 UPS、配电柜等供电设备实施,因此我们在实际工作中选择了后一种方法。本章分享一个数据中心顶部加装滑轨的方案来实现机器人的导航定位。在数据中心顶部滑轨上安装步进电机,电机带动机器人移动,编程控制电机每次位移的距离,使机器人准确到达需要巡检的位置。步进电机的控制程序给出当前巡检的场景编号,每个场景编号在数据库中登记了正常情况下面板灯的数量及颜色、闪烁灯的数量及颜色。这些工作由专业设计施工公司完成。对于巡检面板灯的场景,机器人由一台树莓派和一个自然光摄像头组成,树莓派设备上部署视觉模型来实时读取 UPS、配电柜、服务器等设备的面板灯状态,与数据库事先登记的正常状态进行比对,从而判断设备工作状态是否发生异常。对于高温巡检场景,在 UPS 电池接头、供电电线等容易起火的区域,同样使用滑轨加步进电机的方式,使用"树莓派+红外摄像头"来部署热成像温度识别模型,对视野中的温度超标区域进行识别。两个视觉模型如发现异常,则将消息发送到机房监控系统进行预警。

本案例以基础层、运行层、应用层三层结构搭建系统,基础层负责硬件及驱动,运行层负责底层图像处理算法及运算,应用层负责图像识别、数据告警、逻辑处理,项目架构如图 11-1 所示。

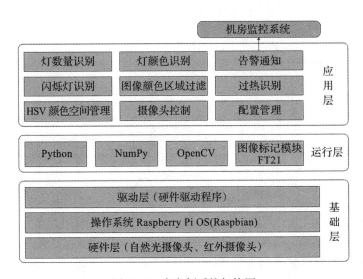

图 11-1　本案例系统架构图

本案例面板灯监控模块需要从视频中循环获取图像帧，通过图像处理识别面板灯所在的位置并与前序帧的相应位置进行比对来识别闪烁，其处理流程如图 11-2 所示。

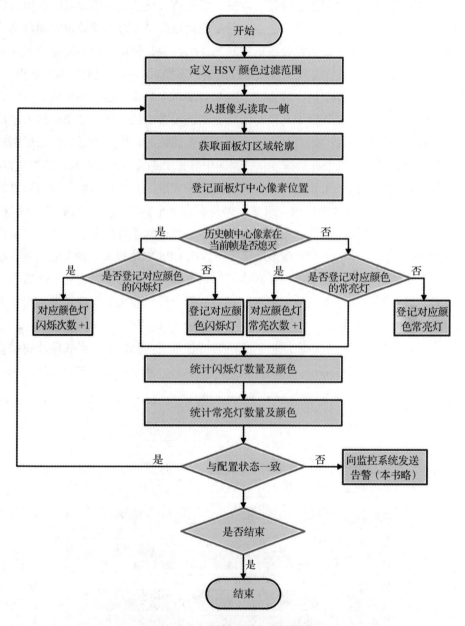

图 11-2　本案例面板灯监控流程

本案例的热成像监控模块也需要从视频中循环获取图像帧，通过图像处理来识别热量集中的区域，其处理流程如图 11-3 所示。

第 11 章 商业银行数据中心智能巡检机器人——计算机视觉技术 279

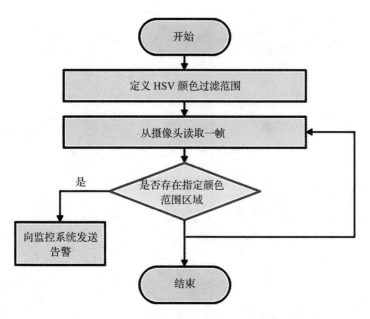

图 11-3 本案例热成像监控流程

本案例的基本处理流程依次为：循环读取视频中的图像帧，按颜色获取图像中的面板灯区域，识别颜色、数量、位置、闪烁，与预先设置的正常状态的灯颜色、数量、位置、闪烁进行比对，告警。

11.2 计算机视觉技术

本节介绍本案例涉及的硬件设备、开源软件框架、关键概念与算法。

11.2.1 树莓派

树莓派（Raspberry Pi，RPi、RasPi 或 RP）是英国 Raspberry Pi 基金会推出的一个嵌入式迷你计算机，目前已升级为第四代，由埃本·阿普顿设计，只有信用卡大小，是针对贫困国家的计算机教育而设计的，其价格坚持非盈利原则，而功能相当强大，因此很受市场欢迎。树莓派使用了 ARM 芯片 CPU，属于开源硬件，支持多种 Linux 系统和 Android 系统，具有强大的运算性能、全面的软件支持和简单易用等特点。树莓派具备网口、USB 接口、音视频接口、HDMI 接口，使用微型 SD 存储卡来作为"硬盘"，可以外接鼠标、键盘、网络、显示器，是一台"麻雀虽小五脏俱全"的全功能计算机。不仅如此，树莓派还可外接各种摄像头及外围传感器硬件。树莓派丰富的配件如图 11-4 所示。

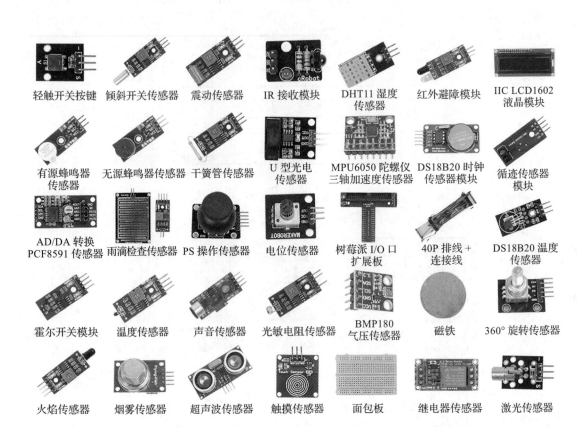

图 11-4 树莓派丰富的配件

本案例程序部署在树莓派上，使用树莓派的 CPU 算力进行视觉运算，属于嵌入式开发项目。本案例使用树莓派、自然光摄像头套件和红外热成像摄像头套件来完成开发，只需将摄像头的视频线插入对应接口即可，如图 11-5 所示。

图 11-5　本案例使用的树莓派、自然光摄像头套件与红外热成像摄像头套件

在本案例中，树莓派套件按照固定的轨道滑动，对机房的设备进行依次巡检。我们将它固定在事先做好的滑轨上，如图 11-6 所示。

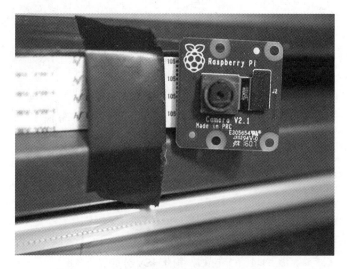

图 11-6　本案例中的树莓派摄像头轨道固定

11.2.2　HSV 颜色空间

数据中心的 UPS 面板灯、配电柜面板灯和服务器面板灯通常为红、绿、黄三种颜色不同程度的组合，相对周围像素而言，明亮而突出；而机房内红外热成像图像的高热区域呈现明显的深红色。这两种情况都适合使用颜色阈值过滤的方法来获取我们关心的区域。本案例使用 HSV 颜色空间来过滤颜色范围。

HSV 颜色空间是 A.R.Smith 在 1978 年创建的一种颜色空间，也称六角锥体模型，由三部分组成，色调（Hue）简称 H，色饱和度（Saturation）简称 S，明度（Value）简称 V。如图 11-7 所示，H 参数表示色调信息，即所处的光谱颜色的位置，沿锥体圆盘面方向取值。该参数用角度来表示，范围为 0~360°，红、绿、蓝分别相隔 120°。互补色分别相差 180°。饱和度 S 为一比例值，范围为 0~1，它表示所选颜色的纯度和该颜色最大的纯度之间的比率，沿锥体半径方向取值，当 S=0 时，只有灰度。V 表示色彩的明亮程度，范围为 0~1，沿锥体外沿方向取值。

值得注意的是，HSV 分量的定义取值范围如下：H，0~360；S，0~1；V，0~1。但在 OpenCV 中，为了匹配 8 bit 数据 0~255 的取值，将 HSV 的取值范围做了修改：H，0~180；S，0~255；V，0~255。如表 11-1 所示。

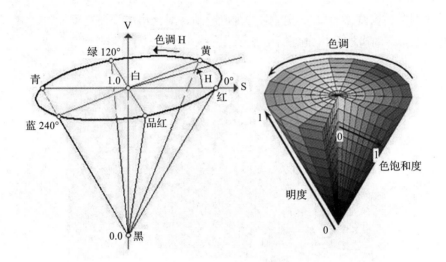

图 11-7　HSV 颜色空间概念

表 11-1　OpenCV 中的 HSV 分量取值范围

	黑	灰	白	红	橙	黄	绿	青	蓝	紫
hmin	0	0	0	0	156	11	26	35	78	100	125
hmax	180	180	180	10	180	25	34	77	99	124	155
smin	0	0	0	43	43	43	43	43	43	43
smax	255	43	30	255	255	255	255	255	255	255
vmin	0	46	221	46	46	46	46	46	46	46
vmax	46	220	255	255	255	255	255	255	255	255

11.2.3　中值滤波

中值滤波是一种非线性平滑技术，它将每一像素点的灰度值设置为该点某邻域窗口内的所有像素点灰度值的中值，因此得名。中值滤波本质上是统计排序滤波器（包括最小值滤波器和最大值滤波器）的一种，对图像中的椒盐噪声会取得较好的去噪效果，是图像去噪与图像增强的常见方法。

如图 11-8 所示，一个 3×3 像素的窗口（即卷积核）在图像上移动，其覆盖的对应 ROI 区域下所有像素值排序，取中值作为中心像素点的输出值。随着卷积核的不断滑动，算法将重新设置所有中心像素的值，从而重新生成整幅图。卷积核的尺寸可以根据实际需要制定。值得注意的是，卷积核的尺寸必须是奇数，并且卷积核尺寸越大，参与计算中值的像素就越多，得到的图像就越模糊，图像的平滑程度越高。

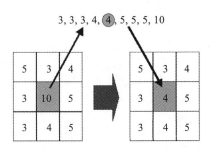

图 11-8 中值滤波算法示意图

图 11-9 是中值滤波的去噪点效果，可以看到，效果还是不错的。

图 11-9 中值滤波对图像椒盐噪点的去噪点效果

本案例使用中值滤波来将重点图像区域去噪，我们将在 11.4.2 节中进行详细说明。

11.2.4 边缘计算

边缘计算是指在数据源头的附近，采用开放平台提供最近端的服务。其应用程序部署在边缘侧设备上，从而产生更快的服务响应，避免高频次的网络传输，满足实时业务、数据安全与隐私保护等方面的需要。边缘计算的设备通常是低功耗的嵌入式设备，以 ARM 芯片的设备为代表，如手机、英伟达 Jetson Nano 系列、树莓派等。边缘计算与云计算的区别是，前者主要利用边缘侧设备的芯片算力来完成计算，只与云端服务器有少量网络交互甚至没有；后者主要利用云端服务器的算力来完成计算，需要与云端服务器发生大量频繁网络传输。简单地说，边缘计算就是云计算下沉到更靠近数据源头的节点上。边缘计算与云计算的对比如图 11-10 所示。

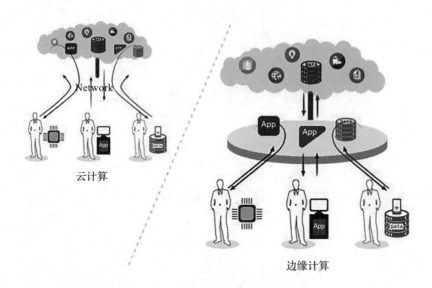

图 11-10　边缘计算与云计算

本案例采用了边缘计算模式。边缘计算设备是树莓派 3B，程序部署在该设备上，利用该设备的 CPU 算力来完成计算，发现异常后，计算结果上报给后台的监控系统。大量计算发生在边缘侧，与后端仅有少量网络通信。这样做避免了网络传输带来的延迟，有利于更快地发现和处置故障。

11.3　开发库

本案例使用了两个开发库：OpenCV 和 NumPy。

OpenCV 库的介绍详见 8.3.1 节。本节简单介绍一下 NumPy。

NumPy（Numerical Python）是 Python 的一种开源的数值计算扩展，可用来存储和处理大型矩阵，比 Python 自身的嵌套列表结构（Nested List Structure）要高效得多（该结构也可以用来表示矩阵），支持大量的维度数组与矩阵运算，此外也针对数组运算提供大量的数学函数库。NumPy 的前身为 Numeric，最早由 Jim Hugunin 与其他协作者共同开发。2005 年，Travis Oliphant 在 Numeric 中结合了另一个同性质的程序库 Numarray 的特色并加入了其他扩展，这就是 NumPy。NumPy 提供了许多高级的数值编程工具，如矩阵数据类型、矢量处理以及精密的运算库，可进行严格的数字处理。NumPy 被很多大型金融公司以及一些核心的科学计算组织所使用，用来处理一些本来使用 C++、Fortran 或 Matlab 等所做的任务。本案例使用 NumPy 来定义 HSV 颜色阈值向量。

11.4 案例实战

本节介绍本案例的开发运行环境搭建、代码编写和运行结果。

11.4.1 软硬件环境搭建及运行案例程序

硬件配置：树莓派 3B。

操作系统：Raspbian Buster。

开发环境：Python 3.7、OpenCV 3.4。

树莓派有两种使用方式：一种是直接将屏幕接到 HDMI 接口，鼠标键盘接入 USB 口，作为一个正常计算机使用；另一种不需要屏幕，只需一根网线连接树莓派和 PC 机，在 PC 机上通过 Putty 软件远程登录树莓派即可。在树莓派上安装 OpenCV，可直接下载 OpenCV 源码编译，也可执行 sudo pip3 install opencv-python 命令安装。前者容易在编译过程中遇到问题，后者下载速度较慢。我们直接从以下网址下载 OpenCV 的 whl 的轮子文件：https://www.piwheels.org/simple/opencv-python/opencv_python-3.4.3.18-cp37-cp37m-linux_armv7l.whl。这个文件适配 ARM 芯片的 Linux 系统。事实上，whl 文件本质上是一个压缩包，通常包含 py 文件、编译后的 pyd 文件、license 文件等。使用 whl 文件安装库包的好处是安装 C 扩展时不再需要编译器，支持离线安装，安装速度快。我们用 WinRAR 打开这个 whl 文件，可以看到里面有 cv2 和 opencv_python-3.4.3.18.dist-info 两个目录，其中 cv2 目录就是 OpenCV 的运行库，有一个 __init__.py 和一个 .so 动态库文件，如图 11-11 所示。

图 11-11 OpenCV 安装包内容

首先，我们执行以下命令，安装 OpenCV 的依赖包：

```
sudo apt-get install libatlas-base-dev
sudo apt-get install libjasper-dev
```

```
sudo apt-get install libqtgui4
sudo apt-get install libqt4-test
sudo apt-get install libhdf5-dev
```

然后执行以下命令从 whl 文件安装 OpenCV 3：

`sudo pip3 installopencv_python-3.4.3.18-cp37-cp37m-linux_armv7l.whl`

这时，进入 Python 3 解释器，import cv2 成功则表示 OpenCV 安装完成，如图 11-12 所示。

```
pi@raspberrypi:~/Downloads $ python3
Python 3.7.3 (default, Apr  3 2019, 05:39:12)
[GCC 8.2.0] on linux
Type "help", "copyright", "credits" or "license" for more information.
>>> import cv2
>>>
```

图 11-12　树莓派安装 OpenCV 成功

运行以下命令安装 NumPy 库：

`sudo apt install python3-numpy`。

至此，安装工作完成。

要运行本章设备面板灯监控代码和热成像监控代码，分别执行"python 指示灯检测 .py"和"python 温度热成像检测 .py"，显示当前摄像头输入视频的实时推理结果，即表示本案例运行成功。

11.4.2　代码实战

1. 面板指示灯检测代码实战

导入相关库包：

```
import numpy as np
import ft21   #中文字体显示模块
import cv2
```

设置字体：

```
font = cv2.FONT_HERSHEY_SIMPLEX
```

使用 NumPy 库定义红、黄、绿三种色彩的 HSV 颜色空间向量的取值范围，这个范围定义了面板灯的颜色：

```
lower_green = np.array([35,110,106],dtype = np.uint8)    #绿色范围低阈值
upper_green = np.array([77,255,255],dtype = np.uint8)    #绿色范围高阈值
```

```
lower_red = np.array([0,127,128],dtype = np.uint8)        # 红色范围低阈值
upper_red = np.array([10,255,255],dtype = np.uint8)       # 红色范围高阈值
lower_yellow = np.array([26,127,128],dtype = np.uint8)    # 黄色范围低阈值
upper_yellow = np.array([34,255,255],dtype = np.uint8)    # 黄色范围高阈值
```

然后，使用 OpenCV 打开摄像头，数值 0 表示接入系统的第一个摄像头：

```
cap = cv2.VideoCapture(0)          # 打开摄像头
if (cap.isOpened()):               # 视频打开成功
```

接下来，初始化一些变量来存储每帧发现的面板灯数据：

```
red_twinkle_center = dict()        # 视频期间，红灯闪烁的中心点位置及闪烁次数字典
green_twinkle_center = dict()      # 视频期间，绿灯闪烁的中心点位置及闪烁次数字典
yellow_twinkle_center = dict()     # 视频期间，黄灯闪烁的中心点位置及闪烁次数字典
red_dict = dict()                  # 红灯位置及发现帧次数
green_dict = dict()                # 绿灯位置及发现帧次数
yellow_dict = dict()               # 黄灯位置及发现帧次数
red_center = []                    # 每帧红灯中心点列表
green_center = []                  # 每帧绿灯中心点列表
yellow_center = []                 # 每帧黄灯中心点列表
```

下面处理每一帧图像：

```
while (True):
    ret, frame = cap.read()        # 读取一帧
```

默认情况下，OpenCV 使用 BGR 像素格式而非 HSV 格式，原因是 OpenCV 早期版本开发的时候，BGR 格式很受相机提供商和软件供应商的欢迎。BGR 分别代表蓝、绿、红三色，例如 #FF0000 表示纯蓝色，蓝色的位置为最大值 FF，而绿色和红色的位置均为 00。我们使用 cvtColor() 函数和 COLOR_BGR2HSV 标识来将输入帧图像进行颜色空间的转化，即从 BGR（蓝、绿、红）转为 HSV（色调、饱和度、明度）：

```
hsv_img = cv2.cvtColor(frame,cv2.COLOR_BGR2HSV)
```

在输入帧中，如果某像素的 HSV 值在之前设定的面板灯阈值范围内，则输出 255（白），否则输出 0（黑），从而获得掩码图像。这步是为了获取面板灯的像素区域，使用 OpenCV 的 inRange() 函数实现：

```
mask_green = cv2.inRange(hsv_img, lower_green, upper_green)
                                   # 按 HSV 三通道颜色范围选择绿色区域
mask_red = cv2.inRange(hsv_img, lower_red, upper_red)
                                   # 按 HSV 三通道颜色范围选择红色区域
mask_yellow = cv2.inRange(hsv_img, lower_yellow, upper_yellow)
                                   # 按 HSV 三通道颜色范围选择黄色区域
```

由于环境、光、空气杂质等因素，会导致获取的面板指示灯图像存在一定程度的噪点。这些噪点可能干扰后续任务，如面板灯轮廓识别。我们需要使用中值滤波来去除噪点，以便得到更平滑的面板灯像素区域，从而使后续任务的轮廓识别和中心点计算更准确。为得到更平滑的图像，我们使用较大尺寸的卷积核（7×7 像素）来计算中值滤波。OpenCV 提供了 medianBlur() 函数，可以很方便地生成掩码图像的中值滤波：

```
mask_green = cv2.medianBlur(mask_green, 7)      # 中值滤波去绿色区域噪点，卷积核 7×7
mask_red = cv2.medianBlur(mask_red, 7)          # 中值滤波去红色区域噪点，卷积核 7×7
mask_yellow = cv2.medianBlur(mask_yellow, 7)    # 中值滤波去黄色区域噪点，卷积核 7×7
```

得到了面板灯的平滑图像，就可以计算它的中心位置。获取中心位置的目的是标记灯的位置。这可以分三步计算，首先使用 findContours() 函数获取灯的外轮廓，然后使用 boundingRect() 函数获取包裹这个外轮廓的最小矩形，再计算这个矩形的中心位置：

```
mask_green, contours, hierarchy = cv2.findContours(mask_green,cv2.RETR_
    EXTERNAL,cv2.CHAIN_APPROX_NONE)         # 获取绿色灯区域外轮廓
```

值得注意的是，contours 是一个轮廓列表，我们需要处理每个轮廓：

```
for cnt in contours:                                # 机房场景，每个绿色区域即检测到绿灯
    (x, y, w, h) = cv2.boundingRect(cnt)            # 获取最小包裹矩形
    if abs(x-x_old) > 80 and abs(y-y_old) > 80:
    # 由于指示灯有多种形状，可能被识别成多个对象，因此把坐标相近的对象看成一个灯
        cv2.rectangle(frame, (x,y), (x + w, y + h), (0, 255, 0), 2)
        # 在帧图像上绘制最小包裹矩形
        cv2.putText(frame,"green", (x, y - 5), font, 0.7, (0,255,0), 2)
        # 在帧图像的矩形上部位置显示文本
        green_center.append([(x+w)/2, (y+h)/2])
    x_old, y_old = x, y
```

接下来，我们需要处理每帧灯亮、灯灭的事件。如果在处理前帧的时候，对应中心点的亮灯在当前帧熄灭了，表示该灯是闪烁状态，登记闪烁次数或闪烁位置：

```
for i in range(len(red_center)):                    # 处理登记的所有红灯区域中心点
    if (mask_red[int(red_center[i][0]), int(red_center[i][1])] == 0):
    # 红色掩码图的红灯区域中心位置不亮，红灯从亮到灭，闪烁一次
    # 在字典里记录该中心点的位置及闪烁次数：{'x,y':times}
    is_in = False
    for key in red_twinkle_center:                  # 遍历字典
        center_x, center_y = getxy(key)
        if abs(center_x-red_center[i][0]) < 80 and abs(center_y-red_center[i][1])
            < 80:                                   # 在字典中发现这个点闪烁
            red_twinkle_center[key] += 1            # 闪烁次数加 1
            is_in = True
            break
```

```
            if is_in == False:              # 闪烁点不在字典中，则加入字典
                key = str(int(red_center[i][0]))+','+str(int(red_center[i][1]))
                red_twinkle_center[key] = 1  # 闪烁1次
```

如果没有发现灯闪烁，则登记帧次数或灯中心位置：

```
            is_in = False
            for key in red_dict:             # 遍历字典
                center_x, center_y = getxy(key)
                if abs(center_x-red_center[i][0]) < 80 and abs(center_y-red_center[i][1]) < 80:
                    # 在字典中发现这个点闪烁
                    red_dict[key] += 1       # 发现帧次数加1
                    is_in = True
                    break
            if is_in == False:               # 红点不在字典中，则加入字典
                key = str(int(red_center[i][0]))+','+str(int(red_center[i][1]))
                red_dict[key] = 1            # 发现1次
```

值得注意的是，上述代码中，阈值80是为了防止干扰、增加程序的稳定性而设置的。完成上述工作后，我们就可以统计闪烁灯和灯的数量了。为了提升程序的稳定性，我们设置了10次阈值：

```
    for key in red_twinkle_center:           # 统计红色闪烁灯数量
        if red_twinkle_center[key] > 10:
            red_twinkle_num += 1
    for key in green_twinkle_center:         # 统计绿色闪烁灯数量
        if green_twinkle_center[key] > 10:
            green_twinkle_num += 1
    for key in yellow_twinkle_center:        # 统计黄色闪烁灯数量
        if yellow_twinkle_center[key] > 10:

    for key in red_dict:                     # 统计红色灯数量
        if red_dict[key] > 10:
            red_num += 1
    for key in green_dict:                   # 统计绿色灯数量
        if green_dict[key] > 10:
            green_num += 1
    for key in yellow_dict:                  # 统计黄色灯数量
        if yellow_dict[key] > 10:
            yellow_num += 1         yellow_twinkle_num += 1
```

最后，我们将发现的统计数据显示在屏幕上，使用tf21模块在帧图像上添加汉字：

```
def put_chinese(img, txt, pos, color, text_size):
    ft = ft21.put_chinese_text('msyh.ttf')
    image = ft.draw_text(img, pos, txt, text_size, color)
```

```
           return image
frame = put_chinese(frame, " 红灯闪烁 :"+str(red_twinkle_num)+" 绿灯闪烁 :"+str(green_
    twinkle_num)+" 黄灯闪烁 :"+str(yellow_twinkle_num), (10, 40),(255, 255, 255), 18)
# 在帧图像的上部显示检测内容
```

使用 imshow() 函数显示运算后的帧图像，由于是逐帧循环运算的，因此显示效果比较连贯：

```
cv2.imshow("Monitor", frame)
```

获取面板灯的数据后，将其与数据库登记的正常状态进行比对，如有异常则发送预警。对于这部分代码，不同的公司有不同的具体情况，没有统一答案。图 11-13 是我们在实际工作中的效果，左上角是树莓派自然光摄像头的输入帧，右上角是红色 HSV 过滤后的掩码图像，左下角是绿色 HSV 过滤后的掩码图像，右下角是黄色 HSV 过滤后的掩码图像。可以看到，红灯常亮，绿灯和黄灯闪烁。

图 11-13　面板灯监控场景效果

本节代码详见下载文件"指示灯检测 .py"。

2. 温度热成像检测代码实战

下面介绍机房重要位置异常高温检测的代码实现。机房的 UPS 接头、电线等都是重要的检测区域。由于树莓派的红外摄像头已经将图像转换成了热成像图，其中温度越高的地方红色（或金黄色）越纯，因此我们只需要判断输入帧图像中是否存在 HSV 颜色过滤的区域即可，存在则表示高温超标，发送预警。我们将发现的过滤区域用矩形标注，并在输出的帧图像中进行文字提示：

```
# 定义高温区域的 HSV 范围，注意需要适配具体场景和具体的红外摄像头
lower_red = np.array([0, 127, 128],dtype = np.uint8)      # 红黄色范围低阈值
upper_red = np.array([34, 255, 255],dtype = np.uint8)     # 红黄色范围高阈值
......
mask_red, contours2, hierarchy2 = cv2.findContours(mask_red,cv2.RETR_EXTERNAL,
       cv2.CHAIN_APPROX_NONE)                 # 获取红色区域外轮廓，返回多对象
for cnt2 in contours2:                        # 机房场景，每个红色区域即检测到红
    (x2, y2, w2, h2) = cv2.boundingRect(cnt2) # 获取最小包裹矩形
    cv2.rectangle(frame, (x2, y2), (x2 + w2, y2 + h2), (0, 0, 255), 2)
    # 在帧图像上绘制最小包裹矩形
    cv2.putText(frame,"red",(x2, y2-5), font,0.7,(0, 0, 255), 2)
    # 在帧图像的矩形上部位置显示文本
if len(contours2) > 0:
    frame = put_chinese(frame, "发现温度超过阈值！", (10, 10), (255, 255, 255), 18)
    # 在帧图像的上部显示检测内容
```

我们在实际工作中得到的识别效果如图 11-14 所示。可以看到，在设置一定的 HSV 阈值范围条件下，程序标注出了高温的线头部分，达到了预期效果。代码详见下载文件"温度热成像检测.py"。

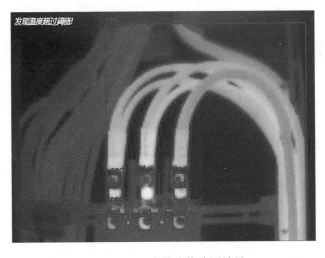

图 11-14　温度热成像检测效果

11.5 案例总结

本案例使用计算机视觉技术，依托强大的 OpenCV 库，以滑轨定位和边缘计算的方式实现了视觉机器人在数据中心日常巡检场景的应用，对配电设备、服务器、UPS 面板灯状态和异常高温进行实时监测，实现了 24 小时不间断巡检和实时精准告警的需要，与现有的机房监控系统对接，大幅提高了设备巡检的频率和巡查准确率，对银行数据中心运维风险管控有积极意义。

本案例是笔者在实际工作中的真实案例，是人工智能技术在商业银行 IT 运维场景的落地应用，对提升商业银行的故障处置速度、提升运维质量、履行商业银行的政治责任和社会责任有现实价值。以边缘计算为基础的计算机视觉技术在银行经营场景中有多种应用，比如疫情期间人员进出银行经营场所体温监测、无人值守经营场所及周边火情监测等。读者可在本章代码的基础上稍作修改，将相关技术应用在类似场景中。

推荐阅读

  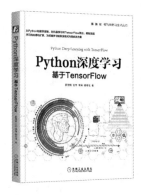

推荐阅读